PICCOLA BIBLIOTECA ADELPHI

441

ALBERTO ARBASINO

Le Muse a Los Angeles

ADELPHI EDIZIONI

ISBN 88-459-1511-5

LE MUSE A LOS ANGELES

I

Il nome «Getty», prima delle tristi saghe familiari, evocava soprattutto allegria mondana e musica giovane. Il vecchio era remoto, nelle sue uggiose leggende di tirannide e tirchieria: solo Federico Zeri bofonchiava benevolo. Correvano stucchevoli aneddoti sulla parsimonia minuta: i conti ogni sera per le spese in giornali e taxi; i telefoni a gettoni in casa per gli ospiti; le calze lavate da sé nelle stanze d'albergo; il primo Getty Museum a Malibu aperto solo come espediente per deduzioni fiscali; e il riscatto per il nipote rapito versato ai banditi solo per la quota «tax deductible». I calcoli assicurativi davanti al Pantheon, approvato perché tanto ben costruito da far risparmiare duemila anni di polizze antincendio, con tutti gli interessi composti. Mai qualcosa di buffo o divertente. Né «un briciolo» di sense of humour.

Ma in giro si vedevano molto Paul II e la stupenda Talitha, «la più bella e più giavanese e strana fra Roma e Marrakech», secondo la café society e nelle foto di Elisabetta Catalano. (E poi perita, inopinatamente, per un grande panico in casa dopo una piccola overdose d'epoca). Fu il primo matrimonio con juke-box, festoso e danzante e molto 'hip' e 'pop' nelle ampie stanze cardinalizie e vuote di Cy Twombly e Tatia Franchetti in via Monserrato. (Il dinner danzante con juke-box in cantina fu istituito da Judy Montagu sotto l'Isola Tiberina – le latebre di Esculapio – per Bob Rauschenberg e il duo «Trummy & Mommy», cioè Truman Capote e la moglie del giudice che l'aveva aiutato per *In Cold Blood*. Lì cuscini indiani e lapidi con epigrafi usualmente accomodavano Princess Margaret e Diana Cooper, Cyril Connolly, Harold Acton, Robert Graves, Patrick Leigh Fermor e il marito di Judy, Milton Gendel. Al loro telefono si sentiva rispondere «Brando speaking». Era Marlon, che girava *Riflessi in un occhio d'oro* a Latina, con John Huston e 'Liz'. «Judy fu la prima a rendersi conto che era finita la guerra» spiegò Evelyn Waugh).

Allora però le case spalancate ai va-e-vieni d'amici con drinks e con ospiti non ponevano 'problems'. Anche se qualche volta confondendo i portoni e i piani si entrava ballando e cantando in un party sbagliato. O forse ancora più giusto, perché nelle vie rinascimentali e papali ce n'erano diversi in ogni palazzo con allegre contesse e ameni stranieri. (Hello Jenny, dear Alice, ciao Gore, chère Natalie...).

Paul e Talitha, che nasceva Talitha Pol e quindi poteva suonare come un joke, abitavano senza birignao né smancerie all'ultimo piano del vecchio palazzo Muti-Bussi, all'angolo fra le Botteghe Oscure e la via d'Aracoeli e tanti saluti a D'Annunzio; e ricevevano spesso, molto volentieri anche di giorno. Colazioni in altana con le celebri redattrici di moda inglesi e americane, e i nuovi musicisti sperimentali. E viste sulle terrazze Pecci-Blunt, Caetani, Antici-Mattei. C'era una enorme raccolta di nastri e dischi ordinatissimi nelle boiseries scure dei salotti-archivio, i divi del rock erano amici di casa e il bambino si chiamava Gramophone. Davano bei pranzi musicali attorno a Via Veneto: all'Harry's Bar per Marilyn Horne e Shirley Verrett che aveva-

10

no cantato nei *Troyens* di Berlioz alla Rai con Georges Prêtre. (Bei tempi, per le Didoni: quella di Purcell alla Filarmonica fu interpretata dalla giovane e bella Jessye Norman. E fu lì che Maria Luisa Astaldi, alla fine, disse «Mario ti vedo stanco, ti accompagno a casa» a Mario Praz, che avrebbe preferito venire al pranzo per la diva, nella villa di un avvocato filarmonico in via Germanico. E qui improvvisamente le luci si spensero. E tutti, vedendo passare in strada l'automobile Astaldi con su il Professore: «ecco, l'Anglologo ci saluta»).

Paul produceva *lp* classici: mi regalò con orgoglio («è una mia giovane scoperta, Lucia Popp») un *Re Pastore* inciso a Napoli anche con Luigi Alva e Reri Grist, diretto da Denis Vaughan, il maestro australiano che riscontrava centinaia di errori nelle partiture verdiane di Ricordi e sedeva al clavicordo per intenditori serali nel suo appartamento sul Gianicolo. E Paul volentieri indossava le bellissime camicie colorate e attillate (eravamo tutti sottili) e le djellabe swinging di «Deborah and Clare», in Beauchamp Place, scoperte addirittura prima dei Rolling Stones. Cassetti e scaffali pieni...

Erano riservati, sempre più discreti, soprattutto dopo l'orrido rapimento del figlio più grande, con la storia dell'orecchio tagliato, e quindi la barbarie del «quartiere Getty» costruito in una periferia calabra abusiva coi denari versati in silenzio dal nonno terribile. Ma poi esibito dai boss elettorali – quale 'testimonial' delle iniziative locali – davanti ai meridionalisti «in campagna» e «sul territorio». In seguito, come nei racconti di Henry James, Paul divenne un «recluso» nell'antico studio di Dante Gabriele Rossetti, a Cheyne Walk. Accanto alla casa festosa dell'editore George Weidenfeld e delle sue mogli successive, con graziose eliografie erotiche di Klimt nei bagni: le stesse che Giancarlo Marmori mi faceva comprare alla Libreria Vinciana in Montenapoleone, quando erano ancora «una scoperta», e i prezzi scattavano da cinque a cinquantamila lire in pochi giorni. E il direttore della Royal Academy: «very expensive reproductions», quando furono esposte al Barbican per il ciclo Mahler-Abbado della London Symphony.

Più tardi giungevano da quella segreta Chelsea e da una campagna padronale più benigne notizie: Paul ora eccellente e competente collezionista di manoscritti, disegni, incunaboli, codici importantissimi... Un po' ingrassato. Risposato. Dottissimo. Prodigo nelle elargizioni per mantenere in Inghilterra le «Tre Grazie» di Canova già acquistate dal Getty Museum.

Tra gli altri figli delle diverse nozze del vecchio, secondo le cronache deprimenti dei giornali a colori, uno si sarebbe suicidato e un altro fu diseredato (ma ricevendo in dono alcune scatole da scarpe zeppe di diari paterni impubblicabili), mentre una sorella divenne nuora di Elizabeth Taylor e apparve spiacevolmente fotografata quando si ammalò di Aids. Gordon, il fratello musicista di San Francisco, arrivò più tardi e timidamente a Spoleto. Preceduto con un importante aereo privato alle massime sfilate di Valentino (sul Celio, agli studios Safa-Palatino) dalla bellissima e intraprendente moglie Ann. Che per qualche stagione divenne addirittura editrice, associandosi all'imperterrito Sir e poi Lord George Weidenfeld. E comprando perfino la famosa o famigerata Grove Press di Barney Rosset, l'editore storico e pionieristico di Beckett e Burroughs, della *Lady Chatterley* «più inespurgata» di tutte. Anche co-fondatore del Premio Formentor, con Einaudi e Gallimard, Rowohlt e Barral.

E lì si videro nuovamente dei mecenatismi impegnativi, come nelle storiche tornate 'formentoriane' a Maiorca e a Salisburgo e a St-Raphaël con Moravia e Vittorini e Contini in mutandine balneari e baleari, Carlo Levi e Angus Wilson, Mary McCarthy e Nathalie Sarraute. Dunque, convegni a tema nelle capitali culturali più morenti o più rinascenti; e infine un ampio congresso di letteratura internazionale creativa e critica a Washington, nella sala più illustre della Library of Congress. Con John Updike e Octavio Paz ed Elizabeth Hardwick e Mario Vargas Llosa ed Hector Bianciotti e William Gass e noi: Roberto Calasso, Masolino d'Amico, Inge Feltrinelli, Claudio Magris. E l'immancabile impeccabile brindisi professionale di Enzensberger, in una ricaduta di pranzi perfino alla Phillips Collection, fra le patrone patrizie e i loro migliori Matisse e Courbet e Vuillard: addirittura la «Piazza del Popolo» di Bonnard accrochée in salotto per gli ospiti romani. E l'inappuntabile mecenatessa: «Glad you loved our Roman painting».

Gordon e Ann affittavano ogni estate una villa a Salisburgo, per il Festival, sulla collina di giardini accanto allo Schloss Arenberg, dove c'è l'archivio di Max Reinhardt. E in una coppa all'ingresso ogni mattina gli ospiti più solleciti potevano scegliere i biglietti per i vari spettacoli. Ma a una elegante prima di *Capriccio* lui non apparì in teatro, né arrivò dopo a tavola al Goldener Hirsch. Lei parve rammentarsi che forse era chiuso nel suo bagno, dove c'erano problemi per aprire dall'interno. George

Weidenfeld prontissimo spedì due camerieri dell'albergo, in taxi con gli attrezzi. Lo recuperarono, e così poté incominciare il pranzo con l'eminente soprano Regina Resnik.

Poi l'opera da concerto *Plump Jack* di Gordon – un neo-*Falstaff* rielaborato dai drammi storici di Shakespeare, *Henry IV* e *Henry V*, con inni e canti religiosi e militari autentici, su libretto di Gordon stesso – fu eseguita durante il Festival di Spoleto, però fuori dal programma ufficiale. E il pubblico elegantissimo, anche giunto con l'immenso aereo del compositore, applaudì vivacemente dopo la prima parte del concerto, anche gridando «Bravò Gordon!», senza controllare che era stato eseguito l'Idillio *Im Sommerwind* di Anton Webern. (Sul programma era scritto in piccolo). Gordon là dichiarò: «Sono stato incapace di comporre per ben diciotto anni, perché non sopporto di dover decidere tra cinque soluzioni ugualmente *buone*, ho bisogno della soluzione *migliore*». E: «Per un uomo grasso come Falstaff un pianoforte non basta. Per lui ci vuole un'orchestra. Io non sapevo niente di orchestrazione, ma sono tutti ostacoli che si possono superare». Un certo suo «canto preoccupato» poteva forse discendere da talune opere nautiche e osservanti di Britten? Quando poi ci fu un signorile e fine pranzo Feltrinelli per Ann a Milano – tutto musicale fra la Scala e la canzone – lei fu sincera e fattuale con Leopoldo Pirelli e con Milva: «La *Tosca*? Ma io non vado all'opera neanche a San Francisco, noi siamo soprattutto sponsors».

Intanto, nelle vacanze, si fuggivano con leggerezze non ancora 'autorizzate' (e per niente *in*) le tetre e

14

trucide estati europee del provincialismo dottrinario e del piombo ideologico: preferendo spassionatamente correre «on the road» e «in the mood» («liberi e belli! ch'elle mi credan libero e lontano, care Fanciulle del West! rinnegati e felici come le vecchie Butterfly, cha-cha!») su e giù tra San Francisco e Hollywood, e le mille luci della Bay Area. Dunque allegramente rifiorendo nel corpo e nello spirito irriverenti, ma esigentissimi nei bisogni e desideri più scatenati o fantastici in *divine* camicie di via Borgognona e Condotti fra Venice e Monterrey e Big Sur e Carmel, non ancora sacrari obbligati per i pellegrinaggi devoti alle reliquie funebri dei santini 'cult'. Anche ritrovando *en passant*, fuori dall'Italia lugubre, sull'East Coast, lo sciocco e fatuo ma simpatico vecchio *off-off* del 'mitico' Village (miti 'juvenile' negli anni Cinquanta post-Adorno e pre-Barthes) ormai trionfalmente scoppiato in big big business di successo rock & pop nelle scapestrate case-madri delle mode più hip & groovy – le cabine e capanne d'estate e i tea-dance a Fire Island – con kandy-kolored magliette e mutande e musiche e danze e letture e droghine e filmini e fior di scopate polimorfe e poliedriche; e tutto in anteprima su tutto, naturalmente prima dei fantasmi dell'Aids.

E certo, come «persone umane», era preferibile far le grandi vacanze come beats e boys «di vita» (e non come compilatori di protocolli di assemblee, o archivisti futuri dei movimenti beat o rock) su highways come la 405 e la 101. Ovviamente sfoggiando Levi's 501 e giubbotti di Mr Freedom su camicie hawaiane e cinturoni messicani e boxer leopardati o tigrati e Ray-Ban a specchio da poliziotti metallizzati fra tutti quegli eccitanti San e Sante: Diego,

Francisco, Monica, Barbara, Simeon, Bernardino, Ana... Liberi e leggeri senza zainetti o tracolle o tasconi o marsupi, pupi, spranghe, chitarre, tamburi, passeggini, berrettini, orecchini, telefonini per chiamar casa e famiglia, radioline o radiolone, lattine e bottiglioni (si andava ai bar!) – fra le autostrade e spiagge e piscine e sequoie e i surfers e gli american bars e i backroom boys nei paesaggi di Citizen Kane e The Last Tycoon e The Long Goodbye e Golden Gate e Vertigo e David Hockney e Henry Miller e Nathanael West... a Telegraph Hill e Nob Hill e Beverly Hills e Sausalito e Sacramento e Chinatown e Disneyland e Rancho Mirage e Alcatraz. Cha-cha...

Specchi di brame, spicchi e spacchi di trame: Gongolo, Mammolo, Cucciolo, Pisolo (dire «nani» non era ancora *incorrect*), Ethel, Judy, Grace, Marlene, Marilyn, Ginger, Carol, Betty, Dolores, That's Entertainment! Who Cares? Take a Chance, Anything Goes, Night and Day, They Say It's Wonderful, Doin' What Comes Naturally, If I Love Again, You Have My Heart, You Have Taken My Soul, You Are the Top, You Are the Cream on My Coffee, I Get a Kick Out of You, Something to Dance About, Tea for Two, I'm an Indian Too, Puttin' on the Ritz, Make it Another Oldfashioned, Please, e magari allacciamoci nel fango, bella pupa fior del mango, tango e fandango con l'orango Django, muy bueno y mucho fuego y pimienta caliente y cuanto me gusta la playa e cucaracha vaffanculo, to-night... Invece di star lì a romperci pensosamente e pedantemente le impazienti palle anche estive fra sinistri attentati e noiosi proclami e vanesi dibattiti coi tipici cupi vessatori intolleranti rompicoglioni locali e regionali senza alcuna attitudine per

16

la cultura, la letteratura, il pensiero, la poesia, le arti, la musica. Soprattutto, non covando progetti post-rivoluzionari e post-contestatari di carriere dirigenziali sotto Berlusconi o Agnelli o la Rai, tramite i voltafaccia delle militanze trasformiste. (Semmai, accarezzando qualche ovvia tentazione di prendere casa con vista definitiva sul Pacifico. Ma con un rischio evidente di 'assenza', nel distacco dalle fonti 'audio' del proprio strumento espressivo, dalle proprietà fuggitive dei suoni cangianti e dei ritmi effimeri. Dalle ricerche sperimentali *live* sul design armonico e melodico dello... stile... dopo tutto: con gli interrogativi circa... l'identità della personalità, sotto sotto).

Finite, finite (e proprio Goodbye Baby, Goodbye Girls, Goodbye Little Dream, Good Night Happy Days, No Song, No Strings, NO NOSTALGIA, «sono le cose che nessuno mi potrà portar via!»), quelle fasi involontarie di *Leggerezza* vera, vissuta, non ancora materia facoltativa da portare agli esami accademici obbligatori di Compassione e Compunzione e Cordoglio circa gli anniversari ventennali e trentennali e quarantennali di ecatombi e massacri e stragi. O da sfoggiare alle presentazioni degli attuali disturbi e dispiaceri di stralunati e sfigati fra l'angolo-cottura e il divano-letto e il posto-motorino e l'inaffondabile piagnucolio dei piccoli per la povera nonna e la povera mamma e la povera zia Merendina. (Qui in California, del resto, i «ragazzi del '99» più popolari e tipici erano soprattutto Fred Astaire, George Cukor, Duke Ellington, Noël Coward, tutti nati nell'anno 'leggero' 1899, come del resto Francis Poulenc e Georges Auric,

Bea Lillie e Gertie Lawrence, Borges, Nabokov, Hitchcock, Achille Campanile. Per un pelo, anche René Clair e Gershwin e Brecht).

Ma nel nostro piccolo inconscio collettivo migratorio «da Costa a Costa» vegliavano poi eccellenti fantasmi, pronti al Ritorno del Rimosso e alla Critica del Giudizio, anche su strada: la solita Scala e la solita Callas e i soliti Totò e Wanda Osiris e *Rake's Progress* e *Rosenkavalier* e *Dreigroschenoper*, cioè stasera ecco a voi Stravinskij-Auden o Strauss-Hofmannsthal o Weill-Brecht. E Salisburgo più Spoleto come formazione di base; con qualche *Troilo e Cressida* a Boboli o Felsenstein alla Fenice quale eccelsa 'folly'. Le Biennali 'pop' per mero diletto. Via Veneto e quel cinema tra Fellini e Visconti senza doverci lavorare né penare con autori così a tutto tondo. E al largo, la Londra di Eliot e Forster e Compton-Burnett o la Parigi di Céline e Cocteau e Mauriac disponibili come Laurence Olivier e Louis Jouvet, Furtwängler e Karajan, la Schwarzkopf e la Weigel, Gieseking, Gielgud, Benedetti Michelangeli, Gérard Philipe.

E dopo l'estinzione dei mostri sacri, la ricerca della qualità negli sperimentalismi d'avanguardia in letteratura e nelle arti e nello spettacolo. Senza revival consumistici né ansie da speculazione sui bestseller o da censure *politically correct*. (Giacché 'formati', per *Bildung* e *Stimmung*, non tanto su «sono gli anni di piombo, che belli, i più begli anni della nostra vita, godiamoceli minuto per minuto come il calcio e il casino, saranno le care memorie di zuffe e scontri che ci accompagneranno per sempre nel Come Eravamo fra pre-boiardi...». Piuttosto, educati su piccoli 'cult' privatissimi tipo Gadda, Mann, Rilke, Schönberg, Cole Porter, Cézanne,

18

Matisse, Webern, Musil, e in fondo imparando sia da Kafka e da Scott Fitzgerald come da Adorno e da Edmund Wilson, anche se con alcuni si parlava e con altri evidentemente no)... Tra libri e film e cantanti e attori di qualità allora normale e media – Celibidache, Bergman, Robbins, Balanchine, Šostakovič, Prokofiev, Montale, De Sabata, De Chirico... – diventata 'mitica' *poi*, in giardini d'Europa ancora senza sfasci né spacci né scippi né sgallettate né squatters. In ridotti e intervalli (perfino a Roma, fra un Petrassi e un Bartók) normalmente con Brandi, Cagli, Milloss, Mila, D'Amico, Manzù. E in bagni (spiagge o saune) ancora sfrenati nei caratteri originali individuali, senza masse o 'manciate' di zombi e cloni ebeti e attoniti e identici come lattine e berrettini in serie, nelle conformità dei culti e dei graffiti e delle vesti nere informi da pretini e becchini e bidelli e orfanelli in lutto, sempre dalla parte del 'noir' e dei brutti.

«Goodbye to All That» intitolava già Robert Graves. E inevitabilmente Cyril Connolly: «The Condemned Playground». Fin dagli anni Trenta e Quaranta. Ma nei tardi Sessanta, quando ci si chiedeva continuamente perché mai Hofmannsthal e parecchi altri rimpiangessero il vecchio Francesco Giuseppe invece di imbarcarsi sollevati fra le tante avanguardie disponibili, ci si lasciava dietro normalmente non solo Gadda e Longhi e Palazzeschi e Praz e Brandi e Comisso e Flaiano e Milano e Moravia e Chiaromonte e De Feo e Vigolo e Parise e Pasolini e Testori e Calvino e Manganelli e Fellini e Scialoja e Guttuso quotidianamente a portata di voce e caffè. Nonché, *of course*, anche Pascali e

Schifano e Novelli e Fioroni e Ceroli e Angeli e Festa e gli altri giovani amici pop ai tavolini vicini, fra la 'Tartaruga' e le Biennali. Con Bolognini, Zurlini, Zeffirelli, Valli, Tosi, e le 'prime' di Visconti e Antonioni e Strehler. E le quattro 'B', Berio e Berberian e Bussotti e Boulez, e in più Stravinskij, tra la Filarmonica Romana e la Fenice. Quei festival veneziani con *Belle de jour* di Buñuel ed *Edipo Re* di Pasolini e *Lo straniero* di Visconti e «cosa preferite fra i tre?». E le mattine al Lido coi giurati Sontag e Moravia e Fuentes in spiaggia; le notti in maschera fra Grace e Ranieri e Liz e Burton e la Guggenheim con ventagli e parrucche da ballo a Ca' Rezzonico, a Ca' Vendramin-Calergi, a Palazzo Volpi coi pianisti Rubinstein e Magaloff e la Baccara di D'Annunzio e Marie Bell su divani appena post-Diaghilev e post-Proust pieni di Calder e Poulenc e Fonteyn e Feuillère e Berman e Olivier e Auric e Polignac e Rothschild e Noailles e Beaumont, fino almeno a Rauschenberg e Nureyev. Senza funzionari, né segretari, né sottosegretari, né presentatori, né burocrati. Con alberghi a prezzi normali: qualche giorno in più non poneva 'problems'. E poi Spoleto? Macché 'nostalghia', basta attenersi ai documenti iconografici obiettivi, ecco le foto d'agenzia dei palchi pieni di Gioie e Glorie e Letizie e Marine e Marozie e Topazie dove s'affacciano giovanissime Domietta, Domitilla, Camilla, Marella, Kiki, Doris, Consuelo, Gaea, Irene, Luciana, Loredana, Viviana, Cristina, Cristiana, Anne-Marie, Simonetta, Nicoletta, Esmeralda (non «le tipe» da compleanno d'affari e regime disco-Vip), in Balenciaga e Chanel e Valentino e Madame Grès e gioielli... E queste saranno testimonianze storiche? Certo, sembrava normale e quotidiano anche un

20

'contesto' o 'milieu' con Churchill e De Gaulle e Adenauer e magari De Gasperi e Kennedy e Paolo Sesto, oltre che con Picasso e Giacometti e Bacon e Bernstein e Britten e Borges e Beckett e Nabokov e Šklovskij e Adorno e Ionesco e Mauriac. Erano lì.

(Erano effettivamente i principali corsi di studi, i classici e i 'curricula', negli anni formativi). Goodnight baby, goodnight sweet ladies. Cool, man, cool (naturalmente). Easy, ça va sans dire. E magari, «tenete, brav'uomo»?... Tuttora «bocconcini da spiagge libere» – seconda giovinezza? o terza? – non si andava più al Lido fra i celebri capanni del Trenta, o fra i tukul a ciniglie di Tor San Lorenzo, con champagne buono anche per gli spinari e satiri e galati morenti di Torvaianica fra i cespugli e le dune poi destinate ai condomini e ai parcheggi.
Finiti quei mari italici 'mitici', si discendeva piuttosto («novo cedat ritui») a Malibu, o nella più sceneggiata «muscle beach» sotto Santa Monica, frequentatissima dai surfers tipo *Scandalo al sole* e dai midnight cowboys aspiranti Ercoli o Titani da film 'B', e da Christopher Isherwood tutto occhi e orecchi sotto un cappelluccio di paglia «sulle ventitré» per ogni «sexual liberation» nascente o rinascente. Un po' come il nostro Pier Paolo a Sabaudia. Benché talvolta inavvertitamente gli uscisse dalle antiche mutandine una furtiva palla. E nelle ville scavezzacolle si usava fotografare tutti gli ospiti occasionali con scherzosi pretesti di album ricordo: polaroid documentarie irrefutabili dopo gli eventuali curiosi accidenti. Ma la piscina barocca del cortesissimo e trafelato George Cukor con dentro Katharine Hepburn poteva equivalere a quelle dei

produttori effimeri sull'Appia con dentro Soraya? O alla piscina di Mariella Lotti ai Parioli con dentro Mariella Lotti? E fra i Gončarova e i Braque e i ritratti con dedica di Jack Kennedy e Clare Boothe Luce e i libri dedicati da Huxley e Maugham e Mann, e i divani carichi di giovani avvenenti Butch Cassidy o Billy the Kid secondo i canoni della bellezza western 'classica' vent'anni prima (John Garfield, Alan Ladd, Robert Ryan, Aldo Ray, nel genere «fresh from the farm» o «down from the marines»: mai tormentoni della sciattoneria tipo Kazan-Brando-Dean), ecco la tipica attenzione registica ai dettagli lontani e minimi, l'urlo da «big Jewish mama» quando una manona sbadata calava un bicchiere bagnato su un mobiletto senza centrino... «The lightness is what I wanted»: lo scrisse, anche, Cukor, quando la Leggerezza pareva per sempre *out*. E negli anni difficili: «Mai lasciarsi prendere dal panico, mai lasciarsi ammuffire, mai scimmiottare i tempi che corrono se ci si accorge di non farne parte». (Mentre Hollywood andava buttando via la leggerezza specializzata dei dialoghi, la rapidità professionale nel montaggio e nel ritmo, la precisa esattezza delle luci puntate sulle facce, la visibilità e la molteplicità dei lineamenti che si illuminano di espressività per la meccanica intima delle emozioni o secondo le convenzioni della comedy, high o low...).

Si abitava 'naturalmente' al venerando Chateau Marmont svizzero-normanno dei tempi di Greta e Marlene e Stroheim e Gershwin, sul Sunset Boulevard: davanti alla 'leggendaria' Schwab Pharmacy dove furono scoperte giovinette tutte le Joan Crawford e Lana Turner (molto prima dei famosi decessi di Belushi e d'altri minori, allora si incontravano in piscina Verde Visconti e Bernardo Bertolucci, o tutt'al più De Niro). E si scoprivano piuttosto le attrattive imperdonabili di Griffith Park, Echo Park, Silverlake. («Cercate Hyperion e poi raccontatemi tutto, io sono troppo conosciuto, non posso!»). Luoghi beati poi rovinati dalla letteratura, dai filmini, dalla pubblicistica turistica per finti marinaretti brutti con gli occhiali e la panza e l'impegno militante gay. Ma si arrivava là educati da Petronio, Catullo, Orazio, Ovidio, Giovenale, Properzio, Svetonio, Seneca.

Tornando appunto allora dalle spiagge di Malibu e dei Beach Boys (e qui ci siamo...), se non era tardi ci si fermava volentieri a fare le polaroid spiritose nel primo Getty Museum, la famosa Villa dei Finti Papiri, epitome allora del Kitsch più divertente e ridicolo. Eccole ancora qui, ingiallite o arrossite per la stampa casual, in compagnia delle più exclusive «da brunch fine» scattate e firmate sulle terrazze Volpi al Quirinale da Andy Warhol. (Quando arrivò la prima volta a Roma, e rimase muto per parecchi giorni, come contemporaneamente il ministro Bisaglia alle prime uscite nei salotti romani, fu accompagnato direttamente da Fiumicino all'Aracoeli, perché era deceduta in quel frangente la principessa mamma del fidanzato della sua brava sponsor. Lui scattò una polaroid al feretro). Così rieccoci in pose e basette sfrontate e collane e bermudas d'epoca tra quegli ameni marmi e bronzi falso-tardoromani e le aiuole «botanicamente storiche» e i cespugli «storicamente autentici» in un candido peristilio ercoleno tutto abbagliante di colonnati e criptoportici nuovissimi. Rieccoci come stupendi Poseidoni capelloni e aurighi basettoni dalle lunghe ciglia ed Eracli tiburtini in calzoncini bianchi e occhialoni neri e 'polo' stampate a Cadillac e Chevrolet del Trenta comprate dal Saks di Beverly Hills, tutto travertino romano già allora. Come il Getty Center d'oggidì. Con Laocoonti di Camp Snoopy e gladiatori a baffo pendulo da Chinese Theater negli angolini Winckelmann (vasche e bronzetti di scavi balordi, bacche e zucche citate da Plinio) in canottiere acriliche rosse a bordi bianchi, o gialle a lampi blu, con un Superman o un gelato sulla schiena. (E ci si 'polaroidava' di straforo in compagnia del discussissimo 'efebo' bronzeo mediterraneo, forse falso, ma simpatico per la posa ruffiana: più complice e 'soft' che nel suo celebre collega di Berlino, riprodotto in infiniti multipli come premio di profitti scolastici nell'incosciente età guglielmina).

Forse soltanto certi scatti e ciak d'allora in stile «absolutely pompier» fra gli archi e stucchi 'Beaux-Arts' frananti messicani e moreschi nel Palace of Fine Arts di San Francisco (Panama-Pacific International Exposition, 1915...) possono tuttora evocare una tale aura di *résistance, décadence, insolence*. E un ancora innocente «blithe spirit» che dalle spontanee fruste e istintive catene e impulsive cere colorate allegramente ribollenti nei rozzi e naïf *backrooms* di tutti quei Tool Box e Ramrod e Badlands e Detour e Underworld e No Name e Arena e Faultline e Falcon Lair e Eagle Nest e Rusty Nail e Powerhouse e Rawhide e Plumbers e Butch e Stud nemmeno badava, francamente, a rivoltarsi indietro con musini di circostanza verso la provincia ristretta dei maoismi trucibaldi e infantili, col popolare e familiare gesto del *tiè*. (Non si era si-

24

gnorili? No, non si era per nulla signorili. E meno che meno, elitari o snob. Solo Provocazione & Trasgressione verso i feticci e tabù di stretta prammatica: vaffa, signore compagne e compagni signori, vaffa. Ce n'est que le Zeitgeist, baby: tout se *tiè*).

Poi, dentro la Villa, si passava rapidamente da Ercolano al Luigi XV. Da un «*Satyricon*, esterno/giorno» ai *salons* da «douceur de vivre» fra nèi e cicisbei... Coi nostri bermudas pop a motivi Art Déco (ma non saranno stati di Neiman Marcus, con quei charleston e quelle Glorie Swanson lucide sulla T-shirt in colori acidi, alternativi ai soliti eterni numeri da baseball o «Harvard University» per turisti?) fra i Gobelins e le boiseries da Faubourg, da Pompadour, da Adriana Lecouvreur... Esther Williams *chez* Madame du Deffand... Me Tarzan, you Fragonard...

Collezione superba: commodes e consoles e secrétaires e appliques e torchères, bronzi dorati di Boulle e Thomire, perfino vasi di Petitot per la «petite capitale» di Parma, perennemente orfana estetica della duchessa 'Babette', figlia di Luigi XV, zia di Luigi XVI, cognata di Carlo III di Spagna figlio dell'ultima Farnese... Per il vecchio Getty, «occasioni» durante la Depressione del '29.

Subito dopo la biglietteria, comunque, apparve presto una «domus transitoria» per i Neandertal dei valori troppo tattili: un salone di sculture classiche di ogni materiale, «da toccare finché volete, purché poi non tocchiate anche le altre» (secondo i cartelli) in quanto serenamente finte. (Come forse quella che costò molti affanni a Zeri, addirittura perseguitato di Stato in Stato da pericolose gang antiquarie, a suo dire. Ma sono storie peraltro diffuse anche in diversi ambienti speculativi, dove si rigira un nonsense di mercato: le opere d'arte antica «garantite autentiche» ma senza schede di provenienza si rimettono periodicamente in vendita a prezzi sempre più ridotti, perché si teme che l'Antico perda di valore col trascorrere del tempo? O invece i prezzi scontati ingenerano crescenti sospetti circa l'autenticità del manufatto, anche lasciando perdere l'esportazione illegale e le prescrizioni relative?).

E certo, direbbero qui Winckelmann o Edmund Burke, si sa che la scultura è un'arte più intrigante e turbativa perché oltre agli altri sensi sollecita il tatto. E Herder, prima degli «urli» di Bacon o Munch: una bocca che grida è una caverna primaria irresistibile per la mano invadente. Ma lasciando perdere le pulsioni o le dialettiche fra le altre cavità e protuberanze scultoree e corporee e le cinque dita o tutto il pugno, per punire chi ha la mania del palpeggio non sarebbe divertente una fila di Giacometti angolari e puntuti intorno a un enorme Balzac ammantellato e pipistrellesco di Rodin?

Nella vecchia Villa dei Papiri si passava dal rococò a un'elegante sala da pranzo parigina post-fauve: anni Venti o già Trenta? Quando anche De Chirico decorava le sale dei galleristi, Beistegui si faceva fare da Le Corbusier i caminetti in terrazza, e il padrone delle lanerie di Lille portava il giovane Dufy alle corse per vedere finalmente da vicino i clienti eleganti delle loro stoffe? E quasi accanto, gemma praticamente spaesata prima che le arrivasse tanta compagnia di qualità – e quante volte si spedì quella cartolina ai veneti –, la graziosa antina segata del

26

Carpaccio con la soave caccia alle folaghe in valle. Sport che in seguito avrebbe incantato e mortificato il vecchio Hemingway (giudicato «una schiappa», nel tiro e nel bere); e inoltre sputtanava i nuovi milionari che alle battute in valle si presentavano («Hermès e cuoio grasso dalla testa ai piedi, capito il genere?») con guanti e abiti e fucili e bagagli nuovissimi. («Tutto appena comprato, una vera coppia comitale, lì si vede il lignaggio e la schiatta!»).

Ma anche queste cacce carpaccesche possono sembrare piuttosto derisorie: che fatiche sproposite, per farsi un 'carpaccio' di folaga, nel Quattrocento. Gli arcieri in piedi sulle barchettine tendono archi di un metro e mezzo per colpire non con frecce o sassi ma con palline – se ne vede galleggiare una piccolissima, non sarà di legno? – forse la testa di questi uccelli paduli immersi fino al collo: ma quante palline e quante forze occorreranno per ammazzarli colpendoli sott'acqua, e con tutte quelle penne? Altro che Hemingway. Non per nulla, alle mostre storiche sulla fine della Serenissima, in Palazzo Ducale, si esponevano le 'oselle' d'oro o d'argento, monete o medaglie sostitutive da Andrea Gritti in poi di queste tradizionali 'osele' piumate nel rituale omaggio natalizio del Doge ai tanti patrizi del Maggior Consiglio. E ricomponendo questa caccia (come si è fatto a Palazzo Grassi) con le due «ex-cortigiane» carpaccesche del Museo Correr che dovevano star subito sotto (e ora non sono più cortigiane), i loro sguardi tristi sulla terrazzetta non guardano affatto la caccia adiacente, ma si girano a novanta gradi verso un'altra antina che non c'è più. E senza badare alla stranezza di questa valle da pesca proprio oltre il balcone di un palazzo veneziano. Dunque complicando ogni interpretazione fantastica: se fossero semplicemente una madre e una figlia bruttine e senza uomini?

Forse quei vecchi titoli ruffiani derivano da certi racconti di Moravia molto 'd'epoca' nei primi anni Quaranta: *Due cortigiane, Cortigiana stanca*? Ma secondo taluni veneti d'antico stampo, quegli uccelli acquatici sono svassi: una certa razza di svassi piccoli o svassetti che si immergono e riemergono di sorpresa col solo becco. E dunque l'arciere esperto doveva beccarlo con la pallottola (di terracotta) in quel momento preciso. Però la terracotta non affonda subito? Certo, è la risposta; e sta qui l'esattezza del Carpaccio: non solo riproduce esattamente la forma delle barche e la posa dei cacciatori, ma coglie addirittura l'attimo effimero di quando la pallottola colpisce l'acqua a un pelo dalla testa appena emersa dello svasso. Aggiungendo: non per niente l'archeologia subacquea ritrova manciate di queste pallottole sui fondali di tutte le valli di caccia. E le esperte di Nabokov: lo svasso è un uccello talmente raro che si trova solo in Carpaccio e in un capitolo finale del romanzo *Ada*. (Ma saranno avvincenti anche le peripezie: questo Carpaccio del Getty, già del cardinal Fesch e poi del marchese Campana, viene acquistato presso un 'rigattiere' romano nel 1944 da Andrea Busiri Vici, l'architetto del casale a Mentana di Federico Zeri, consulente del vecchio Getty).

Anche il castellone spagnolesco di William Hearst sui colli di San Simeon venne però deriso come una cafoneria da Citizen Kane, per decenni: quando ancora Orson Welles strappava i sorrisi, sentenziando che gli svizzeri erano stati solo capaci di inventare l'orologio a cucù. Mentre se avesse acquistato in tempo qualche piccolo Klee o Vallotton o Giacometti anche di terz'ordine, la sua vecchiaia poteva diventare meno disagiata e squallida. E invece Hearst comprava arazzi francesi e mobili inglesi e cassoni italiani importantissimi, quando ancora la critica d'arte più idealistica snobbava le cosiddette «arti minori». Anche con trovate in anticipo di decenni sui migliori revival: l'allora ignoto Giulio Campi da Cremona, il misconosciuto Simon Vouet, l'accademico 'pompier' Jean-Louis Gerôme oggi così rivalutato al Musée d'Orsay, ma pregiato qui per i soggetti napoleonici: un «Bonaparte al Cairo», un altro «davanti alla Sfinge». Una «Venere al bagno» di Canova, già di Luciano Bonaparte. I marmi romani di Citizen Kane, poi, non venivano da marmorini falsari o da caveaux equivoci, ma dalle migliori collezioni inglesi del Grand Tour: scavati almeno da Gavin Hamilton, commentati da Winckelmann, restaurati da Cavaceppi, pubblicati da Piranesi, lungamente ammirati nella raccolta di Lord Lansdowne...

II

L'apparizione del Getty Center sembra scadente e deludente dal basso e dalle macchine (ma non si va per highways a piedi...), come un assemblaggio di prefabbricati per sismi umbri: siamo sulla fatale faglia che teme sempre il definitivo terremoto Big One. Ma poi di sopra l'agglomerato dei fabbricati è tutto un Ritorno del Rivisitato, per noi: una Piazza Augusto Imperatore senza mausoleo, ma con tanti scorci scombinati e riciclati dell'Eur, senza pini di Roma. Come in un piccolo campus frammentario e omogeneo. O un centro di congressi, ecumenico negli usi e direzionale per gli utenti. Si vede subito il programma dell'architetto Richard Meier: si è comprata una collinetta libera sull'orlo di una congestionata freeway, non si possono ottenere troppi permessi per il movimento terra, dunque facciamo lì in cima un instant-borgo storico e organico molto medioevale tipo Orte e Baschi. Icone difficilmente opinabili quali epitomi nostalgiche dell'insediamento ottimale. O addirittura una mini-Orvieto fantasma in polistiroli giovani, visti e sognati dall'Autostrada del Sole come una nuova Superdinocittà di De Laurentiis.

La tradizione italiana applicata abbonda di modelli e referenti. Un villaggio di contenitori 'quattro stagioni' per i baraccati d'Assisi e i pellegrini del Giubileo e le altre fatalità prossime? Una surreale Sermoneta o Norma feudale e burina ricostruita 'in bianco' sui monti Lepini, sopra l'oasi di Ninfa, con un polistirene Montecatini, o col 'botticino' bresciano imposto dal 'premier' clientelare Zanardelli al conte architetto Sacconi, vincitore del concorso per l'Altare della Patria? I dibattuti spunti per polemiche ville e alberghi trasgressivi a Cortina e sulla Costiera Amalfitana?

Qui però vige l'unitarietà del materiale: si è uniformemente costruito in compatto e massiccio travertino di Tivoli (ministeriale e tombale) tutto il complesso o contesto e tramestio di facciate e fiancate e retri e sguinci e scale e scalette e porte e portici e pilastri e androni e anditi e balconate e balconcini e altane e torrette e cortiletti e parapetti e poggioli e palchetti e loggette per cui tra Umbria e Toscana e Lazio occorrevano pietre differenti, diversi stili, disparate epoche, e soprattutto i tufi locali, per secoli e secoli.

Tutto nuovissimo nella luce californiana intensissima, con un effetto-zucchero-ne-varietur più abbacinante delle fiancate del Milite Ignoto a Ferragosto, dei Canova raschiati e rasati all'Ermitage. In competizione coi lastroni di marmo apuano negli Emirati di lusso? E magari qualche angoscia, contemplando questo tonnellaggio così greve e pensile in terre tanto sismiche. Fantasticando magari sulla corrosione o tenuta dei perni e giunti fra i minacciosi massi penduli? Un film di successo per Spielberg o Carpenter? «Here once, through an alley Titanic, / Of cypress, I roamed with my Soul...» (E.A. Poe, *Ulalume*).

Sono immediatamente chiari i programmi di investimento e di immagine. Da parte del vecchio Getty: un *landmark* di visibilità e spesa ineguagliabile, come riscatto postumo per un autocrate in odor di parsimonia. Mausoleo dell'esborso culturale monumental-democratico paragonabile forse al Rockefeller Center, ad libitum dei curatori futuri. Senza le vincolanti responsabilità e limitazioni culturali e finanziarie dei musei istituzionali tipo i Vaticani o Vienna o Chicago o Brera. Senza autorità o amministrazioni a cui render conto. E con la certezza pubblicistica che ogni capricciosa e costosa *folly* alla Ludwig II o alla Walt Disney – con installazioni molto più interattive e trasgressive di qualunque vecchio Musée Imaginaire – tutto sommato finirebbe per attrarre snob e masse e snob di massa, esaltando urbi et orbi l'Ego e i Soldi del Fondatore Faraonico e qualunque irriverenza degli allestitori dissacranti.

Ma comunque (già lo sottolineava Frank Capra) il Gran Pubblico intende subito il concetto di «You Can't Take It with You». E allora, grazie e OK per l'accesso mecenatesco e gratuito ai Tesori Artistici valorizzati dalle compere iperpaperoniche: soprattutto se con l'arroganza e il *gossip* del denaro stravolgono qualunque sistema di valori e acquisti nelle aste 'epocali'. Si formano automaticamente le interminabili file turistiche ovunque si esponga un Van Gogh o Rembrandt *veramente* 'miliardario', osservava Robert Hughes notando le code spettacolari ogni volta che si mette la parola «Oro» su uno striscione: gli Ori dei Traci, degli Sciti, dei Gonzaga, dei Gorgonzola... E il pazzesco rialzo dei prezzi dei Pollock, da quando un museo australiano acquistò «Blue Poles» per una cifra altissima, che andava comunque spesa per legge entro un certo esercizio finanziario. E di lì, un'offerta addirittura spropositata dallo Scià di Persia, che voleva ricomprarlo per celebrare il bimillenario e il futuro del trono del Pavone col quadro ormai Più Costoso Del Mondo, mentre evidentemente quel museo pubblico non poteva rivenderlo... Però allora, subito, gran daffare di mercanti e critici per presentare allo Scià e ai suoi simili quadri moderni di pari o superiore prestigio e prezzo...

Ma se poi arriva presto il Big One, sarà un 'Event' multimediale e interattivo come la celeberrima eruzione del Vesuvio sopra la vera Villa dei Papiri e i suoi tesori? Doppio Bingo per la vicina Hollywood?

Comunque, secondo i *trustees* istituzionali e gestionali investiti di poteri pienissimi – e a costo di frammentare in più containers il Monumento a un Ego «estremamente totale» – tutte queste collezioni così disparate andavano categoricamente separate e suddivise per generi. Programmaticamente e tangibilmente: per non riunire sotto uno stesso tetto («tipo Louvre o Metropolitan») un non-insieme non-storico di acquisti assolutamente eterogenei: statuaria antica, fotografie d'avanguardia, codici miniati, pittura varia, pendole, argenteria, disegni, bronzetti, libri, arredi rococò. Anche se i vasti poteri e i miliardi innumerevoli consentirebbero di costruire un nuovo Metropolitan-provocazione o un falso Louvre trasgressivo alla moda architettese più «in» secondo le attualità pubblicistiche. (Non più le vecchie stazioni dismesse riciclate in pinacoteche cimiteriali o termali, ad esempio, ma la nuova e dispendiosa Gemäldegalerie prussiana – nella Berlino di Schinkel – progettata e costruita sul Nulla bombardato come un'antica stazione monumentale da «facchino! facchino! partire è morire un po'?» dentro un coacervo di complessi contorti e passaggi sghembi. Tipo un'imposizione ai sudditi di letti e televisori asimmetrici, finestre e tavole oblique, gradini e ascensori di traverso, automobili e multisale cubiste come «Les demoiselles d'Avignon»). E così, passando da un building all'altro nell'abbagliante luce californiana, i visitatori alternano rapidamente gli occhiali da vicino e da lontano e da sole, tutti appesi col loro nastrino al collo. Si nota presto il gestino automatico.

E si incappa irriverenti – prima di tutto – nei convenevoli o contenziosi architettesi circa Immagine e Contenuto e Funzione e Ricezione e Potere e Politica e Utenza. E la Dialettica fra Interesse e Feticcio. E il Tramonto dei Totem. E l'Invecchiamento o Svecchiamento dei Tabù. Col travertino di Tivoli. Altro che trasgressive retoriche e semiologie tendenziose su «bullshit» o «holy shit» di routine tipo Museo-Come-Cattedrale-Laica con la Filosofia della Cafeteria più nursery e merchandising e bookshop con bigiotterie e videogiochi e Prozac per devoti dell'Effimero e credenti nell'Internet fra Melatonina e Mona Lisa e Braque e Baywatch e Swatch.

Ma quanti impegnati e impietosi birignao accademici fermentano e ribollono di provocazioni e contestazioni «pre» e «trans» e «post» sopra e sotto e dietro il travertino istituzionale dei «meta» e «para» e «sub» museali, oggidì: Manifestazioni delle Finalità, Affermazioni dell'Espressività, Messinscene della Realtà, Avvento della Corporeità, Rimprovero dell'Abissalità, Trasversalità degli Intenti per Solidarietà con i Movimenti... Come nelle più attuali ossessioni curatoriali per moltiplicare le etichette classificatorie – La Materia Spiritualizzata, La Persistenza del Dimenticato, La Perversione delle Credenze, Le Confusioni Visive dello Spirito, I Tagli Lungo il Tempo, I Montaggi della Memoria, Destinazione-Popolo, Natura/Struttura, Cosmo/Spirito/Sensibilità, Ironia/Contingenza/Senso Profondo... – sopra legni bruciacchiati, rotaie arrugginite, teche e bacheche con tubetti e barattoli, quadratini trascendentali o metafisici, triangolini costruttivisti o neoromantici, file di mattonelle vecchie e nuove, sbaffi di spray su calcare e vernice su crétonne... Con tutta l'autorità minatoria delle Citazioni, delle Metafore, dell'*esserci* (comunque) nei Microcosmi e Multimedia e Megastrutture al potere; fra le tensioni ludiche e gli accidenti statistici della Navigazione sulle Autostrade per zombi e cloni e hackers in rete...

E le crescenti intimazioni perentorie degli Allestimenti & Interventi. Soprattutto neo-berlinesi: alle gigantesche mostre – per la Fine del Millennio, il Decennale del Crollo del Muro, il Trasferimento della Capitale da Bonn – su «Un Secolo D'Arte In Germania»: colossali Installazioni, consistenti in lastroni e pietroni e cataste entro madornali saloni, immacolati e abbaglianti senza un minimo di spray per far compagnia al trash. Oppure, un catino con scope e detersivi nell'angolo di un titanico salone vuoto: ma con guardie in uniforme per tutto il giorno senza una sedia, come le celebri sentinelle al Bidone Vuoto. O un analogo madornale salone totalmente vuoto e illuminato: senza catini né uscieri. Cioè, come dicevano le nonne fra Wittgenstein e Voghera, «quando non si sa più cosa dire, meglio star zitti».

E il tutto-pieno? Stanze-container gremite di abiti usati, a strati. Per qualche giorno, in base ai telegiornali: Missione Arcobaleno, Discarica Caritas? Dopo una settimana: provocazione o venerazione? Trasgressione storica, conformismi accademici, omologazioni consumistiche? Passato o presente? Destra o sinistra? (Nelle vecchie fasi: Alienazione Brechtiana o Teatro della Crudeltà? Cha-cha...). E negli spazi progressivi con foto di malati e immigrati e disabili, e guide che fanno sfilare in carrozzella i disabili veri spiegando che c'è ironia nella scritta «L'anima è uno stupido porco»? (Ivi ci si rende conto che Grosz o Dix non hanno inventato niente. Basta guardare la varia umanità attratta dalle sale dell'Espressionismo e della Nuova Oggettività: come quando a un film di mostri o a un concerto di zombi si vede che il pubblico è formato appunto da zombi e mostri).

Ma la dispettosa Forma (faceta o maniaca) del Contenitore non tirerà a imporre una propria 'aura' o un proprio 'senso' protervo alle opere che contiene e conforma, a San Pietro come a San Marco o a San Siro o ad Ascot, facendo tuttora distinzioni di 'ricezione' e *placements* tra un post o paleo di sinistra o destra o gruppo misto secondo la Gente Comune e il Palladio e l'Ulivo e il Sessantotto e il MacDonald's, e i neo-cimiteri 'house' e 'techno' con cappelle 'acid' e macelli 'ecstasy' fra le irriverenti provocazioni del retro-Bauhaus on the road e le ironie disneyane del Fascio punk o chic?

Dunque – fra le varie considerazioni semiserie lungo questi camposanti di steli e lapidi e «Hic iacet» e «Non praevalebunt» tardo-novecenteschi – ancora una Signora Arte «come illusione»? O piuttosto come Dichiarazione? Con effetti «politicamente sospetti», in quanto *senza cause*? Senza autorizzazioni? Senza interpretazioni? Senza conferme?... Fra i protagonismi dei contenitori autoreferenziali che vogliono prevalere come discoteche dispotiche e jeanserie 'glam-rock' su qualsiasi 'opera' o 'testo', utilizzato come ornamento e pretesto? Anzi, predeterminandoli come arredi e accessori 'artistici' sempre più sorprendenti e intriganti per «parchi a tema», così tutti i grandi e piccini strilleranno volentieri HEY e WOW, fra i valzer Živago e le T-shirt Guevara e le cassette Holocaust e gli sticker di mucche battezzate Carolina o Coccolina sopra gli zainetti Van Gogh?

Come quando le navi-crociera tematiche li sbarcheranno a diecimila per botta nelle piazzette di Capri e delle altre isole e darsene e piazzette rigorosamente sgomberate e riarredate secondo i più celebrati progettisti del momento per aprire spazi e percorsi di socializzazione e pizzeria a migliaia di passeggini e carrozzini e pattini a rotelle e poltrone a rotelle per gli interventi e coinvolgimenti di zombi e infermi e pannolini e telefonini e biberon, mentre per consultare i clip e spot coi Faraglioni e la Grotta Azzurra occorrerà la prenotazione obbligatoria in lista d'attesa con credit card all'auditorium scavato dai coreani nella roccia, fra i distributori marocchini di limoncello «made in Saigon» e di busti fluorescenti di Pavarotti o Gesù Cristo «made in Hanoi»? (Ma queste sono soltanto le prime ovvietà ripetute d'ora in poi durante le normali quotidiane rotture di palle nell'accesso a questi mega-travertini tematici: e saranno soste e more dopo tutto analoghe alle lunghe eccitanti attese pigiate fra transenne delle piccole fans coi bottiglioni d'acqua e lo strillo acutissimo ai concerti rock. Mancano gli spintonamenti dei gorilla, pazienza. Non si emetterà il caratteristico strillo quando si rilasciano i cordoni e la pipì. Ben altro devono godere e patire gli zombi, davanti alle popolari discoteche esclusive).

Alle spalle, comunque, la palese evidenza che il Kimbell Art Museum di Fort Worth, periferia di Dallas – con le sue voltine leggermente argentate che diffondono una squisita luce diffusa arcana e precisa d'alluminio indiretto e soft al servizio dei mirabolanti Bellini, Canaletto, Caravaggio, Carracci, Cézanne, Corot, Courbet, Degas, Duccio, Dürer, Gainsborough, Géricault, Giovanni di Paolo, Goya, Guardi, Guercino, Hals, Hogarth, La Tour, Mantegna, Matisse, Murillo, Picasso, Poussin, Rembrandt, Ribera, Rubens, Tiepolo, Tintoretto, Turner, insomma «da Arellano a Zoffany», tutti preesistenti all'architettura di Louis Kahn –, risulta «semplicemente chic» come la somma Frick Collection. Della quale Dorothy Parker poteva dire «simply Duveen», dal nome del mercante illustre che l'aveva allestita. (Mentre il signor Frick, nella sala dell'organo, si faceva suonare canzonette leggendo «Arcibaldo e Petronilla» sui giornaletti, pare. E scrivendo nel testamento: né bambini, né cibi, né apparecchietti, né demagogie, né chiacchiere, volendo guardare in pace i miei Duccio e Piero e Claude e Bellini e Tiziano e Veronese e Vermeer e Velázquez e Rembrandt e Greco e Goya e Hol-

38

bein e Van Eyck e Van Dyck). Ma lì siamo come in quegli hotel dove «tutto è perfetto», specialmente perché il servizio è invisibile, il portiere non è minimalista né intrigante né invadente, i letti non sono poligonali né creativi, il direttore non continua a parlare di sé.

Un accertamento altrettanto elementare: il Guggenheim di F.L. Wright, dove nelle cappelle lungo la rampa i formati rettangolari dei quadri paiono sempre asimmetrici rispetto al pavimento in discesa, ora si è rivelato un magnifico salone per le motociclette d'epoca. La sua migliore esposizione! Successo e carisma di massa e cassetta! Ma quando anche le più scontate «provocazioni da stilista» riscuotono comunque il loro «bell'applauso» di tipo televisivo automatico, e nessuno fischia più niente se non è pagato per contratto o in nero (né vale più il classico «ne sutor ultra crepidam», *anzi* l'Artista domanda giudizi e sponsorship al Calzolaio), allora anche gli architetti come i registi e i cuochi e i calzolai e gli occhialai e i profumieri e i comici e tutti gli altri Stilisti appaiono bisognosi di un «instant wow» da parte di analoghe 'Celebrities'. E il 'Sutor' spiega il Museo all'Architetto, e questi al Comico. Che sponsorizza il Politico.

Con l'«Ed è subito polemica» di prammatica, quando per esempio un sindaco di New York viene accusato di repressione oscurantista perché non vuol dare sovvenzioni municipali ai musei municipali che per «l'ultima provocazione di» espongono Madonne (non cantanti, proprio 'la' Maria Vergine) imbrattate di merda di cammelli o elefanti. (E magari destinano le somme al welfare dei più impegnati 'slums'). Allora si pongono problemi di par condicio religiosa o artistica? E nelle più ovvie fattispecie: come dovrebbero comportarsi i sindaci delle città d'arte italiane – Roma, Napoli, Firenze, Venezia, eccetera – in analoghe circostanze di merda sulla Madonna nei musei comunali, mentre le periferie reclamano provvidenze e vigilantes? Dare o non dare la sovvenzione? E se per provocazione e trasgressione impietosa e scomoda si esponessero 'immerdate' anche altre icone sacre alle religioni israelitiche e islamiche, o alle istituzioni della Resistenza e della Repubblica, che tipo di 'impegno' si potrebbe richiedere agli intellettuali, ai cittadini, ai torinesi che invece protestano perché il loro sindaco sovvenziona l'acquisto di un Crocifisso attribuito al Giambologna mentre le strade sono imbrattate di merda?

Ancora una *performance* dell'«Ed è subito dibattito» fra colleghi irriverenti, specialisti dissacranti, stilisti progressivi e politici trasgressivi, comici e accademici e top model contro, celebrità impietose con mogli e compagne scomode che 'strigliano' e 'bacchettano' sempre fuori dal coro, tra i «vaffa» di rito e i «ma che cazzo» di routine?... Come a teatro nei gasometri più sconsacrati, fra i latrati dei cani degli sfasciacarrozze abusivi, e i cessi intasati con le ultime provocazioni dei coatti e dei pierre?... (Toti Scialoja: «Una vespa, che spavento»).

Ma nelle lunghe attese tecniche anche con ticket per queste salite colloquiali e interlocutorie al Getty (con pratiche ed estenuazioni molto più impietose e scomode che al Metropolitan o in discesa o in pianura) «a volte ritornano» quegli ovvi e triti referenti: i «Perfetti Wagneriti», la vecchia ascesa mistica e snob dei Bidelli del Walhalla alla Sacra

40

Collina di Bayreuth. I disegni di Aubrey Beardsley: *Under the Hill.* E G.B. Shaw, già nel 1889: ah, Bayreuth, Bayreuth, valle di umiliazioni per i cosiddetti furbacchioni di questo mondo... E pensare che questo Wagner, già concordemente l'uomo più ridicolo d'Europa, potesse mai rivelarsi il maggior successo del secolo! E doversi ridurre pietosamente a implorare di aver sempre riconosciuto che c'erano dei bei brani in *Lohengrin*, per non far la figura del coglione totale, incontestabile e irrimediabile! Chiedendo umilmente e ansiosamente se sono rimasti biglietti – da pagare a qualsiasi prezzo – per poi strisciare sfiniti e col mal di mare per centinaia di costosi chilometri e quindi salire intruppati nel desiderio di vedere ed esser visti «in a vortex of culture» in cima alla collina già da voi proclamata la folle scemenza di un ciarlatano cacofonico e maniaco... E lì riverire il *Tristano* e i *Maestri Cantori* con l'orrenda vergogna di aver pensato, una volta, che la *Lucia* e la *Favorita* valessero molto di più... E poi, per tutta la vita, al Covent Garden: «Have you heard Levi conduct it at Bayreuth?»... Mentre lo Swann di Proust, parlando di Odette: «Penser que pas plus tard qu'hier, comme elle disait avoir envie d'assister à la saison de Bayreuth, j'ai eu la bêtise de lui proposer de louer un des jolis châteaux du roi de Bavière pour nous deux dans les environs»...

Ciascuno sul proprio 'hill' e 'cult': Wagner, come già Ludwig e poi Disney, veramente programma e mette in opera un Allestimento (o 'environment') spirituale e fisico *totale*. 'Gesamtkunstwerk', come nelle realizzate utopie del Monte Verità ad Ascona, di Rudolf Steiner al Goetheanum di Dornach, delle rappresentazioni più 'impossibili' di Reinhardt e

Skrjabin e del Vittoriale dell'Imaginifico. Con tanto di pellegrinaggio salvifico dove la Germania migliore e peggiore, dopo tutti gli impicci dell'approccio, potesse aspirare a qualche rigenerazione culturale, prima degli spettacoli con sedie e pattini a rotelle nel degrado degli sfasciacarrozze. Però poi la gente di oggi arriva là in cima come ai tempi di Shaw e di Hitler. Trova un massacro: Tristano, Isotta, Sigfrido, Brunilde, Parsifal, Kundry, Amfortas, Lohengrin, Elsa, e tanti altri 'ariani'. Perfino un olandese e un romano (Rienzi). Tutti per lo più atlantici, entro l'area Nato. Tutti finiti malissimo. Anche il cavallo e il drago. E la gente scema, sui giornali: allora era proprio antisemita. (Come quando i ricercatori scoprono una dimenticata intervista di Eschilo, dove si esprimono giudizi politicamente scorretti su Sansone e Dalila).

Ma non solo Opere d'Arte Totali e collinari. Possono a volte ritornare, come «questi fantasmi», certe farse già vissute più o meno seriosamente in altre vite: riecco i 'discorsi' di tubi e scarichi negli interni impegnati di certi indimenticabili ristoranti milanesi degli anni Sessanta, così riveriti in coro perché le condutture delle cucine e le canne dei cessi passavano orgogliosamente in bella vista sopra i tavoli dei pranzi per architetti. Ai tempi di Mina e Milva e Mao e Moro e Morucci e Moretti... Quando le madame alla moda venivano obbligate dagli arredatori 'in' a dormire e mangiare e ricevere come badesse «masò» sulla nuda pietra e la selce e la beola, portata ai piani sfondando le mura del Quattrocento o del Cinquecento o del Seicento, senza neanche concedersi un collage di saponette o fiammiferi o biglietti dei tram messicani al posto di un Angelo Custode almeno di Wiligelmo o della Triennale. (Se li poteva permettere, con la sua potenza remota e beffarda, sopra il letto, solo Marie-Laure de Noailles). Come ci si divertiva a terrorizzare, però: «Gianni e Marella stanno ristrutturando la Torre delle Milizie con un'infilata di saloni tutti in velluto rosso e divani dorati, e quaranta meravigliosi Velázquez!». (La si rifilò anche al re Umberto di Savoia, a Lisbona, ma non ci cascò. «Facciamo due passi indietro, e ripartiamo da cuscini e abat-jour. Che luci sui quadri? FARETTI?»). Ma se non si fa così, si può finire come le vittime babbee dei saccenti effimeri e curators da strapazzo.

Attualmente, invece – la fila per l'accesso alla funicolare del Getty è lunga come all'Immigrazione negli aeroporti; e pensare che alla Casa Bianca di Washington venivo portato da Camilla Cederna come fidanzato senza biglietto ai ricevimenti di Kennedy per Krusciov –, per far sentire con verismo al buon lettore i tempi e impegni reali di questa ascesa magari un qualche pensatore materialistico potrebbe civilmente interrogarsi in coda su cosa possa rompere meno le palle ai fruitori e utenti succubi indifesi del design impositivo e punitivo.
Forse gli edifici-simboli 'corporate' tutti vetri e lavavetri e tecnologia e consumismo da salotto proprio alla vigilia delle guerriglie urbane e delle ladrerie armate e degli effetti-serra, quindi con spese per l'aria condizionata e i vigilantes molto più ingenti che per le rocciosità e le inferriate del Medioevo Coppedé?
Probabilmente la spettralità iettatoria degli impe-

rativi demagogici internazional-palazzinari che fanno scappare la povera gggente e gli sfigati gggiovani a fare il popolo della notte nei degradi e sfasci dei vecchi centri storici? E fanno trovare 'cosy', al confronto, perfino la già deplorata Via della Conciliazione dell'abominevole Piacentini? (Ma quando mai Corbusier o Wright o i loro colleghi hanno creato e fornito spazi alla Valadier gradevoli ai giovani coatti che vogliono ascoltare i tumtum-tum delle autoradio rock in branchi celebrati dai media progressivi?).

Magari la curvatura ammiccante a bozzi e pomfi e vagine oblique? Con finestre sbilenche e serramenti sghembi come le facce e gli occhi delle sciorette 'tirate' che «fanno Picasso» presso le loro sciampiste?

O addirittura i patchwork e bric-à-brac di citazionismi modernariali assatanati e maniaci come le dissertazioni iniziatiche dei cinéphiles 'sbob' che hanno recuperato un frammento inedito di *King Kong Goes to Rio* o una scheggia di foto ignota di Elisa Cegani con Alberto Rabagliati a San Martino di Castrozza?

E/o i razionalismi fatiscenti sub-Gropius con chitarre giganti modello Elvis lampeggianti sui funzionalismi dismessi in compagnia di cappelloni texani, palloni da baseball, culoni di jeans XXL in titanio da NASA su Venere e Marte?

E/o le decostruzioni 'rap & rave' del post-costruttivismo 'punk & junk' con intersezioni e interventi 'funk' di ferramenta 'grunge' e laterizi 'acid' e graffiti 'techno' su *petits pans de mur* in resina espansa con *madeleines* 'ecstasy' in forma di fungo e scarpa e telefono soft come le casine di Stanlio e

Ollio rivisitate da Mickey Mouse e Minnie Oldenburg?

... Hi, wow, gulp: ironiche rimembranze o commoventi «come eravamo slurp» tra Beaux-Arts e Mies van der Rohe e i mausolei al Vietnam e all'Aids e gli artistici spray politicamente corretti e le pari opportunità politicamente museali fra artisti e video-artisti ebrei e musulmani e lesbiche e talebani e detenuti e pentiti e pensionati e tossicodipendenti, con una pari creatività categoriale e collettiva per junior e senior citizens e casalinghe e non vedenti né udenti e portatori di sventure... E finalmente l'agognato «Benvenuti a Topolinia» dell'ambitissima committenza Disney, i veri Medici e Gonzaga ed Este della nostra età? Mentre gli autentici Farnese e Borghese d'oggi sarebbero i Sotheby's e Christie's, tanto riveriti dagli umili per i loro «lanci astronomici» dei parastinchi di Maradona e Madonna e Marilyn e delle mutande scozzesi o gallesi o irlandesi di tutti i complessini con 'album' miliardari negli anni scorsi? *Valori* che passano immediatamente all'incasso, riflettendosi direttamente sui musei e sui prezzi. Come gli home videos dei premiati performers che si fanno la doccia o la barba nell'angolo-cottura; o le smisurate installazioni di relitti e sassi per cui si dovrebbero costruire enormi gallerie e depositi ogni due anni, per tener dietro al mercato degli immensi mucchi e cumuli e ammassi di terriccio, stracci, lattine, mattoni, foto d'autosaloni e gasometri e cadaveri, ritagli di fanzine e manga, becchi di polli, animali di pezza, diplomi scolastici, libri cancellati e bruciati (speriamo non di ebrei), strumenti musicali fracassati (mai chitarre, però), lastroni, pietroni, rotaie, lavagne, scansie di recipienti, containers di relitti...

E dopo i Cento o Duecento o Cinquecento Graffitisti Kosovari Dissenzienti e Videoartisti Kurdi Dissidenti e Multimediali Bosniaci Alternativi e Reggae Maghrebini d'Opposizione e Kletzmer Siberiani di Denuncia e Bandoneon Aztechi di Protesta, passati anche tutti i nudi integralisti di solidarietà globale e i neofondamentalismi deviazionisti della creatività-contro – fra i «talenti collettivi emergenti» – dovete organizzarvi per sistemare i milioni imminenti di astro-jungle e afro-lounge e house-metal-wave e acid-bossa-rasta e digipack-breakbeats cinesi e giapponesi e indiani e vaticani in arrivo alle Biennali e Triennali e Quadriennali, nelle vie Bagutta e Margutta, nei pastifici e mattatoi abbandonati, nelle caserme e vuccirie sconsacrate, sui vagoni dei treni graffitati, nei gasometri-contro?

Ma come si aggravano, intanto, le prestazioni richieste al buon visitatore tenuto a spendere patrimoni in spostamenti e soggiorni per finire in discariche: comitati scientifici e schede curatoriali trascendentali con la Metafisica dell'Arte e l'Adorazione dell'Inconscio Mistico e la Melanconia Inscenata e il Rimprovero dell'Abissalità anche per le file di chiodi e i video di bidet. Decostruzioni ermeneutiche e gestaltiche intorno all'emblematica chicchera Déco o all'impegnata pesciera Bauhaus, da completarsi secondo le direttive degli apparati nelle congetture del fruitore o dell'astante sul Web. Tutti in piedi, in coda, in fila. Per «non perdere assolutamente» le tradizionali trasgressioni dei gruppi emergenti, e le storiche provocazioni dei più riveriti 'writers' o 'hackers' dissacranti e benvenuti a Paperinia?

E certo, signora, il Museo Ideale sarebbe un duo-mo-stadio domenicale che commissiona i metraggi 'da primato' dei graffiti spray, gli allestimenti di rottura e rottami («Ammira l'arte fatta di pane e scarafaggi e paraurti!»), le cabine telefoniche 'da mozzafiato' per il gran numero di giovani che riescono a contenere col massimo della compressione e decompressione da astronauti, come attorno al Tivoli di Copenhagen?... Un festival-omaggio all'Oscar Gotha-Guinness di platino degli artisti più perseguitati fuori dal coro, con installazioni impietose e scomode per le vittime, tradizionali danze progressive di oppressi e oppressori nomadi ed esuli trasversali di confine, allestimenti di rottura con riproduzione autentica di un tipico angolo-cottura nelle abitazioni proletarie delle periferie industriali scozzesi anni Trenta, del caratteristico divano-letto per dissidenti anni Quaranta nelle comunità montane della Patagonia 'estrema' o della cella ove fu rinchiuso Mandela?... Una vasta rassegna 'stralunata' ma documentaria delle tante varietà di serpenti, giocattoli, rettili, fiammiferi, birre, trombe, armi, foto, fossili, strumenti di tortura, impressionisti, post-impressionisti, testimonianze della vita e morte dell'uomo artico o desertico, lampadari islamici di minoranza, confezioni di medicinali giapponesi, blocchetti di contravvenzioni sovietiche, con irriverenti interventi ed escrementi aggiornati di tossicodipendenti irlandesi e disoccupati gallesi?...

Una testimonianza-horror di successo thriller e killer molto estremo e best-seller cannibale-noir-hard da Tigri d'Oro e Lupi d'Argento Nobel-Pulitzer sui fermenti ancestrali e le tensioni sperimentali nelle ordinarie e annunciate «live performances» cinesi

47

e cilene e cecene e gitane e bosniache e kosovare
e kirghise e ossezie e abkhazie e ipazie e marozie
e tamare e diomire e isidore e zaire con bombe e
stragi globali di serial killers e baby killers nelle
Città Invisibili o in CNN... Con metafore multime-
diatiche, microcosmi allegorici, consensi e dissensi
interattivi e interpassivi su denunce naturalmente
irriverenti, proteste ovviamente dissacranti, provocazioni sempre più trasgressive delle precedenti.
Fra i contributi del degrado e gli interventi del disagio 'in concert' per artisti e cantanti del rock globale benefico-trasgressivo secondo l'Homo Ludens
e il Santo Padre e lo Scandalo della Fede e i Beniamini del Pubblico?...
Ma le installazioni tipo Edward Kienholz – gli ospe-
dali della State Prison, le roulottes delle travestite
devastate, il bar dei tifosi scoreggioni e trash – saranno più o meno artistiche (tutti sono artisti, e
non solo secondo Warhol e Beuys) che gli allestimenti delle scuole di tortura di Pol Pot a Phnom
Penh o delle case di Karen Blixen e di Anna
Frank?
O quegli 'allestimenti' più familiari, con «du' ban-
chettini tanto carucci de cornetti e sfizietti: a' Cafeteria, er Bukscioppe». Col sor Coso e a' sora Ce-
cia in maglietta che vociano per ore e ore di orari
corti e malattie lunghissime. Mentre Patrizia sta a
strillà coi passeggini dei pupi inferociti, le bambinacce dimenano il culone saltellando in attesa del
Bruto dei Fondi-Oro, Christian urla al neonato
«mavaffanculo anvedi er cagnolino de Mondrian
che te fa bau bau e puro er micio de Malevic te fa
miao miao, e mo' te mollo puro 'na botta sulla ca-
poccia si nun la smetti de fà 'o stronzo»?...
E le 'contaminazioni'? Nomadi e trasversali fra la

musica classica e rock e folk nello stesso programma, certo. E anche fra calcio e rugby e tennis e pallanuoto nella stessa partita, ovviamente. (E purché fuori dagli spazi istituzionali come teatri e stadi, d'accordo). Ma con le arti?...

I valori dell'Arte sembrano variabili. Nell'incendio recente di un grande castello scozzese, in assenza del padrone, i numerosi dipendenti formarono una coraggiosa catena umana per mettere in salvo i tesori artistici. E per prima cosa riuscirono a portar fuori i tesori secondo loro più pregevoli: tremila trofei di caccia. Non si fece in tempo a salvare anche la quadreria, la biblioteca, le porcellane, gli objets d'art, gli arazzi. Mentre durante il maggio francese del '68, una leggendaria viscontessa sempre all'avanguardia fin dai tempi delle avanguardie storiche buttò dalle finestre (secondo le celebrazioni commemorative) anche i comò della Dubarry e i clavicembali di Couperin, per contribuire a innalzare le barricate contro la Comédie-Française.

Ora però l'autoreferenzialità sistematica degli stilisti e artefici viene continuamente superata da mode e convenzioni sempre più effimere, in corso d'opera. E dunque le nuove torri d'avorio di massa si trovano esposte alle commiserazioni inaugurali, perché progettate anni prima, durante un trend ora datato e desueto. *Period piece*. («E come si *nota*, vero?»).

Così intanto, al top delle voghe multiculturali, potrebbe rivelarsi un'operazione di Genio addirittura paramilitare (oltre che dispendiosa, sorpassata, poco prioritaria per i 'bisogni') creare percorsi di pronai e propilei non più cementizi e brutalistici, da South Bank londinese, ma piuttosto eco-dema-gogici, se occorreranno poi le armi per evitare che i passaggi e sottopassaggi di una Pinacoteca o Galleria o Auditorium vengano occupati e sfruttati come le piazze e i parchi da gang di bigiotteria ca-morristica, mafie che esibiscono mutilatini e am-putatini come in India, homeless e squatters con giacigli e fornelli, bande di suonatori e cantanti con batterie di amplificatori e profughi e martiri con cartelli aggiornati all'ultimo conflitto, imboni-tori di tarantolate e travestiti con scippatori e spacciatori che si possono legalmente fermare solo in flagrante, allattatrici professionali che non si possono giuridicamente rimuovere finché azionano il capezzolo, borseggiatrici intoccabili perché infanti senza documenti, camioncini di catering tribale che hanno pagato un ufficio municipale in nero per le bibite adulterate nei frigoriferi ambulanti sopra i monumenti, interventi e coinvolgimenti per rivendicare e riscuotere le quote politically aggiornate degli incassi marocchini, algerini, tunisi-ni, nigeriani, indiani, pakistani, afghani, ceceni, peruviani, brasiliani, cileni, cinesi, malesi, cingalesi, senegalesi, albanesi, eritrei, kosovari, bosniaci, serbi, kurdi, somali, nomadi, macedoni, vietnamiti, etiopici, rom e rap creativi con CD-rom contraffatti di rasta e reggae e rythm-and-blues, e altre 'variabili', negli approcci aggiornati e contemporanei (e non di Burckhardt, o di Berenson) alle Arti. Come i Giardini: non più luoghi ameni ma tipologie del trucido e tragico quotidiano.

Poi la praxis ordinaria può contraddire e stravolgere i calcoli e preventivi più professionali, architettonici e statistici. Infatti a questo nuovo Getty l'afflusso del pubblico risulta inaspettatamente abbondantissimo (forse per colpa dei media, e contrariamente a qualunque indagine preliminare), come nei «parchi a tema» con l'Old Wild West o il Castello della Bella Addormentata o l'Isola dei Pirati con benda sull'occhio e i delfini ammaestrati o i coccodrilli automatici. Luoghi prescelti per picnic coi pupi «perché se ne parla», e dunque si viene anche da molto lontano, anche coi non deambulanti e con le «duecento chili», senza preoccupazioni circa l'autenticità o la verosimiglianza dei Raffaello o Lisippo: come per la Casa del Delitto di Hitchcock, la gamba di legno del nostromo, la Suite Windsor all'Eldorado-Carlton reso 'esclusivo' da un popolare 'sitcom'.

E naturalmente i bimbi sanno che i castelli e i pirati sono finti; e i parenti approvano i soldi spesi e i lavori fatti. Nessuno pretenderà che siano «riproduzioni autentiche» anche le case di Sherlock Holmes o di Shakespeare in Love. Però questo parcheggio multipiano sotto la collina benché vasto non si può ampliare contro i regolamenti municipali e i veti vincolanti della comunità, della collettività, degli elettori democratici e dei potenti vicini. Le loro associazioni hanno imposto di rispettare le regole valide anche per i ricchissimi, a Brentwood e Bel-Air: non far movimenti di terra sulla collina, non togliere o aggiungere volumi alterando il paesaggio e la natura, non modificare le altezze degli edifici né scavare eccessivamente in profondità.

Ecco risolto – dalle automobili – ogni tormentone sul «numero chiuso» nella libertà d'accesso alle Arti. Per potere accedere all'ingresso libero e gratuito là in cima alla funicolare, le liste d'attesa per la prenotazione al parking si prolungano anche per mesi. E lasciando la macchina a un posteggio più lontano, o arrivando in taxi, bisogna attendere il pulmino navetta, e poi mettersi in fila nel sottopassaggio dell'intasata San Diego (405) Freeway. In piedi *on the road* col sole o con altro – non furono previsti locali d'attesa, in base ai sondaggi degli specialisti – per poter raggiungere la coda all'imbarco della funicolare.

Questa somiglia a tutti gli impianti analoghi: una cremagliera come a Capri e a St. Moritz, con un trenino che sale mentre l'altro scende. Però a causa della capienza e della portata l'enorme afflusso di folla viene regolato con transenne cordonate a labirinto ortogonale come negli aeroporti d'ingresso negli Stati Uniti. E naturalmente oggi i più trovano interessanti o eccitanti soprattutto queste interminabili code; e le conoscenze che vi si fanno, e le informazioni e i motti e le merci che ci si scambiano. E (in Italia) tutta la vivacità aggressiva degli ambulanti che tirano e toccano fra i tappetini e gli accattoni politicamente approvati (di cui qui si potrebbe sentire la mancanza, come dei motorini per le strade). E così poi dentro, una volta privi di stimoli, parecchi preferiscono guardarsi i quadri nelle sale video.
Però, nelle more dei procedimenti – le prenotazioni mesi prima, l'orario prefissato, il contingente limitato, l'immensa fila alla funicolare, e tutto –, la vitalità e l'intensità della curiosità fisiologica per questo o quel dipinto o bronzetto potrebbero talvolta calare, alla lunga? E l'arte, dopo tante fatiche ed etiche, apparire sempre più remota dalla povera vita. Un'agorà democratica e gratuita funzionante come un nido d'aquila a numero chiuso, *ver-*

sus torri d'avorio 'convenzionali' come i vari Louvre e Kunsthistorisches e Gemäldegalerie o National Gallery: dove si va sempre con intenzioni mirate, un giorno dopo l'altro, un pezzo per volta, e non «tutto in una botta, ora o mai più». E una volta dentro, si può tornare alle prime sale per ripassare il già visto: non come nelle mostre 'a tonnara' (tipo Matisse o Picasso al MOMA) dove in ogni camera era bloccato l'accesso alle precedenti. E si paga il biglietto arrivando direttamente dalla strada, senza dovere ascendere sacre colline ad ore fisse tipo pellegrinaggio di fedeli; se c'è la coda si torna più tardi (al Grand Palais e a Orsay, verso sera, si entra subito anche se ci sono Poussin e Gauguin e Van Gogh. E del resto mi è capitato proprio alla cassa di Bayreuth: «Cosa avete per l'anno prossimo?». «Due *Lohengrin* per domani sera». «E come mai?». «Nel frattempo sono morti»).

E si raggiungono presto le opere desiderate, nei musei 'convenzionali' in mezzo alle città e ai taxi liberi, non si pretende di veder tutta la roba, non è mai un 'problem' ripassare l'indomani senza aver fatto tutte le pratiche. Non si è tenuti – per vivere le integrazioni interattive tra Cultura e Società e Aggregazione – a prenotare nuove file in piedi dopo settimane o mesi davanti a un Parco di Fiaba o Universo Fantastico o «Pablo Picasso: a Retrospective», dovendo inoltre riservare in anticipo una nuova refezione scolastica da villaggio turistico. Insomma, non si tratta di una 'Adventure' o 'Experience' memorabile o unica. (Appunti per la storia minore delle mentalità: in America, i camioncini dei traslochi portano spesso lo slogan: «Adventure in Moving». Ma siamo certi di desiderare un trasloco *avventuroso*?).

III

«È stata lunga, eh?». (Lo dicevano Frank e Nancy Sinatra ai disgraziati che arrivavano stravolti ai loro concerti a Universal City, dopo gli intasi sulla 101). «Siete per caso già stanchi?». (Lo diceva anche Achille Campanile a un pubblico che inveiva furibondo al Manzoni, dopo una sua commedia: «allora se siete buoni ve la rifacciamo tutta»). Ma finalmente in cima al poggio, nella tormentata e affollata 'plaza' di travertino, ecco riunita un'eletta compagnia eclettica di citazioni e riflessioni architettoniche e paesistiche di tempi e luoghi migliori e peggiori, accatastate per gli intenditori professionali tra la calca di modifiche e compromessi dovuti ai vincoli e regolamenti amministrativi e alle precauzioni giudiziarie per l'incolumità pubblica.

Gli ammicchi incomincerebbero dal basso, a livello proprio di freeway. Ecco una sorprendente riapparizione della tipica torre Fiat rotonda anni Trenta: la colonia infantile a Marina di Massa, gli alberghi del Sestrière. Ma non fa parte del Getty, dove i cenni cilindrici alludono piuttosto agli accendini Braun da tavolo. Questo pseudo 'Principi di Piemonte' è solo un Holiday Inn. Su su, nel paesaggio appena riorganizzato entro un panorama autostradale misero e brullo – montagne troppo abitate, colline aride e spoglie per mancanza d'acqua peggio che nel film *Chinatown*, incendi –, il rimboschimento mira a effetti di selva o macchia appenninica e provenzale, mentre nei settori New Chianti si preparo visuali di spontaneità agraria meticolosamente strutturata nei secoli. Come anche nell'area del giardino uso Rajasthan. Ma tutto appena piantato, deve crescere.

Per raggiungere il top dell'acrocoro, scesi dal trenino, si sale a piedi per un'ampia rampa imitata dalla piazza del Duomo di Spoleto, ma fornita di robusti mancorrenti metallici da ferrovia metropolitana, imposti dalla 'community' per i portatori di sventure. Le autorità municipali hanno anche ordinato di ricoprire con lastre infrangibili un lungo fossatello rettilineo tipo gnomone di meridiana affondato nell'erbetta – forse civetteria astrologica o citazione umanistica – dove si incastravano troppe scarpe e caviglie di vecchietti e bambini. Poi, sulla plaza dell'acropoli, oltre Jaipur e Montespertoli, si inerpica e addossa come un De Chirico asimmetrico il post-Augusto Imperatore: un assembramento di parallelepipedi in parte cubisti e in parte ricurvi, un po' grevi e un po' ambigui, fabbricati a sporgenze oblique con pilastri e colonne adiacenti e difformi, muraglioni ora finestrati ora ciechi, casamenti fascisti-ludici e minimalisti-ridondanti. Estremamente metafisici, perché totalmente privi di motti del Duce, di graffiti spray, e dei ristoranti Augustea e Alfredo.

Nel forte revival dell'Eur congressuale e della Fao già ministeriale (dell'Africa Italiana), si inserisce una dominante nostalgia disneyana per antiche fattispecie pedonali non ancora strangolate dal traffico: il Medioevo, e Main Street. Evocando però la modernità dei ristoranti 'creativi' dove si dispongono le posate d'invenzione tra i piatti sbiechi e i bicchieri sghimbesci. (Ah, se ci fosse stata qualche inventiva o 'adventure' in bagno, chissà quanta creatività poligonale anche per le culone in tinozza e semicupio di Bonnard e Degas). Ma in complesso, questo mish-mash urbano di matrice italianistica eloquente o latente può apparire come una lezione operativa avanzata sull'arte del *post*: le radici e conseguenze di un italo-liberismo passabilmente selvaggio per palazzinari e geometri informatissimi su baite e belvederi e gazebi e chiese postconciliari e navi da crociera – intercambiabili – con l'ideale e il potere di stracciare ogni 'Ornato' cittadino e costiero e montano e lacustre, o *altro*, in nome della Multicultura 'etno' e delle Vacanze «a molti zeri», con le assoluzioni anticipate di qualunque curia e lobby e partito e Tar.

Ora, per un vecchio e inculcato riflesso italiano, anche il più bel travertino *fa fascio*. E magari, «fa Piacentini». (Via della Conciliazione, oggi chicca postmoderna, fu biasimata agli inizi). Ma qui – grande spaesamento – in tutto l'assieme e negli scorci e dettagli, l'uniformità biancastra del travertino sistematico (lavorato liscio e scabro) sembra intenzionata a omogeneizzare l'agglomerato disarmonico dei volumi sfalsati e dei solidi spezzati «alla Picasso» o «alla Cézanne». Anche con l'affollamento ornamentale di metalli verniciati in bianco latteo sulle geometrie asimmetriche dei vari corpi pietrosi.

D'Annunzio, che amava e capiva le pietre – dai marmi bianchi di Luni ai graniti rossi d'Oriente, possibilmente fra statue greche e «bussi (bossi) profondi» –, *mai* avrebbe infilzato materiali nobili con vili metalli industriali. Neppure col più artistico ferro battuto degli orafi avrebbe trafitto un porfido, e forse nemmeno un peperino. Si sarebbe mai spinto a sostenere che l'Ornamento 'potrebbe' essere magari Delitto? (Ma anche la Metafisica può rivelarsi realistica: basterebbe controllare, con De Chirico, la 'pulizia' e il 'rigore' dei fianchi, in travertino, della Stazione Termini).

Abbondano qui invece i tubi e i tubetti, le grate e i graticci. Sbarre, spranghe, grappe, graffe, staffe non funzionali ma esornative: e l'immagine sa di rimediato, adattato, nel protendersi geometrico e «fine a se stesso» di inferriate e ringhiere e ballatoi e tettoiette superflue sopra e sotto e davanti e dietro le superfici di travertino che giustappongono il Levigato al Rugoso come ai bei tempi del Crudo e del Cotto, della Trasparenza e dell'Ostacolo, dell'Aria e dei Sogni. (Ci si spiegava, in loggione, da piccini: ecco la *Grâce* caratteristica di Galina Ulanova e Margot Fonteyn, che anche anziane si librano leggere nell'aria, apparentemente senza peso. Confrontarle con la *Pesanteur* dei corpi di ballo romani, oberati da tutte le fettuccine che magnano). Ma qui può prudere nel 'discorso' l'assenza di Roland Barthes: *Accentuant, Accentué, Accessoire, Accompagnant, Accusant, Accusé, Adouci, Ajouré, Ajouté, Ajusté, Amovible, Amusé, Apparent, Associé, Assorti...*

Si potrebbe trovare un *soupçon* di Richard Neutra, in tutto questo? Nei primi anni Ottanta, nemmeno Fellini in trip avrebbe saputo immaginare un altro revival Kitsch dei Papiri e Misteri, o un neo-cult camp dei mélo 'peplum' con Maria Montez e Victor Mature e «Cleopatra, ti vedo più romantica di Fabiola stasera»: anche se sulle tv californiane sgangherate ripassava l'inclassificabile *Night Star*

Goddess of Electra, una specie di «Scandalo al Colosseo» con Rita Hayworth tra schiave e fiaccole di bassa risma. Ma dopo i bagni e le foto a Malibu era piuttosto *with it* recuperare appunto le schematiche ville di Neutra fra Los Angeles e San Francisco e Palm Springs, dove anche il minimo ornato o conforto poteva risultare peggio di un delitto: una gaffe! Rigorosamente parallelepipede come nel più stilizzato Giappone (la rinomata villa imperiale di Kyoto...), anche se si affacciavano su un reservoir industriale o su un desolato canyon. E non dovevano voltar le verande alle Indie oniriche di Otto Wagner e Alfred Roller, ma soltanto a qualche autogrill notturno tipo Edward Hopper, a un minigrattacielo di assicurazioni Art Déco. E se appartenevano al gran regista manierista-barocco von Sternberg, lì nascondevano WC e bidet in un'alcova di specchi da sartoria per Signore di Shanghai. O si dilatavano in vasti pensatoi severissimi, stringati, succinti, per le prolisse meditazioni esoteriche di Ayn Rand (*Noi vivi, La vita è nostra...*) ove il top della frivolezza mondana veniva proposto da uno scontroso cactus in vaso, da una riluttante kentia in un angolo, da un sasso lisciato di Isamu Noguchi fuori dalla porta, a fare da Zen.

Però lì tutti i ballatoi a tubi e stanghette in passerella industriale sopra dirupi e strapiombi anche da delitto Warner Bros erano manufatti post-viennesi scorrevoli e transitabili – per passare fra gli ambienti, giocare a ti-vedo-non-mi-vedi fra le stecche delle veneziane, fare entrare le brezze dell'Oceano – e non meri gadgets metallurgici in ossequio agli idioletti di una società anodizzata fino all'intimo. Mentre la coetanea residenza di Cedric Gibbons, grande art director del massimo biancoe-nero Metro-Goldwyn-Mayer, era dentro e fuori, dalla piscina al mobilio, un 'adobe' messicano Art Déco ocra-beige anche perché sua moglie era Dolores del Rio. Tutt'al più con stucchi delicatamente rustici. Come nel delizioso stile «Que viva New Mexico» dei palazzetti coloniali di Santa Fe, con le file estive delle candele accese entro i cartocci oleati sui fastigi calcinati ove d'inverno pendono i lunghi e incongrui ghiaccioli fra la neve tipica dell'altopiano sciistico. Mentre i manufatti metallici strettamente indispensabili venivano sistemati rientranti – non sporgenti né 'artistici' – nelle facciate in travertino dei grandi magazzini più eleganti della West Coast: Neiman Marcus a Beverly Hills, Macy's a San Francisco.

Là si risparmiava alla dignitosa pietra romana, venuta in grevi lastroni dai Bagni di Tivoli, ogni contaminazione con materiali technobenzinari e idées reçues o avances architettesi per futuri megamostri da costiera turistizzata dai boss. Insomma, un riguardo forse discreto come quello della nouvelle cuisine per le carni e i pesci di qualità senza troppe salse né appliques? Lo stesso rispetto per le pietre civili già dimostrato dai magazzini Magnin, a San Francisco e a Beverly Hills: sobrie facciate in marmo apuano – «essenziale» come gli Ossi di seppia di Montale e i tailleurs classici di Chanel – impaginate con rigorosi profilini in granito nero lucido. Senza troppi frontalini verdolini e mauve da «garden center» e «hard discount» uso James Sterling a Stoccarda e alla Tate Gallery. Soltanto il classico «quieto chic» dei Prestigiosi Ritz dove 'scendono' tops & stars in Rolls per Rilanciare l'Immagine dopo lo smandrappato cheap. (Come spiegava in altri tempi l'elegante vecchio poeta Aragon: non siamo più in epoche di Front Populaire, quando bisognava farsi venire la Mercedes con lo smoking dietro il palco dello sbracato comizio, e lì poi cambiarsi per i dîners en ville con le Viscontesse. Il blazer di Saint-Laurent ora risolve ogni situazione, a patto che sia rifinito con la 'spighetta' rossa, una semplice passamaneria da smoking d'antico stampo, in un giustissimo *rouge*).

Allora, per ridere durante l'Elevazione, in ascensore: secondo i boiardi e i bonzi della fine millennio francocentrica, Mitterrand voleva autocelebrarsi con un'operazione smaccatamente «intello-populiste» (la famosa Opéra Bastille) come già Pompidou col suo Beaubourg. Dunque un pretenzioso supertempio lirico per militanti di Berlioz e Gounod e Chéreau verso la periferia, democratico e di rappresentanza come l'aeroporto Charles De Gaulle ma in un illustre sito di risonanze rivoluzionarie automatiche anche per i turisti giapponesi e coreani sulle scale mobili. E quindi, facendo discretamente sapere ai commissari che nella gara fra progetti rigorosamente anonimi il Presidente avrebbe gradito una vittoria di Richard Meier. Così la commissione sceglie rispettosamente l'opera più simil-Meier. Però quella volta il Maestro si era distaccato dai suoi luoghi comuni, e aveva tentato un'originalità diversa. Dunque vince il suo più fedele imitatore. E tutti i guai cominciano di lì.

Si incappa nelle icone italiche e citazioni littorie, con vario buonumore. Come a Hollywood, sui grandi boulevards di palme dove si affacciano i multipli del 'Colosseo Quadrato' all'Eur, con le minime varianti degli archi più o meno a ferro di cavallo o a schiena d'asino. Qui si passa allegramente da Vitruvio ai Telefoni Bianchi: hi, caro gran muro isolato da Foro di Nerva, sarai per caso anche un po' metafora del Muro di Berlino e di quello del Pianto e della Muraglia Cinese, fonti a loro volta di inesauribili metastasi nei microcosmi dei media? (O te ne stai lì «fine a te stesso», difetto considerato abominevole da chi assegna all'Art pour l'Art fini operativi e pratici da agenzia politica?). Wow, wow, eccovi qui anche in esterni, graziose scale o finestre incrociate di A. Libera, nel rispettato ufficio postale alla Piramide, che sempre volentieri salutiamo dai taxi per Fiumicino, generalmente mentre controlliamo di «aver preso tutto». Hello, ristorante sul mare con terrazza ricurva su piloni tondi a Terracina, dove si mangiavano piacevoli pesci non ancora «pezzogne» con Irene Brin e Gaspero dal Corso venuti da Sabaudia. E quanta Sabaudia, ma quanta Sabaudia dappertutto: e non soltanto l'esemplare cittadina tirata su dal Regime e da Piccinato in un solo anno. (E dove la chiesa di travertino offre un consiglio che qui tornerebbe prezioso: per migliorare le facciate di quel materiale non sempre ameno, ci vuole ahimè un mosaico di Ferruccio Ferrazzi). Ecco anche un souvenir delle ville e villette costruite sulle dune combinando le terrazzette e torrettine 'anni Cinquanta' con i prototipi e i sottoprodotti del western all'italiana, della filanda marina, della baita costiera, della cantoniera pre-bonifica, di Terminillo-on-the-beach. Qui, però, tutto acciambellato su se stesso, non disteso come doppio codazzo ai lati del postmodernissimo 'Volpaeum' (di Misurata) dovuto al grande misconosciuto Tommaso Buzzi.

... Ed ecco «a noi» perfino i condomini fascisti e

antifascisti dei notai e dei gabinetti medici e dei commercialisti e degli studi legali al Borghetto Flaminio e in Prati. Si procede come facendosi i segni della croce e i saluti romani davanti a cenotafi o cappelle di Paola Barbara, Luisa Ferida, Doris Duranti, Elli Parvo... Clonazioni in vista di prossime Disneyland-sul-Tevere o Nippon-Vatican-Cinecittà con gladiatori e matrone e martiri e samurai e catacombe e Bocelli e Fabiole?... Già comunque all'emporio Getty si stanno vendendo a cinque dollari i blocchetti residuati di travertino tiburtino da cantiere. Come i tozzetti dell'ex-Muro a Berlino, tra i berretti nuovi a prezzi stracciati dell'Armata Rossa: forse per il cantuccio nostalgico attrezzato degli ex-scapestrati in cuoio nero che fra divise e nostalgie invecchiate ormai nessuno – all'ex-Est come all'ex-Ovest – nemmeno a pagamento picchia più. E pensare che in Italia, per decenni, «nelle case», il travertino si incontrava soprattutto nei bagni delle signoracce più devote al perspex e al pop. Mai nei salotti dove si espone al plauso dei sottosegretari la quadreria barocca comprata dai nipoti dei bolognesi in Jermyn Street.

Manca tuttavia nell'agglomerato di questi faticosi immobili un bel soprammobile intensamente 'in' come il Guggenheim di Bilbao. Che là non fa molta figura, in un contesto da lungotevere ottocentesco dimesso: fra palazzine sciatte, su un torrente trasandato, davanti a una collinetta un po' favela. (Come installare delle Cappellone di Ronchamp o dell'Autostrada a Piazzale Flaminio?). Mentre in un deserto abbagliante e sfolgorante del New Mexico, fra quegli spazi e cieli e colori mirabili (che del resto ci sono anche a Key West e in Texas), parrebbe stupendo: come qualunque spettacolo dell'Opera di Santa Fe, davanti all'interplay biancoazzurro delle composizioni di nuvole e alla scenografia giallona-aranciona sempre cangiante delle sublimi luci nel tramonto ruffiano.

Importanza del Paesaggio, nell'arte contemporanea? A nord di Copenaghen, il Museo Louisiana parte dalla villetta ottocentesca di un signore con due o tre mogli tutte di nome Louise, in una bella villeggiatura di boschi e prati eleganti: cornici magnifiche per i Moore e Arp ed Ernst e Giacometti sull'erba e fra i cespugli. Con qualsiasi tempo. Anche guardandoli nel maltempo dalle salette interne, coi vecchi 'Cobra' d'epoca e i 'Nuovi Selvaggi' d'occasione.

A sud, il nuovissimo 'Arken' è una terrorizzante costosissima piroga-siluro di lamiere imbullonate e cemento punitivo, su un desolato bagnasciuga paludoso che si tenta di lanciare come quartiere-dormitorio con tutti i servizi. Scalette e percorsi da centrale nucleare, anditi da reclamo bagagli in aeroporto, protagonismo di montacarichi da obitorio, servizi per Alzheimer e Down. Dagli oblò, soprattutto pioggia sulla ghiaia della risacca. Al bookshop si vendono ombrelli neri. Per far sentire tutto il disagio e il degrado degli artisti che sfruttano col «Senza Titolo» i blob e slob di spazzolini e ossicini e parafanghi e paraurti e 'piercing' e buste indirizzate a se stessi per i «Solo Mostri» sdraiati sul cemento fra televisori che mostrano disgrazie in Africa e disturbi di barboni che pisciano sui graffiti e di anziane videoporcone che esibiscono la fica e il broncio tra rifiuti e sfasci trash?

Dati i posti, la prima cosa che viene in mente è una

tipica vicenda locale. La Nora di Ibsen, lasciata la Casa di Bambola per Vivere la sua Vita, natural-mente arriva subito qui. E chi ti trova? Kierkegaard e Strindberg e Bergman e Munch coricati per terra fra gli zainetti neri e gli zatteroni neri e le foto di handicappati e stragi e i video con gli aghi nella pelle.

IV

Finalmente, quassù in cima, dopo tutto il postcubismo bim-bum-bam del Medioevo Bianco esterno, la forma delle sale è ancora convenientemente rettangolare. Come quella tuttora canonica per i libri e i giornali e i letti e i campi di calcio e di tennis. (In fondo, malgrado le tante nuove intriganti proposte delle piscine californiane, perché sbracare nei formati a triangolo o a pentagono o a chitarra o a stella proprio sistemando Fra Bartolommeo e Van Dyck o giocando a baseball o stampando i dollari? O anche progettando i computer di nuove generazioni, o volendo riproporre i vecchi Mozart e Wagner 'fedelmente' come quando si presentano i nuovi gruppi 'etno' e 'techno'? Perfino i televisori e i WC hanno le loro leggi strutturali e formali, osservano acutamente taluni designer. Sono anche i commenti che si fanno in vacanza).

E siccome nelle more dei procedimenti costruttivi sono cambiate sovente le mode, i quadri non si portano più appesi senza cornici su pareti verniciate di bianco (l'abominevole «buccia d'arancia» oggi rinnegata dagli ex-credenti più stretti) o sulla nuda pietra greggia e mattoni 'nature', sotto illuminazioni tecnologiche perché i cieli fuori sono spesso bigi. O anche dove la luce del Sud è eccellente.

La voga del momento dichiara decisamente OUT il latteo e il niveo e il cereo. E ovviamente lo scialbo, lo smorto, lo sbiadito, il pallido. Nonché il sas-

so, il macigno, la roccia, già apparentemente così forti, sopra i loro piedini d'argilla. E tutto il laterizio, sotto qualsiasi maschera cementizia. Perfino l'antichizzato beige, già così applaudito, uso
Balthus a Villa Medici. E addirittura – malgrado le
seduzioni veneziane e gelataie del verde-pistacchio e
del rosa-fragola – il pur venerabile stucco lucido.

Mentre si vanno compilando queste note (però
tutto potrebbe cambiare nelle collezioni permanenti, durante le bozze o la notte) si vengono piuttosto generalmente imponendo – non solo per l'I-
talia – vernici stagionali verdi o blu violente, oltre
alle solite rosse più o meno cariche. Protagoniste
preminenti anche dietro i fondi-oro, sia a Capodimonte sia sul Baltico: come se fossero nati per
chiese verde-bandiera o blu come le auto blu. Riecco, dietro gli El Greco in transito a Roma fra Madrid e Atene, il medesimo verde lavabile impiegato
dall'arredatore Roland Terenzio per le boiseries di
tutte le principesse e contesse romane più moderne alla fine degli anni Cinquanta. Ma gli stessi ambienti, al Palazzo delle Esposizioni, si tingono del
gaio blu del tricolore francese, come fondale per
le tristezze di Fausto Pirandello. E in giro per l'Europa, i musei di varia tradizione si divertono con
gli accoppiamenti assortiti fra Rembrandt e il car-
ta-da-zucchero, Rubens e il verde-bottiglia, ma car-
ta-da-panettiere per i caravaggeschi olandesi, e ros-
so-ciliegia per Poussin e Claude Lorrain che a questo punto diventano macchie cupe, ammazzando
l'allegra parete. Mentre il fiordaliso, come direbbero le sartine, «sta bene su tutto»? Ma il nuovo
verdolino nella Pinacoteca Capitolina, così fred-
dino e 'da bagnetto' dietro corrusche tele del Cinque e Seicento che forse domandano sommes-

samente sfondi più tiepidi, non sarà magari il leggendario «color aria» portato dagli esterni storici all'interno dirigenziale? Oppure i colori bianchicci e biancastri delle facciate romane appena restaurate secondo i documenti originali dimostrano fin dagli albori un gusto condominiale modesto anche per gli architetti o geometri più ingiustamente celebri? (E per la scultura? Ton-sur-ton, signore: per Bernini, si eliminano visivamente le malandate pareti del Palazzo Venezia, invece di restaurarle, e si utilizzano le toilettes rotonde a gettoni per i pellegrini del Giubileo, sezionandole in nicchie e disponendovi i grandi busti marmorei).

Internazionalmente, comunque, il Sistema o Trend della Moda va reintroducendo le stoffe colorate (preferibilmente di toni 'abbassati', come invecchiati nel tempo) almeno per i dipinti pensati e calcolati con certi colori fra e contro e 'versus' altri colori, in determinate luci, su mura calde o vivaci o scure prima dell'egemonia uniforme del signorile beige scialbo, della borghese cementite opaca, del facoltoso recupero degli stucchi. O della disgrazia generazionale degli «allestimenti protagonisti» fatti come armadioni o catafalchi con vetrinette costose e cheap, o come lavori in corso fra transenne e catenelle di appalti e asfalti municipali, nei saloni più affrescati. Con luci tipo asta in albergo termale, deposito di spedizioniere internazionale, corridoio di assessorato d'affari, caveau molto sotterraneo di banca privata svizzera.
A Londra, nelle sale rinascimentali e veneziane della National Gallery, da anni i damaschi e broccati nuovi squillano più sgargianti che in uno

showroom di Rubelli o Lisio: come d'altronde avvenne per un elegante nuovo circolo nel più squisito palazzo barocchetto romano. (E una gran dama d'altri tempi: «non sono mai stata in un *bordel*, ma credo proprio che fossero così»). La rinnovata Gemäldegalerie di Dresda ripristina le stesse stoffe tradizionali, ma un tantino più sobrie; mentre quella nuovissima di Berlino adotta vellutini da vecchia pensioncina berlinese, e non azzecca né un rosso né un giallo né un verde né un blu. E i più mondani fanno i conti in tasca: al primo piano di Capodimonte le stoffette saranno povere perché le sete di San Leucio costano troppo, mentre un allestimento effimero a Palazzo Pitti può sfoggiare sete di Rovezzano stupende perché lo sponsor è una grande banca straniera?...

In California, dove la luce abbonda per tutto l'anno, la si preferisce naturale: elettronicamente moderata contro gli eccessi, anche con tende pallide automatiche e sensibili.

E qui finalmente i Rastignac di massa potrebbero esclamare: «Pontormo e Cézanne, a noi due o tremila!». Infatti la fruizione di massa delle masse che fanno massa dirige i percorsi e le fatiche verso le opere che sono costate recentemente di più o sono legate a un popolare programma televisivo. Come del resto al piccolo Mauritshuis dell'Aia, durante la mostra di Vermeer nessuno dei prenotati venuti di lontano faceva un passo per guardare anche gli attigui Rembrandt, mentre nell'anno di Rembrandt nessuno si spostava di qualche metro, sullo stesso piano, per quegli adiacenti Vermeer, giacché l'Evento non era lì. (Eppure non si trattava di scolaresche allo sbando, ma di abbienti colti che avevano prenotato mesi prima, speso parecchi soldi, fatto il viaggio, comprato cartoline e cataloghi). E del resto in Vaticano una distinta coppia americana chiede dov'è la Sistina a un gentiluomo pontificio. Che cortesemente fa notare: qui ci troviamo nelle Stanze di Raffaello. E quelli: «NO Raffaello, we don't want Raffaello, we want THAT Chapel». (Era apparsa in un telegiornale).

Dentro e fuori, la piazzetta disordinata e festiva, con garbati simulacri di mini-fiera 'foraine' intorno allo specchio d'acqua (ma almeno senza pupazzi e fontane tipo Saint-Phalle/Tinguély) evoca gite in comitiva a Porto Rotondo, a Port Grimaud. Tappe di passaggio con cartoline in villaggi fotografati di vacanze danarose che mimano caratteristici borghi in preda a parroci e possidenti sardi o provenzali su lotti piccoli all'insaputa e alle spalle dei vicini, per generazioni. Con disimpegni e cortiletti da condominio, qui: tristi sassi e vaschette nipponizzanti fra i vetri dei padiglioni; scale bruttine, di servizio; parecchio bianco-cementite «facilmente sporchevole»: con ditate.

Ma poi questi interni regolarissimi che non corrispondono affatto ai movimentati esterni potrebbero trovarsi in qualunque palazzo rinascimentale o Beaux-Arts anonimo. Pavimenti a parquet con disegnini opportuni, o pietra scura. Perfino qualche tappeto di moquette monocroma doverosamente stinta. La luce naturale dappertutto – questa famosa luce losangelena, fulgida come in Grecia – appare davvero molto ben regolabile: come nei primi teatri di posa attenti al risparmio elettrico. E alle pareti, stoffe smorte di colore adatto. Cioè sete di Lione (naturalmente fra le più costose) tessute su telai storici in tinte d'epoca, con dentro un po' di grigio forse documentato negli archivi, a cura di un decoratore della più recente moda 'soft' di successo per incivilire gli ambienti. E per non abbandonare al travertino architettese, senza una cassapanca né un tappeto d'atmosfera, soprattutto i poveri Domenichino, Rubens, Gainsborough, Le Brun.

Macché dunque tutto quel vecchio conformismo del raschiare e strappare gli stucchi barocchi e le sete borboniche nelle chiese e ville del Reame di Napoli per «restituire l'autentico» mediante il ducotone e i pavimenti da Banco di Napoli. Né i radicalismi piccolo-borghesi contro le tappezzerie degli appartamenti impressionisti e i parati nei salotti nobili. Però nemmeno i damaschi rossi e verdi sgargianti – già «da formaggiaie e salumiere alla Scala» – nei saloni di pompa e circostanza a Londra: ove peraltro si è sempre abituati alle vecchie dame baraccone in rasi e taffettà sberluccicanti. Meno che meno, il ruvido tufo o peperino da brutali ex-caserme del Duce per punire i rammolliti che osassero preferire «la vita comoda» anche in caso di Rococò. O la Nuova Provocazione del regista impegnato con le sue parrucchiere e sarte del Trenta e Quaranta che prevarica su incustodite («in mia mano alfin tu sei, aha!») Norme e Tosche e Desdemone e Violette e Mimì; e le mette a bagno (benché sieropositive e tossicodipendenti e deportate, come minimo) nei Telefoni Neri e nella Scalera Film.

Ahi, allora, la terribile «ecphrasis» minacciata dai manuali intimidatori di retorica antica: spingeva a gareggiare con le pitture e le sculture mediante l'esibizionismo stilistico delle Descrizioni, Illustra-

70

zioni, Enumerazioni con Ricapitolazioni e Accumuli di Dettagli. E così fa talvolta l'arredatore-retore: quando tenta di competere in pompa e *dépense* con Rubens o Klimt. «Tintoretto, fatti in là». «Manet e/o Monet, arrivo io». Invece di ricercare le materie e luci più «conte e acconce» per assecondare stilisticamente un'esperienza estetica visiva e intellettuale, come si riprometteva Roberto Longhi con gli idiomi più corrispondenti all'identità e qualità dell'opera: presentandola, per spirito di servizio, con *stile*.

Qui però si viene consigliati e soccorsi anche dai potenti vicini: i «ricchissississimi» e annosissimi mecenati locali entusiasti epigoni periferici dei Mellon e Rockefeller come instancabili benefattori e sovvenzionatori delle massime Cause culturali e artistiche e naturalmente ecologiche e ambientali e civiche. Con donazioni impressionanti, testamenti memorabili, e detrazioni fiscali impensabili ovunque.
Patroni e membri recenti delle più esclusive associazioni d'amici dei massimi musei di New York e dei più sensazionali restauri «black tie» in Europa, insieme alle eccelse dinastie del denaro più tradizional-progressivo sulla East Coast. Pranzi pomposi nelle superbe ville di Bel-Air, là in fondo ove il Sunset Boulevard pare serpeggiare e perdersi. Ma non già tra magioni frananti per chi è rimasto indietro a Gloria Swanson ed Erich von Stroheim. Quel celebre film di Billy Wilder appare poveristico, adesso, confrontato alle ricchezze di prima e seconda generazione immobiliare o mediatica, in fondo a

parchi molto più grandiosi e 'storici' che sul lago di Como e a Fontainebleau.

E oltre il segregato e lussuoso Hotel Bel-Air – «idillico & bucolico» e pieno di miliardari arabi con mogli e figli grassissimi, fra tavolate di guardaspalle che si grattano tutto – ecco occulti cul-de-sac pieni di garitte di vigilantes. Sui terreni più costosi degli Stati Uniti e del mondo, piccole preziose vigne producono per hobby ogni anno ottocento bottiglie numerate di Chianti Bel-Air. Ecco anche un piccolissimo oliveto per chi coltiva raffinatissime insalate rustiche di fattoria. E addirittura, in segno di tenerezza per le affezionatissime vacanze italiane fra castelli e maremme, una minuscolissima piantagione di caffè su un poggetto ben riesposto, con l'assaggio dei chicchi in varie fasi di tostatura, per arrivare a produrre in villa un espresso squisito come in certe indimenticabili tabaccherie in Val di Pesa e Val d'Elsa.

A tavola, fra i superstiti divi romantici delle nostre infanzie 'anni Quaranta' e i tycoons dell'immobiliare e dei media e le grandi vedove «che hanno spinto per anni la carrozzina del vecchietto ai Caraibi», si imparano con estrema serietà i risultati conseguiti dai potenti vicini, sia come venditori con vincoli della collina al Getty, sia quali membri di una municipalità altamente legalitaria. Civismi parossistici. Non solo il divieto al museo di aprir finestre verso le proprietà di Bel-Air: anche la tinteggiatura obbligatoria in ocra-marroncino del travertino, troppo fastidioso se lasciato bianco-nature sotto il riverbero abbagliante del sole di qui. E non soltanto le ricoperture e i mancorrenti a tutela del pubblico. Nella plaza di travertino, infatti, la vasca centrale ha lo specchio d'acqua allo stesso livello

72

del suolo: come nelle ville a Cap Ferrat e nei grandi alberghi sul Bosforo, dove si fa il bagno apparentemente fra le navi che passano.

Qui, invece, senza ringhiere né chaises longues tutto intorno, nei primi giorni decine di persone cadevano inavvertitamente a bagno, promuovendo poi cause onerose al Getty. L'architetto, che aveva accettato le ringhiere obbligatorie su per la rampa d'accesso, pare che lì fosse irremovibile. Dunque, con una soluzione simpatica, e nemmeno onerosa, ora decine di studenti stagionali, fingendosi visitatori, si aggirano ai bordi mormorando «mind your step» ai più distratti.

Eloquenti elogi invece per Jennifer Jones, vedova di Norton Simon e molto intensamente in carica, perché ha incaricato Frank Gehry, il popolare architetto di Bilbao, di rinnovarle il museo di famiglia a Pasadena, dando un colore tradizionale alle sale ristrutturate. E il maestro avrebbe accettato gratuitamente, onoratissimo. Però stanno giungendo voci di dissapori? Ma *à propos*, quei simpatici giovani di Santa Barbara hanno già risolto il cambio d'illuminazione al loro Raffaello?

E i più moderni, ai *brunch*: ora però la cultura dovrà soprattutto essere «compassionate», oppure «controversial»?... Mostrare sollecitudini concrete per tutte le persone e le situazioni e le cause designate dal *politically correct*? Dunque, pranzi e balli di beneficenza per raccogliere fondi in favore delle categorie e popolazioni più disgraziate e a rischio, dall'Aids a Venezia?... Oppure, organizzare una produzione regolare di 'provocazioni' che si prestino alla discussione polemica delle iniziative trasgressive favorite dagli «Amici dei Musei» e caldeggiate dai *fashion magazines*? Ma questo spetta ai curators più provvisti di managerialità e iniziativa: esporre alle Biennali, farsi pubblicità gratuita con gli italiani, e poi vendere i prodotti alle fiere di Basilea e Maastricht.

Eccoci allora, di mattina, tutti allegramente Arte & Vita fra la gente: guardando i codici miniati e i bronzetti fra le comitive che si chiamano con sigle e i piccini che corrono fra i Mabuse e i Cézanne e i genitori che giocano con i neonati che strillano e poppano fra gli acquarelli di Schongauer e i busti di porcellana di Luigi XV e i Nuovi Testamenti bizantini, in attesa del picnic. Come quando si ascoltano Cage e Boulez sans' façon fra i telefonini e i sacchettini di patatine e si leggono Guattari o Cacciari allegramente in fila con striscioni e petardi, nell'animazione delle hamburgerie e jeanserie multiculturali. Macché torri o torrette d'avorio o marzapane. Luoghi di socializzazione e aggregazione trasversale con tante nuove intriganti conoscenze dopolavoristiche, davanti ai Gesù rimossi dall'atmosfera polverosa e asfittica delle chiese, e ai paesaggini sottratti al chiuso ragnateloso dei salottini borghesi.

Musei di comunità istantanea: come un tempo le chiese europee a Messa a Vespro e un sagrato non solo per le beghine abituali ma per l'intera famiglia; e i negozietti americani di «notions» (cioè chincaglieria per il cucito e l'ordito) sulla tradizionale Main Street dove tutti (Piccola Città!) conoscevano tutti. Oggi soppiantati da enormi supermarket anonimi e senz'anima, succursali di conglomerati globalizzati come le grandi banche al posto delle piccole casse di risparmio familiari e locali ove per decenni James Stewart poteva incontrare June Allyson e i morti di Spoon River socializzare con quelli di Thornton Wilder nel mini-cimitero senza un granello di polvere.

Ora forse anche quei quadretti ottocenteschi per stanzine borghesucce dovrebbero venir molto ingranditi per il pubblico attuale dei megaschermi e dei murales? Come quando le piccole opere da teatro da camera si allargano negli auditori con immense orchestre e altoparlanti, per la fruizione di decine di migliaia di utenti. Mentre tutta la meditazione giovane tipo mantra e nirvana si viene spostando in luoghi raccolti di spiritualità e contemplazione tipo quelle mini-cappelle del Dugento oggi ricostruite nei musei di massa per la socializzazione dei passanti e gli intrattenimenti degli Amici dei Sodalizi con le controversie sui restauri.

Così gli allegri gitanti affollano subito a centinaia sia le sale italiane e sia le dark rooms. Queste stanno ospitando in una luce doverosamente bassa e buia una preziosa mostra temporanea di breviari e salteri medioevali: rari tesori carolingi e ottoniani, Annunciazioni e Crocifissioni e Ascensioni di Würzburg e Basilea e Hildesheim, cronache tedesche in couplets gotici rimati, piccini sollevati dai passeggini per fargli ammirare i messali della Franconia. Niente gioielli per le signore, però: quali ad esempio le sontuose parures arcivescovili sveve rubate come bottino di guerra nel Tesoro di una cattedralina bavarese da un ufficiale del Texas che le riportò nella sua cittadina e alla sua professione di parrucchiere. E alle festine dei parrucchieri quei monili furono talmente sfoggiati e fotografati che dopo la morte dell'ufficiale i suoi eredi vennero indotti a rivenderli alla Baviera, e ci fu un'austera e reverente esposizione alla Staatsbibliothek di Monaco, massiccio palazzo in stile neofiorentino dell'architetto Gärtner.

Nella sala rossa italiana, un sinistro Clemente VII di Sebastiano del Piombo con sguardo torvo (pessima ricaduta d'immagine) fa da pendant al trasognato e disincantato Alabardiere del Pontormo, ormai poster di successo. E i mirabili ritratti dei gentiluomini barbuti e sconfortati in nero di rango su sfondi facoltosi drappeggiati o architettonici (*courtesy of* Salviati, Savoldo, Veronese, Lotto...) contemplano da vicino le spettacolose e voluttuose fantasmagorie di Tiziano, con Venere che afferra Adone, e dell'elegantissimo Dosso mitologo, o mitomane arcano. Coi due madornali capolavori, visionari e carnali – «Allegoria con Pan», «Allegoria della Fortuna» – appesi affascinanti e misteriosi ai posti d'onore del *saloon*.

Macché designazioni vincolanti, etichette categoriche, interpretazioni tassative, tipo «questa è Penelope intenta a tessere e non Demetra attenta a mietere, o viceversa, mentre il dio fluviale appoggiato alla Sfinge sarà indubbiamente il Nilo e non il Po». Però nemmeno «Sette (o più) Tipi di Ambiguità» con tante somiglianze e differenze e antitesi fra contraddizioni più o meno irrilevanti; e significati meno o più alternativi. Qui i corpi succulenti e struggenti si espongono onirici e fantastici all'autonomia sovrana dell'Immaginario, beffandosi di ogni strettoia didascalica, con figure lampanti ma aleatorie che si possono sostituire con paesaggi vaghissimi, o anche cambiando musica: «ma il mio segreto è chiuso in me». («Ma l'amor mio non

76

muore», o «Ma l'amore no»?... E se appena prima degli elisabettiani qualche snob o chic già suggeriva idee tipo «una donna uccisa con la dolcezza, peccato che sia una puttana»?... Insomma: pazienza, cuor mio, se non sapendo bene tutte le storie – e nemmeno l'Ariosto ci illumina – ci si abbandona al Piacere dei Testi-corpi o Corpi-testi nelle composizioni evocative di gruppi caratteriali e paesaggi eccentrici. Si farà come alle opere di Haendel, dove il pubblico d'epoca sapeva tutte le trame di Rosmira e Sosarme e Dalinda, mentre noi ci divertiamo semplicemente ascoltando – là dov'è sublime – lo *charme* del canto).

Eppure, «povero Dosso!» protestava Giovanni Morelli un secolo fa, quando si faceva «a pezzi e bocconi» la sua grande e gustosa attività per *ornare* maestri come Giorgione, Parmigianino, Pordenone, Penni, Garofalo. Ma «nessun altro artista s'avvicina tanto al suo amico, così ammirato, l'Ariosto, quanto questo pittore col suo spirito sano, sereno e spesso splendido. Qualche volta è sfrenato, di tempo in tempo anche trascurato e leggero, ma nessuno può dire di lui che sia stato rozzo e volgare». Oltre tutto, in una società *stretta* come una magnifica 'conversation piece' ininterrotta tra fisionomie psicologiche e acconciature altamente impegnative; e scenari intensi, e paesaggi suggestivi. Anche in aura di Raffaello e Giulio Romano e Sebastiano e Tiziano e Romanino e Boccaccino e Bronzino. E bimbacce e bambocci di famiglia che scherzano coi bibelots delle Isabelle e s'infilano gelsomini o pesche fra le tette e i riccioli e gli 'oculi' nei camerini del relax signorile.

E il vecchio Berenson: «Come illustratore romantico, il Dosso ha pochi rivali. Doveva essere dotato per natura di un feeling per gli effetti poetici della luce e del colore, e ha preso un po' della magia incantatoria di Giorgione. Così guardiamo affascinati le sue Circi assorte nei loro incantesimi, e ci perdiamo nel dedalo delle sue luci seducenti. I suoi paesaggi evocano le mattinate giovanili, e stati d'animo quasi misticamente estatici. Le figure suggeriscono passione e mistero. Sono quadri che non vanno guardati troppo a lungo o troppo spesso, però quando si è lì davanti, per un attimo d'incanto, si respira l'aria di un paese fatato».

Ma come si trova bene – «d'incanto!» – a questo capotavola, dove non si avrà l'occasione di tornare e guardare spessissimo: nella magnificenza ornamentale di una sua squisita Romantik dionisiaca e onirica, forse lievemente alpina, per itinerari futuri. Come alla Galleria Borghese dove la sua Melissa o Circe sorride ermetica e attrezzata e competente coi suoi tizzoni fatati e i cartoni di enigmi e un cagnone pensatore, fra piccoli zombi già appesi come capponi o abbacchi, e vaporosi picnic in abiti e idilli ugualmente rustici e fantastici, laggiù. Mentre proprio davanti alla Dafne di Bernini – che per sottrarsi al delicato aggranfio d'Apollo tra marmi e stucchi così sontuosi e gelidi si sublima in Laurus Nobilis lanceolato e spinoso, come per un 'garden design' o 'garden party' del Dosso stesso con chissà quali Zantedeschiae Aethiopicae e Yuccae Elephantipes e Dicksoniae Antarcticae o pungitopo... – il succulento Apollo dossiano brandisce divisticamente un violino da Trillo del Diavolo. Da vero italiano: sedendo con plaid verde sulle ginocchia ma a torso nudo sexy, mentre in fondo al parco una povera Dafne trascurata e remota si aggrappa alle frasche come la più leggendaria Lyda Borelli ai tendaggi imaginifici, fra i capolavori ferraresi e veneziani nella collezione del suo consorte, il conte Cini.

Alla Borghese, il soffitto settecentesco fornisce un antefatto antipatico: Amore, già Deriso da Apollo per il suo Piccolissimo Arco (metafora cheap?), colpisce Apollo con una Freccia della Passione Amorosa e Dafne con un'Altra in Senso Opposto. Ma quanta esperta e incantevole architettura del paesaggio ha organizzato lo charme boschereccio alle spalle dei sonni dossiani delle Eco o Callisto o Siringhe fra limoni e mandolini e rose e brocche e passanti misteriosi come nella *Corona di Ferro* di Blasetti o nel *Bosco di notte* di Djuna Barnes. E nella fantasiosa Villa Imperiale di Pesaro – un castello sforzesco e fiabesco del Quattrocento che tende le sale affrescate verso le gallerie cinquecentesche e i giardini pensili di Eleonora Gonzaga e Francesco Maria della Rovere – le Dafni multiple e seriali dei fratelli Dossi sorridono compiacenti nelle loro metamorfosi in cariatidi vegetali da pergola aristocratica; e si comportano con gli atteggiamenti naturali e prosperosi degli oleandri perfino sulle autostrade più aride.

Anche addirittura a Castel Sant'Angelo, dopo la sontuosa Sala Paolina, nella più scura Sala Adrianea, ecco per i turisti (accanto alla copia forse di Poussin del mirabile «Festino degli Dei» di Giovanni Bellini con paesaggini e figurette forse di Tiziano e del Dosso) un cosiddetto «Baccanale» dossiano ove però i bagnanti in riva al fosso non hanno portato niente di bacchico. «Un non-picnic» potrebbe dire Lewis Carroll: come quando un grazioso Apollo del Lotto (a Budapest) si contenta di sonnecchiare facendo la guardia ai panni versicolori delle Muse che fanno il bagno in un fosso. Ma quanti piccoli gesti e atteggiamenti popolari e affettuosi da Scuola Romana (o addirittura Ostiense, anni Trenta) si sorprendono retrospettivi e autentici, fra questi giovani e ragazze dossiani che si accarezzano il collo o il ventre e si voltano a chiacchierare o si puliscono i piedi tra i fiori e le mutande e i putti: un presagio dei Poveri Ma Belli negli anni delle Stanze di Raffaello... E adesso proprio a Castel Sant'Angelo, appena sopra gli antichi (e celebri? o infami?) Bagni Ciriola, dove Pasolini intratteneva i poeti di «Officina» fra i 'pischelli' bagnanti e le docce galeotte...

Che «presenza forte», il Dosso al Getty. E che valorizzazione cosmopolita. Come per i suoi splendenti santi Giorgio e Michele che scintillano cavallereschi e raffaelleschi fra i massimi Correggio e Antonello e Raffaello e Tiziano e Parmigianino e Carracci a Dresda. Mentre il serafico e misterioso Zeus di Vienna, appartato ma irrinunciabile nella sua verandina in fondo a una galleria del Kunsthistorisches, continua a dipingere le sue importanti farfalle nei toni di un arcobaleno privato. Facendo zittire dai subalterni le «signore mie» in odor di bas-bleu. Come il famoso generale De Gaulle, inaugurando i restauri di Versailles: «taisez-vous, madame», a una loquace conservatrice che persisteva nello spiegargli il Grand Siècle.

E quel Cicerone di Burckhardt: «Dosso avrebbe dovuto dedicarsi non alla rappresentazione mitologica, ma a una libera figurazione fiabesca». Come se quelle due non fossero sovente quali vecchie zuppe e antichi pani bagnati della nonna? E come

80

se i venti e i soffi della Poesia e dell'Eros e del Capriccio non spirassero magari bizzarri e impresentabili assolutamente dove vogliono, facendo eventualmente maramao e bye-bye? (Si è perfino imparato che bisogna nascondere la superficialità nella profondità, e che Dio si appiatta col Diavolo soprattutto fra gli eccessi...). Ma quel Cicerone così precettistico sembra anche indifferente all'inaudito irripetibile privilegio di poter visitare «la deserta bellezza di Ferrara» con le «vie piane, grandi come fiumane» così ben cantate dal D'Annunzio. Sbrigativo come in un day tour, quale «officina ferrarese» indica solo un fabbro che si è installato nella Palazzina di Marfisa e produce fumo e fuliggine sui resti degli affreschi. (E lo snobismo di Chateaubriand, a Ferrara? «Je fus tout penaud à l'aspect de cette cathédrale: elle semblait avoir été retournée comme une robe mise à l'envers: bourgeoise du temps de Louis XV, masquée en châtelaine du XIIe siècle». Per fortuna, arriva subito la Duchesse de Berry; ed è vero che «elle allait çà et là comme un hanneton, courait à l'étourdie, ne regardait ni reconnaissait personne, disait quelques mots en italien ou en français pas trop justes»... Comunque, essendo napoletana, visita a piedi la cella del Tasso). Ma quel Vasari che snobbava il Dosso per l'irriverenza ai canoni, chissà come avrebbe dato l'informazione che l'artista probabilmente nasce nello stesso paese di Pio Semeghini, Quistello, a metà strada fra la Mantova di Mantegna e la Mirandola dell'impegnativo esoterico Pico.

... E l'intrigante enigmistica della vicina Schifanoia? Lì, fra il Cosmo incantato e i Mesi incantevoli, e le folle di emblemi e simboli, si può rammentare che bastano pochi anni, e non secoli, per rendere enigmatici mille 'referenti' già notissimi come Assia Noris o il Conte Sforza o Costante Girardengo, il Trio Lescano o il Quartetto Cetra o la Sagra di Giarabub. Lo si vede sui giornali. E chissà quanti laureandi sarebbero in grado di distinguere prontamente fra l'*Elegia di Pico Farnese* e Pico della Mirandola e Carmen Miranda e Isa Miranda e la Mirandolina della *Locandiera*.

Mentre la nuovissima cupola astrologica 'pop' nella megapagoda dittatoriale birmana a Rangoon – subito sotto l'immensa Las Vegas devozionale-mangiasoldi del 'classico' santuario Shwedagon, dove ogni giorno si rinnovano le pareti dipinte e si applicano foglie d'oro fresco sui Buddha sdraiati o seduti – oggi può risultare molto più leggibile dei codici e atlanti e planisferi alla Biblioteca Vaticana o alla Morgan Library: quelle costellazioni capricciose o eccentriche, sempre così chic, piene di Cefei e Persei estroversi che sfoggiavano sciabole da samurai e falli d'artificio fra il Cane Maggiore e il Pesce Volante, la Poppa, la Tazza, la Volpetta, la Giraffa, il Tucano... E poi ringraziavano a braccia aperte in calzoncini strappati come i cantanti in proscenio coi jeans e i bis, nei trips da fiaba delle più seducenti divinità anticlassiche a bordo delle trasmigrazioni inaffondabili...

Dunque si potevano seguire i cambi di costumi e accessori in volo dalle più remote vetustà egizie e babilonesi attraverso i guardaroba ellenistici e bizantini e i vari culti occulti con bigiotterie orientali fino al revival umanistico del prêt-à-porter greco-romano da trovarobato archeologico e antiquariato fantasia. Un po' come quelle passeggere che salgono sull'aereo in chador a Teheran e arrivando a Fiumicino escono dalla toilette in tailleur, o viceversa. Con quei 'magi' orientali documentati nei surreali corsi di Jean Gagé al Collège de France: consiglieri segreti da Flauto Magico ingaggiati nella Caldea profonda per programmare agli imperatori apparentemente 'dementi' (Caligola, Caracalla, Nerone, Eliogabalo...) i comportamenti 'divini' deplorati dal volgo e dagli storici, però dettati dagli astri e dagli oroscopi per far corrispondere i pronostici ai fenomeni...

Anche rovinosamente: esiti, per lo più, pessimi. Ma ormai trasmigrano pochissimo le allegorie e i simboli delle cartografie bizantine e carolinge con dietro tutte le loro mitolatrie così orientali e decorative e disgraziate. (Fra il Lupo e la Lince e la Lira e la Lepre e la Lucertola, quanti sommi astrologi seppero predire l'avvento della Patata in Germania o del Pomodoro a Napoli, ambedue dal Messico? E simmetricamente i sacerdoti aztechi e maya, dopo secoli di osservazioni e cerimonie su tutte quelle piramidi, sprovveduti e di contropiede davanti ai cavalli di Hernán Cortés... Tagliar la testa all'astrologo, proporrebbe la Regina di Alice). Così invece della Chioma di Berenice e della Corona Boreale e della Croce del Sud gli astuti epigoni birmani di Warhol e Wesselmann hanno disposto sulla gran cupola emblemi più usuali tipo la Pistola, il Gelato, il Tavolino, la Villetta, la Salopette... E qui ci si può ovviamente domandare «a che punto saremmo» – e «che cosa avrebbero provato» – se a Trasillo e Balbillo e Giovanni Evangelista e ai grandi mistici e sufi fossero apparse una tantum in visione o come tentazione la stella della Mercedes, la regina di Biancaneve, una pubblicità Benetton. E non solo catasti e statistiche – sette, sette, sette... dodici più dodici e ancora dodici, mai undici o tredici... – ma le mirabolanti icone dell'Immaginario non-contabile che si presentano a Pinocchio.

Tornerà qui sotto sotto la storia 'mini-cult' di Cebete? A un grande ballo, in un grande palazzo romano, si guarda un'immensa tela prebarocca piena di importanti episodi che (come nel Dosso) sembrano e non sono: somigliano stranamente a storie troiane, cristiane, Carità Romane, assedi, giochi funebri, epuloni, seduzioni, Madonne, Maddalene, Camene con Cerberi e Calliopi... Però i dettagli non tornano mai. Si chiedono lumi a Giuliano Briganti che passa danzando. E lui: «ma è una Tavola di Cebete!». E via col valzer, lasciandoci veramente di princisbecco. Rientrando all'alba, subito la Treccani e la Loeb Library: Cebete è un ex-allievo tebano di Socrate cui Diogene Laerzio attribuisce questa *Tavola* («the Tablet») certamente spuria, cinico-stoica e neo-pitagoreggiante, un dialogo che tenta di interpretare un dipinto allegorico (su tavola?) esposto nel tempio di Crono, a Tebe.

Subito incominciarono le telefonate antelucane, con voci neo-cinico-stoiche fra il canto del gallo e le prime campane: «So' Cebete! E nun me conosci? Sto pure in Platone! Ma attè, chi te conosce?». E via. (Fasti di un'altra età? Ma se ci fossero qui Praz e Savinio si potrebbe 'divagare' anche molto di più, fra i punti di fuga e l'*only connect* e «i racconti richiamati dagli oggetti», magari).

84

Anche un Tiziano tira l'altro, volendo; e forse partendo da questa «Venere e Adone» di Los Angeles – una fra le tante, quasi come i negozi di Gucci – per un buon itinerario di malizie e sapienze nell'uso dello sguardo e dell'aggranfio. Magari secondo quella strategia del *regard* che è un cardine della messinscena proustiana nei capitali luoghi della *Recherche* ove un sistema di occhiate portatrici di messaggi e *désir* polimorfo viene sorpreso da altre paia di pupille indiscrete, giacché volentieri c'è un osservatore presente o uno spettatore casual o un voyeur nascosto che spia dall'esterno o dall'interno del 'quadro'. E prova a conferire un segno e un senso alle azioni e proiezioni del «wishful thinking» dell'organo visivo. (Come nelle prospettive deludenti ravvisate dai critici formalisti alla Jean Rousset nella «vue plongeante» dalle parti della povera Bovary. Mentre per la *différence* di 'nuances' fra l'Acchiappo e l'Attrappo e l'Agguanto e l'Abbranco e l'Arraffo e l'Acciuffo le fonti eminenti sono certi concertati e 'crescendo' rossiniani. E peccato che Leopardi non si sia recato a Parigi, perché chissà che bei Dialoghi di un Voyeur e un Flâneur, fra Nipoti di Diderot).

Due esempi eminenti, a Pitti e a Vienna. Il romantico musico del «Concerto», piombato dall'incertezza nella titubanza, si volge con ansia interrogativa dalla tastiera, appena sfiorato dalla manina marpionica dell'astuto calvo che gli suggerisce prudenze ancora più caute e complici, approfittando pretescamente di quel suo carattere mite e soft. (Mentre l'amichetto con piume da Mistinguett in testa, e che si direbbe un coglione, fa le facce delle tre scimmiette quando non capiscono «un'acca»).

Ma quel biondaccio aggressivo che è il «Bravo»

viennese si rivolta col più spazientito vaffanculo del Rinascimento alla manaccia che lo agguanta per la collottola, forse fraintendendo (ma la pagherà cara) i suoi capelli lunghi e la corona di pampini da giovane ubriacone litigiosissimo, allevato a grappa e a botte fin dall'infanzia in Friuli. Così come oggi si potrebbero correre inconsulti rischi accarezzando con approccio 'hard' o 'soft' un coatto pieno d'orecchini.

Se qui la fonte è Plutarco, smentisce subito la *sensiblerie* dei classicisti libreschi sugli amori platonici fra adulti colti e adolescenti sportivi che discutono di poesia e filosofia in palestra, e poi presto si ammoglieranno a loro volta come nella Parigi *comme il faut* della Belle Époque. (Passando dai testi alle palestre, in Atene, bastava frequentare obiettivamente quella di via Socrate, off-piazza Omonia, per vedere i più anziani commendatori e professionisti autorevoli strisciare «rinnegati e felici» sotto i piedoni di corpulenti ex-atleti con suppliche innominabili che fanno evidentemente parte della Natura eterna e non volubile nel Genius Loci; e ancora Peyrefitte raccontava prodezze 'anni Trenta' sotto la gonna dell'evzono. Perfino a Colono! Ma così venne più recentemente a perdersi, laggiù tra il fatale Zappeion e il losco Erode Attico, anche Chester Kallman, l'amico di Auden. Sempre i soliti pericoli causati dalle semplificazioni binarie di Platone in *Fedro*: o si è innamorati matti o si è indifferenti cool. Come se non esistessero mezze misure, fasi calanti, triangoli galanti, ritorni di fiamma, gelosie sopravvenute, scambi di coppie legate da sinceri affetti, volubilità non disgiunta da insaziabilità polimorfa e gusto dell'ignoto e del rischio, cupio dissolvi con *nostalgie de la boue*).

Secondo Plutarco, e a monte del «Bravo» di Tiziano, Gaio Lusio nipote di Gaio Mario era un
comandante militare in Spagna che «non poteva fare a meno di innamorarsi dei suoi più bei soldati». (Che cosa avrebbe detto Platone? E certi ma-
rescialli di Francia, secondo Saint-Simon?). Ma
quando tentò di usar violenza a un giovane Trebonio, questi sguainò la spada e lo ammazzò. Poi al
processo «molti testimoni dimostrarono che malgrado l'offerta di cospicui doni, Trebonio non l'a-
veva mai dato a nessuno». E Mario? «Simpatica-
mente ammirato, ordinò che gli fosse assegnata la
corona che tradizionalmente premia i più onore-
voli esempi di valore». La corona del Bravo?... Ma
quando Valerio Massimo riprende l'episodio, lo inserisce in una serie di pudori esemplari che forniscono l'immagine di una Roma assai birbona, e potrebbero suggerire ghiotti spunti a intere gallerie
di quadri scapestrati per camerini d'amatori: da
Lucrezia e Tarquinio su cui anche Tiziano si è divertito parecchio alle vedove dei Teutoni che dopo
la sconfitta della Montagne Sainte-Victoire di Cézanne chiedono a Mario asilo presso le Vestali e
non accontentate si impiccano. (E Valerio Massimo: se avessero fatto la stessa cosa anche i mariti,
addio Trofei di Mario, già in Piazza Vittorio e ora
sulla balaustra del Campidoglio).
Che programmi iconografici: tutti i padri che ucci-
dono per onore teatrale alla Corneille le figlie, sia
già stuprate sia sul punto di. Anche padri che da
studenti e poveri avevano subìto le voglie dei maestri, o avevano indotto i figli maschi a soddisfare le
lussurie di facoltosi anziani: altri dipinti da 'gabinetti' per il Kunsthistorisches? Libidinosi centurio-
ni 'primipili' che per aver proposto atti immondi

ai 'corniculari' vengono condannati per delitto di impudicizia e «perseguiti dalle aquile romane fino agli Inferi» (che soggetto per un Orbetto o un Baciccio...), benché dimostrando con testimoni che il corniculario (un tribuno militare, corrispondente al nostro sergente maggiore) faceva normalmente marchette con *lippis atque tonsoribus*. E le ripetute disgrazie dei Titi Veturii? Prima il padre consegnato ai Sanniti per aver concluso con loro un obbrobrioso trattato, poi il figlio ceduto dalla famiglia piena di debiti a Publio Plozio che lo batte con le verghe tutte le volte che non intende prostituirsi a certi suoi vizi «indegni della Romanità»... E perché non un bel soffitto moralistico di Pietro da Cortona, con stucchi e putti rimproveranti intorno a Furio Brocco abbandonato agli estremi oltraggi degli schiavi dopo le nerbate per esser stato sorpreso in flagrante adulterio? (Ma Valerio Massimo, discreto, non dice con chi).

Però anche le Madonne non scherzano, col 'regard' tizianesco. All'attentissima Vergine Annunziata in San Salvador, a Venezia, appare quest'angelo slanciato e polposo con immense ali da gran sera, coprendosi pudicamente il petto con le braccia incrociate (lui). Naturale che quindi lei, veneziana, fingendo un improvviso solecchio col velo galeotto, guardi curiosa un po' più in basso, come le ghiottone in spiaggia, per controllare istintivamente se l'Angelo ce l'ha o non ce l'ha. Però un 'regard' più mirato appartiene alla «Venere allo specchio» che ha fatto una eccellente carriera, anche politica ed economica: da casa Barbarigo a Venezia all'Ermitage di Nicola I, e poi venduta dai Soviet al magnate Andrew Mellon, dunque ora a Washington.

Questa Venere pare una collega buongustaia e birbona delle famose Dame di Fontainebleau che si tirano le tette di élite ammiccando all'obiettivo di un regale voyeur ormai *désabusé*. Lei non si distende per il lungo nella posa già giorgionesca e poi Récamier del languido relax con volpini o barboncini petulanti presso la testiera, mentre «da piedi» un altro suonatore introverso (mai lezioni di musica con «toccate» tipo *Barbiere di Siviglia*, eppure dicono che Luca Marenzio non perdesse un colpo...) lancia occhiate da buon bassotto – guardare e non toccare la trippa – malgrado le segnaletiche esplicite nel background, tipo un cervo che monta una cerva. Cosa che un tempo eccitava i famosi «bramiti». Si bramiva parecchio, in Carducci, Pascoli, D'Annunzio. Invece Gadda era preoccupatissimo, perché una dama bella e intellettuale lo invitava in sale da tè «coi suoi cani Florindo e Rosaura che si accoppiano sconciamente sotto il tavolino di cristallo»; e l'Ingegnere temeva che fosse un'indicazione troppo manifesta, dunque desumeva «mai in ascensore noi due soli, sennò poi mi tocca sposarla».

Lei siede invece alla sua toilette come le tante sue colleghe coetanee (e più o meno golose di cibi calorici) assise in compiaciuta Vanitas nelle pinacoteche di Basilea, Digione, Worcester, oltre che al Louvre e a Mosca. E spesso hanno sullo sfondo la stessa fantesca tizianesca di Urbino genuflessa entro il cassone degli abiti. E si contemplano il musetto in uno specchio per lo più sorretto da galanti statuette pagane, licenziose (perché 'cazzute') come quei cervi allusivi. (Una più aulica e habillée

presiede anche l'eccitante Martirio di San Lorenzo, a Venezia). Qui invece lo specchio viene sorretto da un paio di quei puttini-angiolotti che con
gracili alucce e floridi culetti viaggiavano parecchio tra la Parma correggesca e la Fontainebleau
del Rosso. Ma specchio e angiolotti sono spesso accessori simbolici anche di Maria Vergine; e nella
cristallizzazione dei simboli disparati e contraddit-
tori si può cadere nelle sgrinfie di Baltrušaitis. Vanitas corredata di Superbia e Lussuria? Nuda veri-
tas garantita sine macula? Fallacia speculi, o idee
chiare e distinte? Precisione Obiettiva o Falsità
d'Amore? Malefizio? Pregiudizio? Orgoglio? Narci-
si? Narcise? E quando nei manuali di emblemi
figurano dame che insieme allo specchio dell'orgoglio brandiscono compasso e squadra significan-
ti giusta misura, come nelle bandiere della defunta
Germania-Est?

Gli specchi un po' convessi (come in Parmigianino
e al Nord) potevano dar la stura a fantasticherie
anamorfiche, quando Venezia e Murano non riu-
scivano ancora a fornire lastre abbastanza ampie
per poter contemplare una mezza figura o un
quarto? E una signora anche facoltosa, per con-
trollarsi lo sviluppo del sedere senza possedere
una «psiche» da sarta, si trovava nelle condizioni
dei disgraziati nella caverna di Platone? Così, questa signora Venere mostrerà una disinvolta nudità
neoplatonica contrapposta ai falsi sembianti e alle
apparenze ingannatrici? O proclama Bellezza &
Voluttà non disgiunte da fecondità pluripara e ottima cucina di timballi e pasticci?

Come trovarobato iconografico, pochissimo. Niente fiori, né rose, né mirti. Niente scatoline, anforet-
te, bronzetti, coralli, portapillole. Nei gioielli, pre-

minimalismo: per sottolineare la beltà autosuffi-
ciente, solo qualche filo di perle fra i capelli, forse
in memoria dell'origine marina della dea, tanto
più a Venezia. O piuttosto, margarite, come nelle
distinzioni degli orafi antichi per cui occorre fare
attenzione alle perle di madreperla contraffatte
con la conchiglia delle preziose 'Margaritae': quelle che non bisogna lasciare in giro 'ante porcos',
perché il filo si rompe e non tutte si ritrovano sotto i mobili. Ma la copertina di velluto rosso è la solita dell'atelier Tiziano, col bordino di ricamo dorato, come nelle compagnie teatrali di giro, per le
tante situazioni di Venere: sia allo specchio, sia
ascoltando il musico, sia afferrando Adone. A Los
Angeles la vediamo di dietro, perché si volta di
scatto, e rispetto alla seduta o sdraiata possiamo
notare che ha le chiappe 'a pera'.
Ma davanti allo specchio, cosa stai facendo con le
manine? Partendo dal gesto statuario della Venus
Pudica che si-copre-e-indica un pezzettino di petto, e arrivando a Fontainebleau dove fiorisce e
avanza il pizzico del capezzolo (altro che le sedute
con lo 'strizzacervelli'...) sono spesso rivelatrici le
tappe erotiche nei percorsi di pollice e indice biri-
chini. Già la Fornarina di Raffaello tira a sfiorarsi
le 'zinne' con le due dita disposte a L (poi emblema della pistola P-38), mentre le signore e fanciulle accollate si lambiscono distrattamente la cintura, e certe dame di Giulio Romano, più anziane e
del genere duchessa di Windsor, si provano la
mammella dal sotto, per sentire (sull'altra appaiono pieghe) se sta ancora su. (La mammella! Ros-
sella Falk apparve molto scollata, in un Pirandello
'alla Casorati'; e stava benissimo. Ma intervenne
un poliziotto: «si copra subito le mammelle!». E

91

lei: «sono commossa da questa parola desueta che non ascoltavo da decenni»).

La 'nostra' Venere fa col braccio sinistro un classico della pudicizia fifty-fifty, perché col polso ne copre una mentre con le unghie addita l'altra. (Altro che l'Angelo veneziano). La morbida destra scende invece al pube coperto di stoffe, aprendo la congettura se il gesto apparentemente sbadato che tira su una fodera vagamente di visoncino non stia a segnalare per gli intenditori che il vello della signora arriva più su del solito, e più bruno delle sue chiome d'oro. E gli sguardi? Quando Agnolo Firenzuola tratta della volubilità e del lubrico negli occhi, intende solo la velocità del rivolgersi nel lubrificante delle lacrime?

Ma l'occhio sarà poi finestra o specchio dell'anima? Nell'*Iconologia* del Ripa non trovo niente, Polifemo e Santa Lucia non ci servono, e intanto questa Venere si guarda nello specchio dell'amorino, o cupidotto, però Tiziano lo gioca come uno «sguardo in macchina» fotografico e cinematografico, perché l'occhio di lei riflesso nello specchio guarda direttamente noi. Naturalmente per controllare la nostra impressione davanti ai gesti galeotti che lei sta facendo con le mani e le tette. Come poi quelle bambinacce di Balthus che con specchi e con gatti «ci marceranno» parecchio. (Ma un micio è un micio, direbbe la zia Gertrude. Miao).

Forse però lì un generoso Super-Ego committente viene in soccorso all'Artista. Dicendogli: senta, Balthus, questi miceti di Natale non devono più essere Gatti Mammoni addosso a Faust quando vede «la Più Bella del Mondo, e un Amore Profondo» nello specchio della Strega. La Strega deve già difendersi dai piccoli fans che le chiedono autografi e gadgets. Non può essere nemmeno uno di quegli Unicorni fallici che si contemplano il *dildo* nello specchietto della Dama negli arazzi di Cluny, cercando di farsi passare per icone astringenti.

E d'accordo, non se ne può più con la pubblicistica di un Tiziano manierista al Danieli e al Gritti, anche se il nostro sempre illustre Mario Praz segnalava (in *Mnemosyne*) l'«Andromeda» della Wallace Collection al gusto dei tradizionali pervertiti, perché il contrasto delle membra nude con le catene e l'acciaio delle armature è 'pavloviano': eccita cioè automaticamente le Speciali Sensibilità. Ma per il gusto d'oggi, ci vuol altro. Ci faccia delle figurine di gesso, da affresco, ma basta col solito povero Piero. Mi raccomando: rigide, non mosse, *le chat doit donner dans la pierre*, e guardi meglio Sironi. E pensi tutto in tedesco: perché in quella lingua è un oggetto di genere neutro non solo il bambino, das Kind, ma anche la ragazza: das Mädchen. Mi faccia poi sapere, ci tengo, addio Balthus.

Ma ripassando ancora i ritratti cinquecenteschi italiani – tanto più, appesi qui, con la Distanziazione e lo Spaesamento – subito appare notevole il *décalage* d'aura e umore ('mood') fra le città dove «non si usciva la sera», come Brescia e soprattutto Bergamo (e dunque anche per gli eleganti non rimaneva che contemplarsi in casa le piccole collezioni d'arti minori, vestiti pesanti e mesti in un'abituale melanconia signorile tra l'afflitto e l'affranto), e le capitaline fantasiose tipo Ferrara e Mantova piene di conversazione mondana tipo *Cortegiano* su favole e fanfaluche talmente effimere che se ne è perduto presto il ricordo e il senso; e dunque anche le chiavi per l'interpretazione dei quadri non dipendenti dai Classici dell'Obbligo. Come succede appunto ai nostri scritti attuali, dove bisognerà spiegare presto in nota chi fossero Andreina Pagnani o Ruggero Ruggeri o Giorgio Vigolo.

Visi disincantati e intensi, che denotano solitudini praticamente marginali, e depressive, con tratti maniaci e geniali, illusi e stravaganti, angosciosi e bizzarri e rassegnati a tirar Madonne alla Luna, dentro di sé, a uno stop intellettuale dove non si ferma quasi nessuno. Eruditi e intenditori di Salviati o Savoldo, toponi e orsacchiotti di Veronese o Lotto corpulenti e perplessi e goffi, isolati e riflessivi, che si riparano con pellicce e berrette dal gelo settentrionale e intellettuale. E sfogliano petali di rose appassite fra pezzi di marmo sui tavolini. Ma si difendono dalle stupidità mondane con un silenzio nobilissimo nei lineamenti e nel portamento, nella luce spirituale dello sguardo che si volge interrogativo a un visitatore episodico e muto. Sempre osservando in casa i precetti del Castiglione: «Parmi che maggior grazia abbia ne' vestimenti il color nero che alcun altro». Cioè: col *little black dress*, si è sempre a posto, anche davanti a se stessi. Ma «è dura», in serate senza musica, né whisky, né caffè. (Cominceranno a viaggiare molto più tardi; e oggi si incontrano ovunque, dalla Scandinavia al Texas. Un antiquario dei più scontrosi, vestito pesantissimo, con piccoli marmi di scavo e pergamene arrotolate, del Lotto, è arrivato addirittura a Città del Messico, nel palazzetto cinquecentesco

94

del finanziere tedesco Franz Mayer, dove gli tocca tener compagnia, come connazionale, a una Lucrezia molto 'spaparanzata' di Luca Giordano).

Affinità profonde tra Lotto e Leopardi, in una medesima Recanati del corpo e del paesaggio e dell'animo, malgrado la secolare distanza e gli atteggiamenti opposti verso i materialismi naturali o i disfattismi scettici o la Santa Casa di Loreto. Controllare nell'Epistolario: Loreto per Leopardi significa solo l'ufficio postale più pratico per farsi spedire la roba da casa. E neanche una parola, nello *Zibaldone*, per la sconvolgente Madonna di Recanati lottesca, idolo dei Moderni per la sgomenta Vergine e il terrorizzato gatto, e il muscoloso Angelone che lascia un'ombra scura per terra, sotto il minaccioso Dio barbuto e marino che si fionda in gesto di tuffatore da una nube temporalesca.

Qui al Getty si può controllare il suo supposto modello fiammingo: la rigida «Annunciazione» di Dieric Bouts con la Madonna e l'Angelo secchi e incartapecoriti o lignei sotto un baldacchino rosso vescovile in una stanzetta piccolissima e vuota, senza biancheria appesa né hortus conclusus mediterraneo né luci fosforescenti di tregenda. (Ma sembra piuttosto un modello per Antonello da Messina). E ancora sulla piazza di Recanati c'è sempre stato il «Polittico di San Domenico», un Lotto pieno di vignette con spunti eccentrici da un'Italia demoralizzata e infelice: papi e santi più ingioiellati di maragià indiani eppure con 'facies' clinicamente depressa come nelle casistiche psichiatriche di «Newsweek» e «Time». E il pessimismo avvilito di San Tommaso d'Aquino; la desolazione di San Pietro Martire, afflitto da una mannaia sulla testa e dalla compagnia di un San Vito con faccione beato da ocone, tipo le «sciure» bergamasche (dello stesso Lotto) che voltano le spalle a un chiar di luna preromantico per sfoggiare come *pendentif* un massiccio stuzzicadenti d'oro in forma di corno superstizioso (benché il *Galateo* scoraggi ogni «arnese da cavadenti al collo»). E la meditazione autoreferenziale sulla Morte da parte del Cristo Morto stesso; Santa Lucia che fa pendant con Caterina da Siena, scortate da accompagnatori languidi e tremuli in atteggiamenti di «to be or not to be»; gli angiolotti che si scostano infastiditi davanti all'invadenza devota di San Domenico sul loro gradino...

Pellegrino o migratore così capriccioso e infelice e fantastico, il 'Wandervogel' Lotto splende però ovunque come superbo esperto professionale di tappeti, gioielli, giardini: altro che borgo selvaggio, nel giardinetto segreto della Vergine di Recanati, squisito modellino d'arte 'topiaria' da piccola Corte imaginifica. E quante raffinate acconciature originali per la prediletta Santa Caterina d'Alessandria, evidente nemica della semplicità. Corona a punte sadomaso con vezzo di perle e ametiste su capello corto e veste rossa con stola verde. Coroncina dantesca d'alloro con pervinche e un immenso ciondolo raffaellesco (rubino e perla) su treccia gonfia e sciarpina bianca trapunta. Combinazione della corona sadomaso e del ciondolone di gala con treccia lunga e sciolta su veste bianca a maniche azzurre e scialle «foglia d'autunno» sotto un manto verde-bottiglia. Treccia più lunga e bionda intrecciata a un foulard di pizzo avorio, e all'orecchio un 'solitario' così gigantesco che sarà un cristallo di rocca, veste gialla-risotto con trine e gilet tabacco, e un cammeo con Amorino alla cintura. Su un sontuosissimo damasco verde e giallo, solo un enorme velo salmone in capo, e piccole catenine da passeggio...

Non per nulla, un buon ritratto lottesco qui al Getty rappresenta un ricco gioielliere. Mancano invece i quiz allegorici, tipo l'estroversa e sgargiante veneziana che sbandiera una «Lucrezia romana illustrata» con gesto che potrebbe significare «Grassa, ma vergine» o «Ricca, ma non stupida» o «Mica come quella là»... E mancano gli animaletti che potrebbero incuriosire i visitatori della vicina Disneyland. La donnola o visone ghignante della «sciura dello stuzzicadenti». Lo scoiattolo malizioso infilato a orecchie dritte da Santa Caterina dietro un Gesù Bambino grassissimo di Bergamo. Il ghiro addormentato fra le mani di un marito che regge il cartellino di «Homo numquam». (E *numquam* cosa? Non *scappare*, se il ghiro è simbolo di scarso coraggio? Non *scopare*, se fosse emblema di lussuria? O forse, non dormicchiare e non sgranocchiare nocci, in caso di letargo e sopore?).

La ricca religiosità ornamentale per gli ambienti cardinalizi e ducali devoti piuttosto delle Diane e Veneri e degli Scipioni e Nettuni e Pegasi e Persei viene invece illustrata alle famigliuole cinesi e messicane qui in picnic soprattutto dai turbanti di successo dei Re Magi del Mantegna. Forse si vanno un po' scurendo, forse tornano in Europa troppo spesso. Ma piacciono specialmente ai più piccini, in mezzo a tante Metamorfosi e Dionisiache medicee e gonzaghesche ed estensi così erudite ed oniriche e fantastiche. Benché attualmente certi intriganti intrecci di bracciotti e coscette e altre nudità grassottelle di questi Gesù Bambini e San Giovannini (di Giulio Romano, ma da qualche tempo anche un po' di Raffaello) sembrino un tipico e smaccato bocconcino per viziosi pedofili da Internet. Come le ghiotte Stragi di Innocenti oggi fruite quali «masturbation pieces» per disgustosi consumatori di famigerati «snuff movies» coi massacri dal vivo dei piccoli thai. (Da quando si è capito che gli Orchi non sono fantasie fiabesche ma vivono e lottano in mezzo a noi, pochissimo interessati ai Ratti delle Sabine o alle Lucrezie Romane, a Picasso o a Poussin).

Per gli ospiti cattolici più abitudinari, il «Riposo in Egitto» di Fra Bartolommeo sarà una sosta di ristoro tra le fatiche della camminata rinascimentale: questa sua gentilissima Madonna raffaellesca fa un ben riuscito sorrisino leonardesco «au dessus de la mêlée» in un paesaggio perugino «far from the madding crowd» più dolce e ameno delle Marche casalinghe del Lotto, Giuseppe è un buon 'escort' o 'jolly' tuttofare, si sono portati dietro pure il Giovannino, e nel giardino pubblico hanno trovato perfino una melagrana, sotto una palma da banane o datteri. Nemmeno Robinson Crusoe... Ma anche un puntualissimo prototipo di «Cristo da comodino» del Correggio, giustamente doloroso e dolce, con tutte le sue spine a posto, sublima «alla portata di tutti» la più normalizzata *bondieuserie* futura col rametto d'ulivo in capo al letto sopra la bottiglia d'acqua e il messalino sotto l'abat-jour. Poco popolare e per niente simpatico oltre all'infido Clemente VII di Sebastiano del Piombo, anche un arcigno Gregorio XV del Guercino, di pessimo umore e pubblicità dunque negativa. Però nel nostro contesto di promotion italiana, almeno i piccoli preziosi Carpaccio e de' Roberti e Beccafumi completano per il turista medio un 'quadro' di mondanità rinascimentale molto positiva per una nazione così ben fornita di eccellente *voluptas* e *savoir faire* e stoffe di quasi intollerabile chic.

Girando avanti e anche indietro per l'Italia, su un muro cenerino e fiorentino (come nell'ala nuova della National Gallery londinese) si trova un magnifico vecchio di Masaccio, un Sant'Andrea scoraggiato e deluso. Cioè un pezzetto dello smembratissimo Polittico di Pisa (dove rimane solo un San Paolo, non così bello). Questo era finito in una di quelle illustri collezioni viennesi (Lanckoronski...) ancora «very very exclusive» ai tempi di Berenson e Longhi. Ora senz'aura gli rimane la forza solitaria: anche in compagnia di vari fondioro «gran lusso» appoggiati su pareti più tortora e renna che il panno degli orefici. Un fasto smisurato e come drogato, anche rinserrato, intenso e maniaco, diceva Longhi.

Eccoli, infatti: fior di Daddi, con tessuti splendidi e aureole preziosissime: il meglio di Via Tornabuoni e Ponte Vecchio, fino a qualche anno fa. E un gigantesco polittico di Bartolomeo Vivarini, come la presentazione-monstre dei protagonisti di un romanzo-fiume a molti episodi. Ma soprattutto una brillantissima «Incoronazione della Vergine» di Gentile da Fabriano comprata a Parigi e di immenso Lusso & Voluttà: come una conversation piece fra Creso e Mida coi loro ori spumeggianti e folleggianti senza ritegno sui manti sontuosissimi e tutto ciò che si può guardare e toccare, nella più sfrenata Borgogna corrispondente a «Money Money» e «Diamonds Are a Girl's Best Friends». Trattandosi di Gesù e della Madonna, un bel sollievo per quei ricconi col complesso della Cruna dell'Ago. E un buon quiz per il discusso tormentone degli Umiliati (e magari Offesi) che si vorrebbero Esaltati; e viceversa. Fiabe sempre più inattendibili: come i Delitti & Castighi (o «delle Pene»), del resto. Però ancora consolatorie per gli umili: per confortare le povere tartarughe, i saggi più pietosi ripetono da secoli che le tartarughe vinceranno le gare con Achille, che l'Italia vincerà le guerre contro i vari nemici, che i ricchi e i cammelli «no pasarán» nei Cieli, mentre a furia di piani quinquennali l'Urss batterà gli Usa nei redditi pro capite. E sempre tener presente che anche la Regina d'Inghilterra deve andare al gabinetto come noi poveri disgraziati e rottinculo: questo piace ancora di più. Achille magari intanto vince l'Oscar e la Formula Uno, viene festeggiato dal Santo Padre e da Sofia Loren, sorpreso dai paparazzi in Costa Smeralda, riverito da presentatori e vallette in tv. Ma le tartarughe sono convinte di vivere una «success story», e ripetono soddisfatte che Achille è un perdente. Tranne forse le più lettrici di giornali rosa, che hanno sognato i balli e gli yacht per tutta la vita, e si sentono minacciare che nei Cieli non ci saranno né vip né top, e trionferà Sacher-Masoch.

Verso il Seicento, su sete verdoline o rossigne, sempre con tappeti monocolori smorti sul parquet, piace abbastanza – in queste belle sale – la religione-spettacolo di Domenichino e Guercino e Lanfranco. Ma attraggono soprattutto gli effetti speciali di colore splatter a sensazione, con strapazzi di pieghe e viluppi marezzati: lo straccio livido macchiato di sangue vivo in una «Deposizione» molto clinica di Rubens, con violente facce espressionistiche. Anche la tonaca stropicciatissima (come quelle sculture di burro «fatte a mano!» nei réveillons...) di un San Bruno di Pier Francesco Mola in esagerato orgasmo per una visione di putti. (Mai un'eccezione alla quotidianità, mai uno scarto rispetto alla norma, mai una mossa del cavallo o un salto della quaglia o un minimo effetto-sorpresa, in queste solite visioni standard come un tg-1: e se gli fosse apparsa Sarah Bernhardt o uno dei nostri comici o una strage nel Vietnam?). E l'abbondantissimo robone purpureo di Agostino Pallavicini, di Van Dyck, già nel Palazzo Spinola a Genova: orgogliosa auto-esaltazione patrizia e dinastica di un ambasciatore della Superba presso Gregorio XV e Luigi XIII, nonché futuro doge. Altro che le parsimonie liguri di Montale e Calvino e Sbarbaro, qui siamo in pieno Fernand Braudel: la Magnificenza ostentata nella Decadenza. Come poi con gli opulentissimi ambasciatori veneziani a Versailles – i Pisani di Villa Pisani... – tradizionalmente e secolarmente attrezzati e acutissimi nel percepire i sintomi e prodromi rivoluzionari più subliminali. E anche nel non voler credere che una giovane Repubblica post-illuminista e debuttante volesse rovinare un'antica gloriosa Repubblica-modello così lodata da Montesquieu. (Donde il dubbio tardivo, nelle stanze che secondo Pietro Longhi e il Nievo erano già vuote: «e se l'accanimento di quel Còrso fosse l'ultima zampata mortale della Superba agonizzante contro l'odiata Serenissima?»).

Ecco addosso al dovizioso Pallavicini quei leggendari velluti genovesi cangianti, talmente costosi da produrre che le tessiture andarono presto fuori mercato, lo racconta lo storico economico Carlo M. Cipolla; e trionfò la concorrenza straniera. (Come più tardi per i jeans, che deriverebbero da *Jene* e *Genoa,* dunque da una malaccorta Dominante che non sfrutta le invenzioni di successo?). Anche sogno o delirio storicizzato di costumisti verdiani col mito del Grand-Opéra: dei *Boccanegra* 'documentati' e non negli anni Trenta o nel Nulla...

(Mentre in quella super-*Cena delle Beffe* operistica che è *Die Gezeichneten* di Franz Schreker, verso il 1915, nell'isoletta 'Elysium' al largo della Genova cinquecentesca, molti giovani nobili scialacquatori genovesi dilapidano immensi patrimoni in orge estetizzanti e coreografiche con fanciulle rapite a Sottoripa e Pré. Con un «segnato da Dio» maudit come il Giannettaccio di Sem Benelli, e un bellastro che non tollera i «no» femminili, e una affascinante pittrice intellettuale che fa sesso e problematica, una grotta delle dissolutezze sull'isoletta, tutti ammazzati o impazziti alla fine, e soprattutto un folle sperpero di soldi genovesi nell'ebbrezza del piacer).

Grandi formati imponenti: non solo un colossale Mosè del Gentileschi, addirittura il ritratto grandioso di un musico modesto, del Fetti. E uno scandaloso manierista olandese piuttosto divertente nel gusto 'porcello' tra Fontainebleau e Praga: paragonabile subito alle strepitose 'cochonneries' maniacali e monumentali del grande scostumato Cornelis van Haarlem. Altro che parodia, quando il Vulcano di questo Joachim Wtewael (che di dietro non pare affatto male) sta per buttarsi nella partouze già in progress fra Venere e Marte e certi angeli ruffiani, in un'aura ordinaria e sudata di sculacciate e parolacce. Tra i Fiamminghi dabbene, si passa da quell'impegnativa «Annunciazione» quattrocentesca di Dieric Bouts (ma la «Resurrezione» corrispondente si trova al Norton Simon Museum) a una buona «Entrata di Animali nell'Arca» di Jan Brueghel il Vecchio. (Ma guardando i piedi, qua e anche là, si può osservare che le belle mitologiche di Rubens hanno talvolta il cosiddetto «alluce valgo», mentre quelle di Van Dyck sfoggiano estremità affusolatissime).

Di Georges de La Tour, solo una sinistra «Zuffa tra musici e vegliardi» molto malvissuti in tutte le *nuances* marroncine dei tabacchi Davidoff: buon divertimento per quei malevoli epuloni che a Nancy come a Brescia e nelle Fiandre, mangiando enormi nature morte di anguille e angurie e salumi e fagiani in tavola, si divertivano a guardare non dei bei Grechetto (come quei grandi genovesi di Braudel e Van Dyck) né dei bei cesti di ciliege e verdure appetitose dei Campi cremonesi, ma soprattutto le risse e disgrazie dei più miserabili accattoni e pitocchi. Possibilmente vecchi, orrendi, deformi, ciechi, guerci, storpi, nani, gobbi. Macché Maddalene con musini arcani come uova di struzzo illuminate dalla *flamme d'une chandelle* di Maître Bachelard. Il solito abituale «Fa' ch'io rida, buffon!» del *Rigoletto*. Alle pareti della sala da pranzo: ah ah, i portatori di handicap, facciamoli litigare per terra, ah ah che ridere. Avanti, Callot.

Però lì accanto, in glorioso plein air, la Campagna Romana protagonista sublimata di Poussin: Madama Natura pacifica o corrucciata, ma comunque «sa fin est la délection» (ultime parole famosissime...) con bel tempo o bufera, che fanno volentieri pendant. Sempre armoniosa, armonizzata, armonica: con infinite pecore che si riflettono orizzontali e serafiche su uno stagno parallelo e immobile. Oppure, con tutti i villani che scappano terrorizzati come se fosse il loro primo temporale; o per abitudine villereccia. Ma sempre fra casali aristocratici e geometrici, contenitori perpendicolari ed euritmici di tinte e luci gravi e soft nei volumi silenziosi e nelle ombre pallide come nei riverberi tremuli. Che calma, che requie, che nobili presenze e assenze, e parvenze; che flemma solenne: per addormentarsi con le galline (*quieti se reddere,* dice Seneca, soprattutto dopo la tempesta e nei dì di festa), il Genius Loci starà a contare tutte le pecore? (Voce fuori campo di Claude Lorrain: siamo qui nella bella Valle del Pussino, e volete ancora imbarcarvi per Citera? E non per la Provenza di Cézanne?).

... Et in Arcadia, *everybody!* Col Buon Pastore e il Re Pastore e i pastor fidi o erranti su Prati e su Pascoli fra Pastorali di Marie Antoniette e Ludwig Van e «ah, perché non son io co' miei pastori?», e «io n'andrò col gregge amato, alla selva e al fonte e al prato», e «la pastorella sa, che un dì si sposerà (e ciùm-trallalalallà!)», naturalmente col pastorello che canta l'alba degli abbacchi nel terz'atto della *Tosca*... E noi qui al Getty avremmo programmato una settimana almeno di piccole visite: stamattina, non più di un'urna, due erme, e mezza 'pleureuse' (come Poussin e Claude all'Acqua Acetosa, di lunedì). Ma come farà chi prenota una sola giornata per vedere di corsa il più possibile?

«Sacraments and Bacchanals», «Courage and Cruelty». Potrebbero sembrare esclamazioni tipo «Morte e Dannazione» o «Chi non beve con me, peste lo colga»? Ironically, erano invece i titoli delle esposizioni poussiniane alla National Gallery di Edimburgo e della Dulwich Picture Gallery. Senza appiccicare cartellini tipo «Eucarestia Sutherland», «Matrimonio Rutland», «Baccanali Morrison», «Estrema Unzione Chantelou»: chic vero, non come quei cafoni che firmano i codici di Leonardo o i gabinetti delle stazioni.

Trionfi non solo di Bacco e Pan e Sileno e Nettuno e Venere, nei sommi gesti della Farnesina sublimati a eccelso sipario d'Opera, ma di un'infrazione registica alle tradizioni leonardesche per cui «mai voltare il dietro al pubblico nelle cene, soprattutto ultime»: Poussin osa piazzare gli apostoli su triclini moreschi ai quattro lati di una tavola bassa. E apoteosi soprattutto di quel suo unico folgorante giallone che non è cangiante-manierista ma piuttosto arancione-bonzo, si trova solo nelle sete thai e appunto in Poussin: nei più epici e immobili 'ensemble' della Storia romana, come negli squisiti bermudas del sublime «Rinaldo e Armida» di cui ci si innamorava così volentieri a Dulwich, anche tra amanti del tempestoso e tropicale «Angelica e Medoro» di Giovanni Lanfranco, a Rio.

Ah Dulwich, così abbagliante e così ragionevole, perché logica e genialità vi coincidono (come se fosse facile). Coi deliziosi Poussin – boccaccesca «partie de campagne» (o champagne?) di Venere e Mercurio scollacciati boscherecci, movimentato «retour d'Égypte» non di un Primo Console ma di una Sacra Famiglia molto italiana con fagotti, un allattamento di Giove Bambino con capretta di ser-

vizio, un volo della Vergine sopra Spoleto su nuvo-
letta rosa... – fra i Rembrandt e Rubens e Van Dyck
e Watteau e Gainsborough sceltissimi. Sontuosi
Orazi Cocliti e Stragisti degli Innocenti, di Charles
Le Brun; e il sensazionale «Battista nel deserto» di
Guido Reni, un quinto Beatle molto più bello degli altri; e il mirabile «ponticello inglese» di Canaletto, di legnetti bianchi fosforescenti.

E tutto in asse con tutto il resto: come in una
Grande Galerie ridotta dall'elefantiasi magnilo-
quente a una suite monumentale grazie alle proporzioni, non per le dimensioni. Senza la minima
sopraffazione volumetrica o stilistica, nei passaggi
a tutto sesto e nella luce indiretta dalle volte, di Sir
John Soane. 1813: i dipinti erano stati raccolti dai
mercanti Desenfans e Bourgeois alla fine del Settecento (epoca buonissima, con la vendita Orléans
dopo la Rivoluzione francese) per un Museo Nazionale di Varsavia che non si fece mai a causa di
un'ennesima spartizione della Polonia, con sparizione del re mecenate Stanislao Augusto Poniatowski. Dunque i collezionisti si fanno munifici (anche perché chi compra, durante le guerre napoleoniche?), in questo sobborgo londinese ancora
rustico e arcadico. E qui l'architetto postmoderno
Robert Venturi, per l'ala nuova della National Gallery, riscopre e rivaluta l'illuminazione naturale e
zenitale dai lucernari di Soane.

Altro che la luce 'radente' del giorno sui vetri dei
Poussin ad angolo retto con le vetrate su strada, al
Grand Palais, e i faretti bianchicci da parking che
entrano in funzione per l'apertura serale, spe-
gnendo i colori in rifrazioni e bitumi, e appiatten-
do le 'pose' celebri. La famosa «délectation» di
rappresentanza, coi prototipi produttivi per secoli

di 'entrées' alle inaugurazioni benefiche, sfilate di moda per consorti di capi di Stato, premiazioni di canottieri e carabinieri, statuaria tombale 'tutto compreso', ultime parole su letti di morte a futura memoria, gruppi immobilizzati nei gesti spontanei perché non è scattato il flash, ringraziamento della primaria compagnia con fiori e inchini dopo la serata d'onore, ristampa anastatica delle posizioni espressive e significative codificate nel prontuario di Alamanno Morelli (avo della signora Rina).

E i più inappuntabili supplizi? Ma ecco qui un ineccepibile «Martirio di Sant'Andrea» di Le Brun, impeccabilmente rifatto anche nei dettagli delle pose e degli arredi sul «Sant'Erasmo» di Poussin in Vaticano.

Ma proprio nei cultori del classicismo muscolare, come Poussin e David, l'accademismo fisioterapico d'oggi può deplorare una disattenzione verso le pratiche di *musculation* indispensabili per mantenere lo stile classico in esercizio: con quelle loro posizioni scorrette dei flesso-estensori e dei lombo-sacrali possono insorgere prematuri problemi anche per gli eroi più omerici e biblici, e basta un paio di Füssli o Klimt per dimostrare i vantaggi dello *stretching* (come raccomanda anche Sofia Loren, per acquistare e conservare l'*allure*). Mai bloccarsi con le ginocchia e i gomiti ad angolo retto; e in quanto alla cervicale, bisogna fare il contrario, più volte al giorno, di quanto prescrive Poussin.

V

Pazienza, amico lettore, mon semblable, mon frè-
re: comincio a sentirti irrequieto, alle mie spalle,
durante la guida, come quelli che gli americani
chiamano «back seat drivers», i passeggeri che dal
sedile dietro abbondano in suggerimenti e avverti-
menti per lo sbadato guidatore. Ti capisco. Faccio
anch'io così, di solito: quando «non conta il viaggio, solo la meta». Ma noi *flâneurs* non vogliamo
sempre girare (vero?) come quell'elegante signora
degli anni Sessanta che si era messa in tacchi alti
perfino all'Ermitage di San Pietroburgo, e presto
stanca aveva sviluppato la strategia di precedere il
gruppetto gettando sguardi in ogni nuova infilata
di sale, per avvertire «di qua non c'è niente!» – e
magari c'erano i Rembrandt.
Qui ce n'è, di Rembrandt, forse anche ai limiti dei
cataloghi recentemente revisionati con quelle intriganti dissacrazioni ai danni dei fedeli dell'Uomo
dall'Elmo d'Oro: che processioni da Fine dell'In-
nocenza, a caldo (era appena caduto anche il Muro), all'Altes Museum di Berlino, nel '91. Come
quando la Chiesa sconsacra i più venerati San Gen-
nari, e per i devoti credenti, al posto dei feticci,
non rimangono che metafore tipo «i palmi di naso» e «i pugni di mosche», magari «di stucco».
Comunque ecco qui al Getty il profeta Daniele e il
re Ciro di Persia, inturbantati come Totò Sceicco:
«fanno la scena» alla napoletana in un tinello da
compro-gioie babilonese davanti al mangiare per

l'idolo di Bel, che allunga un piedone su una tova-glietta di velluto rosso da Rinascente. Altro che Persepolis. E dibattendo proprio sul serio (se il ri-nomato idolo di bronzo mangia tutto di notte, o cede i pasti al clero), invece di scoppiare a ridere come i più navigati aruspici romani. Accanto, il fangoso imbarco di un'imbarazzata Europa su una mucca pazzerella che si direbbe svizzera, per tra-ghettare un fosso sporchissimo in abito lungo da città (di un velluto che pare meglio della tovaglietta di Bel), ma senza rimboccarselo come fanno tutte le Susanne e Diane e Ninfe e le altre grasse e ragaz-ze rembrandtiane, per non rovinar la gonna buo-na. (E sì che questa parte senza un ricambio).

Demistificazione borghese batava di miti e favole, sullo sfondo di una specie di vecchia Rotterdam più malandata di Amsterdam?... Polemica voluta-mente ciabattona e casereccia contro gli splendori principeschi e cattolici del vicino ingombrantissi-mo Rubens?... O un sorriso di passaggio sull'orro-re del dispendio da parte delle donnette pulitissi-me e 'regardantes' nella pittura olandese come sui canali cittadini? dove peraltro il lezzo per il passag-gio quotidiano dei barconi con gli scarichi dei poz-zi neri costringeva a tener chiuse le finestre e forse causava la «smorfia da nasamerda» caratteristica e probabilmente automatica in diversi ritratti rem-brandtiani?... Fanno ceto medio dimesso (con po-co avvenire?) anche due suoi ritratti, con smorfia: un vecchio militare di routine protestante, e uno stranissimo San Bartolomeo cogitabondo che pare piuttosto un professionista tedesco del tardo Otto-cento in gilet, pensionato e amico di Adolph von Menzel. Niente da fare con quei grandi specialisti delle Lezioni d'Anatomia, in cappelloni e gorgiere professorali da presidenti della Gilda dei Chirurghi, e con gesti da Teatro Anatomico in competizione con le recite sui palcoscenici tragici, come anche nel caso di Lacan. E non per niente è intitolata al Dr. Tulp – protagonista di Rembrandt e non di Mozart o Wagner – la piazza del Teatro dell'Opera, ad Amsterdam.

Si ritrovano poi tutti nelle piccole mostre di restauri preziosi al Mauritshuis. Dove fra le 'Anatomie' teatrali di gruppo sopravvissute nel fondo pensione secentesco delle vedove dei chirurghi si incontra con piacere quel Dr. Ruysch cui Leopardi dedica un Dialogo (con le sue mummie) e un Coro (poi musicato da Goffredo Petrassi) nelle *Operette morali*. Leopardi segna sul manoscritto di aver preso lo spunto da un *Éloge* del Fontenelle; e registra nelle note che Pietro il Grande visitò e acquistò l'intero studio di Ruysch per una sua Wunderkammer a San Pietroburgo. Però lo mette in pantofole: «Figliuoli, a che giuoco giochiamo? non vi ricordate di essere morti? che è cotesto baccano? Se è vero quel che si dice dei vampiri, e voi siete di quelli, cercate altro sangue da bere; che io non sono disposto a lasciarmi succhiare il mio, come vi sono stato liberale di quel finto, che vi ho messo nelle vene».

Nel 1630 del Dr. Tulp, infatti, la dimostrazione sul cadavere era un evento piuttosto raro e solenne, perché bisognava disporre del corpo di un giustiziato fresco, in una stagione non troppo calda. E infatti nel dipinto di Rembrandt la faccia dell'anatomizzato sta già andando in putrefazione, mentre i muscoli dissecati dell'avambraccio parrebbero

110

ancora rossicci, però un lividore molto lugubre si stende sui piedi, sotto gli sguardi apprensivi degli astanti in gorgerine stiratissime.

Ma dal 1670 il Dr. Ruysch inietta nei cadaveri freschi il suo preparato bollente, che si solidifica subito impedendo la putrefazione, e conservando al morto l'apparenza del sonno. Così nei dipinti post-rembrandtiani Ruysch opera su un giovane con gamba reclinata, simile a un sereno Endimione carraccesco. (E Leopardi, a Napoli, avrebbe potuto fare paragoni sinistri – ce l'aveva lì – nella Cappella Sansevero: qualche dialogo notturno fra il principe-negromante di Sansevero e i servi pietrificati da vivi con le fatali iniezioni alla Ruysch. Nello stesso palazzo del famoso fattaccio di Carlo Gesualdo e Maria d'Avalos, proprio davanti alla Pasticceria Scaturchio, la più rinomata per i babà in città. Tutto in pochi metri a San Domenico Maggiore: Dialogo fra un Pietrificatore e un Uxoricida con un Cantore di Madrigali e un Fabbricante di Babà, e Coro di Vittime). Ma Ruysch, essendo anche ostetrico, ed esaminatore-capo delle levatrici, teatralmente dimostra altresì le giunzioni della placenta in un bimbo nato morto con la manina che stringe ancora il cordone ombelicale. Mentre il figlio decenne del Dottore, un bel piccino paffuto destinato a succedergli in cattedra, fa esperienze mimiche con uno scheletrino di neonato. (Nessun pittore francese, invece, non solo per i 'numeri' di Lacan a Sainte-Anne ma nemmeno per le visite ostetriche del Dottor Semmelweis di Céline. O per Charcot alla Salpêtrière, forse).

Chissà se sarebbe piaciuto a Leopardi che in casa Ruysch – un bell'uomo con un naso forte alla Luchino Visconti ma poco mento – ci fosse anche una collezione di feti in ampolle? E poi, nel libretto della *Donna senz'ombra* di Hofmannsthal e Strauss i *non-nati* (non 'neonati') cantano esigenti: «Udite, udite! Vogliam poter dire PAPÀ! Vogliamo chiamare MAMMÀ!». O addirittura: «Siam nel buio e nel timore, / cara mamma facci entrare! / Anzi, chiama il buon papà, / e la porta ci aprirà!». Pare che fosse un trionfo, in italiano alla Scala, durante la propaganda demografica fascista alla vigilia della guerra. (Ma l'abate Parini, alla discussa coppia Serbelloni-Ottoboni: «Cari figli, non piangete / poi che nati ancor non siete, / non potendo vostro Padre, / vostra Madre vi farà». Lo riferisce Carlo Dossi nelle *Note Azzurre*). Però anche il Manzoni poteva trovarsi ben contento: non solo il Dr. Tulp di Rembrandt unificò molto meglio del protofisico Settala le farmacopee disordinate per la famosa peste del 1635, la medesima dei *Promessi sposi* (ma senza corrispondenti romanzi olandesi). Inventò addirittura un «placebo per intellettuali depressi» incapaci perfino di alzarsi dal letto. «Dopo una settimana di queste gocce, andrai nuovamente a spasso come tutti!». (Ma ebbe soprattutto successo una figlia del Dottore, Rachel Ruysch, che si occupava di botanica e divenne una rinomata e ricca pittrice di tulipani: Tulp. Mentre i chirurghi dei teatri anatomici seguenti venivano somigliando agli imparruccati di Pietro Longhi, in serie).

Ora, continuando il giro, un saloncino 'sul ricco' si presenta quale Cameretta dei Tesoretti (fra Museo degli Argenti e Bargello e Victoria & Albert e Vienna e Praga...), anche con sculture da giardino valorizzate in interni. Ma esibisce soprattutto i bronzetti di giovanotti sportivi danzanti fiorentini e pado-vani e mantovani, con tutti i loro muscoli in movi-mento e a posto. E si comincia con Cellini e Giam-bologna, naturalmente: sempre dialettiche fra Pe-santezza e Grazia. Infatti il bronzo non deve com-petere in gravosità massiccia con la pietra (macché Rodin), bensì esprimere uno slancio di forme leg-gere in equilibrio aereo su punti d'appoggio terre-stre anche piccolissimi che il marmo non si può permettere: è questo il messaggio del 'mezzo' me-tallico... Ma di Benvenuto c'è un Satiro immuso-nito e risentito. Non avvenente né attraente, però si trova anche sulla copertina del *Cellini* di John Pope-Hennessy: è infatti il modello per una cariati-de della Porte Dorée di Fontainebleau, col braccio destro sulla testa a reggere il peso, il sinistro che impugna un randello, e le due gambe incrociate come i ballerini classici quando ringraziano. E qui torna in mente il filosofo Andrea Emo, che amava raccogliere le esclamazioni 'intelligenti' dei fran-cesi davanti ai monumenti: «quelle précision!», di fronte ai «Prigioni» di Michelangelo al Louvre. Nonché «c'est bien massif» a Palazzo Farnese, «quelle allure» e «presque aussi joli que Versail-les» in Piazza San Pietro. (A me toccò solo «quand même, une présence!» davanti a un mucchio di sassi, a una Biennale).

Da Mantova arriva un bustino stupendo del por-tentoso 'Antico' di Isabella d'Este, l'Alari-Bonacol-si che abbelliva all'italiana le copie romane più sexy della grecità narcissica (ma i caratteri del Bel-lo attraversano immutati le epoche) indorando i riccioli e i sandali. Qui il ricciolone della Bassa pa-re il medesimo che quale Anteo sollevato da Erco-le rovescia indietro gli occhi argentati al Victoria &

113

Albert Museum. Però stavolta i mirabili occhi di smalto hanno preso un'aria di broncio o rimprovero (tutto-il-mondo-contro-di-me) alla James Dean. Sta invece per lanciarsi in un Lago di chissà quali Cigni (forse un Garda gelato?) un atletico nudo padovano proletario sui venticinque anni di Tiziano Aspetti, rinomato artefice di santi bronzei e pii nella Basilica del Santo. E balla selvaggiamente con dei cimbali un giovinastro carnoso e godereccio di Adriaen De Vries, calcando esibizionistico addirittura un'armonica 'da piedi' d'epoca.

Il catalogo dell'Esposizione De Vries ad Amsterdam e Stoccolma sostiene che trattasi di un'emblematica alchemica. (Un po' come quando i cacciatori di bersaglieri a Ferrara sostenevano una loro simbologia metafisica, rifacendosi magari a De Pisis «incantatore di sergenti»?).

Ma qui ormai siamo nella magica Praga di Rodolfo II, e grazie alle fissazioni coatte dell'ingordo imperatore non si sollevano più gli Antei e poco anche gli Abeli, bensì un pullulìo di Sabine, Deianire, Andromede, Ninfe, Silfidi, Naiadi, Driadi, Nereidi, Psichi. Sempre con sotto un omaccio tarchiato e tozzo (molto somigliante all'imperatore stesso) che le sbatte per aria con le sue manacce, e tra i fremiti e i palpiti infila le sue ditone soprattutto dove non si dovrebbe. Mentre negli altorilievi un Bacco o un Adone già pronti sollevano un velo o lenzuolo per scoprire le Arianne e Veneri fiamminghe accovacciate al meglio.

E ancora di De Vries, un «Bucefalo» bronzeo straordinario perché si impenna sulle zampe posteriori senza altri sostegni: già nella Kunstkammer di Rodolfo, passato in Svezia dopo il Sacco di Praga, poi regalato dalla generosa Cristina a un ambasciatore amico e finalmente primatista d'incassi a un'asta dell'Hôtel Drouot. Pare che lo spunto venisse da un cavallo dei Dioscuri davanti al Quirinale, ma forse c'entra il monumento mancato di Torino.

Infatti 'Adriano Fiammingo' viene in Italia molto giovane perché in Olanda a causa del calvinismo non c'è lavoro nelle chiese e per via delle miserie belliche mancano i clienti per i bronzetti. Però trova un'attività frenetica prima nella bottega del Giambologna a Firenze in Borgo Pinti, e poi da Pompeo Leoni a Milano, nel palazzetto ad atlanti o telamoni in via degli Omenoni dove oggi c'è l'elegante Clubino ma allora fumavano e rimbombavano le fonderie per allestire l'altar maggiore dell'Escuriale, sensazionale commissione di Filippo II. E lì accanto, sui Navigli, gli armaioli e orefici più prestigiosi dell'Impero. Presto Adriano si fa un tale nome che il vanesio Carlo Emanuele I lo chiama a Torino dove ci si agita molto per dare grandi immagini di rappresentanza a una capitalina ancora priva di *look*. Per la nuova Piazza Castello, davanti al nuovo Palazzo Reale, si vorrebbe un monumento equestre, ovviamente a Emanuele Filiberto. Ma la rinomata fonderia torinese «La Bombarda», ottima per i cannoni, non risulta specializzata in cavalli. Così Adriano va a Praga (inseguito dalle spie del Savoia, con rapporti agli ambasciatori: per poco non annega attraversando l'Inn, si è fermato per oltre una settimana a Budweis... E come mai?... Nostra congettura: la rinomata birra Budweiser, popolare anche in America come 'Bud').
Al Nationalmuseum di Stoccolma si rimane incan-

tati davanti ai suoi molti giganteschi bronzi ro-
dolfini razziati a Praga dalle truppe della regina
Cristina (con istruzioni al cugino generale Carlo
Gustavo: «Songe aussi, je vous prie de me conser-
ver et m'envoyer la bibliothèque et les raretés qui
se trouvent à Prag: Vous savez que ce sont les seules
choses dont je fais estime»). E tutto trasportato
sull'Elba e sull'Oder appena prima che i Trattati di
Vestfalia vietassero tutti i sacchi e bottini della
Guerra dei Trent'Anni, fino ai giardini di Drottningholm ove poi arriverà la regina Lovisa Ulrika,
sorella di Federico il Grande e della margravia di
Bayreuth, committente del più bel teatro dei Galli
Bibiena. (Quello di Drottningholm ha più understatement scandinavo). Ma qui al Getty Adriano si
trova in compagnia di bronzisti squisiti del suo
stesso 'giro': Susini, Tacca, Soldani Benzi. Fra Veneri, Adoni, Paridi, Elene. E alcuni marmisti illustri: Giambologna con una Venere molto serpenti-
na, Canova con un Apollo dei più composti, un
monello del Bernini che strozza malizioso un dra-
ghino. E un capolavoro delle Pietre Dure: un Clemente VIII Aldobrandini su disegno del Ligozzi e
forse proveniente dai Corsini. Accanto a un Camillo Rospigliosi in mosaico minuto, con croce di
Malta e zazzera pazza.
E dai Barberini, o dal Piranesi, tutto un Fasto Romano esuberante e fantastico: tavoli e consoles con
gambe ad arieti e maschere surreali, sia iper-ro-
cocò in legno dorato, sia in marmo traslucido
('breccia Medicea') su sfingi tutte poppe e zoccoli.
Mirabolanti argenterie di magnificenza genovese,
tabernacoli e placchette del Mochi e degli Juvarra
in materiali preziosi: dunque roba generalmente
difficile da vedere in Italia. Un Tesoro delle Scultu-

re che si estende anche ai candelabri, agli alari (purché di Francesco I di Francia), agli stipi medicei, alle poltrone veneziane di Corradini e torinesi di Palagi. Insomma, sembra di approfondire l'Italia, che non è soltanto pittura e architettura, passeggiando per un mini-Victoria & Albert, più salottiero ma anche archivistico. («Come si fa a insegnare la storia dell'arte italiana – mi disse un presidente d'Amici dei Musei francesi – senza spiegare nelle università i mobili di Brustolon?»).

Subito attigua, per l'eterogenesi programmata dei fini museali, una rassegna transitoria di fotografie povere. Stavolta tocca a Walker Evans: strade e facce stanche nella New York della Depressione. Candid camera di pasti solitari in piedi fra grattacieli espressionisti, cappelli e cappellini in testa a uomini e donne ricchi o poveri. L'anonimità del triste Everyman come uomo della strada, uomo qualunque che fa una certa fatica a vivere e diventa icona intercambiabile in bianco e nero...

Le file che non vogliono perdersi niente in una giornata di visita si accalcano anche nell'ampia sala dei disegni. E in questa mandata possono vedere – tutti insieme – Guercino, Tiziano, Stradano; paesaggi laziali di Poussin e Lorrain; Rembrandt e Van Gogh; Corot, Millet, Seurat; fiori di Courbet e Fantin-Latour; nonché Foggini, Friedrich, Khnopff... Prima di passare nella gran luce dei pompieroni: Bouguereau, Gerôme, Alma Tadema, Winterhalter, Millais. Sale molto sfavillanti.

Qui ci accolgono ritratte 'in grande' dal David due vistose Napoleonidi, figlie di Giuseppe re di Spagna, poi in esilio negli Stati Uniti: Zenaide e Carlotta Bonaparte. La prima, moglie di un cugino (figlio di Luciano, principe di Canino), e con molte figlie benissimo sposate a Roma: Del Gallo, Campello, Gabrielli, Ruspoli, Primoli (da cui il fotografo Gegé Primoli). Carlotta, anche sposata a un cugino (figlio di Luigi re d'Olanda), era amica di Leopardi a Firenze; e apparentemente un po' ricurva anche lei. Ma secondo il poeta, nelle lettere alla sorella Paolina (avranno chiacchierato di Napoleone? di letteratura? dell'America? d'arte?), «elle est une charmante personne; pas belle, mais douée de beaucoup d'esprit et de goût, et fort instruite; elle dessine bien, elle a de beaux yeux», e «ha posto sossopra mezza Firenze per farmi indurre ad andar da lei». E subito mette davanti al Poeta un suo Album, per la dedica.

Dama di spirito ereditato dalla formidabile nonna Letizia Ramolino, 'Madame Mère'? Quando coi generosi contributi di J. Paul Getty II le «Tre Grazie» di Woburn Abbey furono finalmente acquistate ed esposte alla National Gallery of Scotland insieme ai più bei Canova delle collezioni inglesi, c'era anche un busto di Madame Mère acquistato da un Duca di Devonshire presso gli eredi Canova poco dopo la sua morte. E collocato a Chatsworth House insieme al grande monumento di Letizia stessa in posa di Agrippina, da lei mandato al figlio Imperatore per collocarlo alle Tuileries, ma dopo la Restaurazione venduto dai francesi al medesimo Devonshire. Nel catalogo di Edimburgo c'era una lettera del Duca da Roma, nel 1824: «Vedo sempre ai pranzi Madame Mère che mi assale e me ne dice di tutti i colori a proposito delle sue statue in mani inglesi: è un miracolo, per i suoi ottant'anni! che donna!».

Ma ne aveva solo settantaquattro; e secondo una tradizione familiare cadeva senza rompersi niente, come una volta che per un vociare in cortile si affacciò a sgridare i dipendenti, ma sentendo che era arrivato un regalo dall'Imperatore inciampando rotolò per tutte le scale del Palazzo Bonaparte, si rialzò come un fringuello e siccome il pacchetto conteneva un orologio lo chiamò l'Orologio della Felicità. Era ottantenne nel 1830, quando muore Pio VIII e il piano dei rivoluzionari romani prevede di «ritirare da Madama Letizia il milione che ha promesso», poi radunarsi in Piazza San Pietro agli ordini di Luigi Bonaparte con bandiera tricolore, e quindi saccheggiare l'Armeria e il Banco di Santo Spirito, arrestare le autorità e chiuderle nel Castello, liberare i detenuti nelle Carceri Nuove, distribuire somme «alla gente bassa in Trastevere onde trarne partito». Indi, «far succedere la rivoluzione nelle Romagne e Bologna». E finalmente, «rapire Napoleone Secondo Bonaparte da Vienna, e incoronarlo in Campidoglio re d'Italia».

Ed è così che nel marzo 1831 il governo provvisorio di Macerata nomina Giacomo Leopardi (che stava a Firenze) deputato di Recanati all'Assemblea Nazionale (rivoluzionaria e provvisoria) di Bologna, con molte ambasce di Monaldo, che però è anche possibilista, non si sa mai, meglio non rifiutare subito. Giacomo non si muove da Firenze: il ricevimento della Principessa si svolge in giugno. (E da bambina stava a Saratoga, col padre emigrato. E il Luigi rivoluzionario a Roma era naturalmente il futuro Napoleone III).

E certo, accanto alle pimpanti Napoleonidi di David, una di quelle tipiche bruttezze spagnole di Goya, una marchesa ricca e proterva di Santiago col becco da gallinaccio e una gonna corta di pizzo nero, pare soltanto una tacchina o una zoccola. Come la regina Maria Luisa. Nessuna simpatia o compassione come nel caso rarissimo della contessa de Chinchón: una persona depressa che emana una luminosità splendida, per la solidarietà e carità di Goya ritrattista anche a distanza di molti anni verso una bambina bruttina e mortificata – nel mirabile gruppo familiare alla Fondazione Magnani – e poi sposa vittima di Godoy, favorito della zia regina. Là però fu Napoleone a esclamare davanti al seguito «che donna! che madre!», quando a Bayonne si viene al dunque per l'abdicazione dei Borboni sconfitti. E Carlo IV aveva già rinunciato alla corona in favore del figlio Fernando: dunque la voleva indietro per poterla rideporre in favore di Giuseppe Bonaparte, padre di Zenaide e Carlotta. E padre e figlio vengono alle mani, malfermi, Maria Luisa li picchia tutt'e due, Napoleone commenta «che Priamo! che scena magnifica!». E Mario Praz, in *Motivi e figure*: «Decisamente il pittore di questa scena non poteva essere il classico David, ma il Goya degli ossessi, delle megere e dei fantocci».

Ma la confusione fra queste Marie Luise parmigiane potrebbe animare soprattutto una mattinata calma fra i ritratti minori al Prado. La regina derisoria di Goya era infatti una Borbone-Parma, madre di un'altra Maria Luisa (lievemente gobba) che diventa Borbone-Parma quando viene fatta sposare al cugino disgraziato Ludovico, erede del ducato. Secondo i trattati napoleonici di Talleyrand con Godoy, questa coppia dovrebbe regnare sull'Etruria, spostando due Ferdinandi: il duca di Parma, padre di Ludovico, doveva cedere il suo Stato alla Repubblica Francese ottenendo in cambio la Toscana, tolta al granduca Ferdinando III di Lorena, trasferito a sua volta nei principati di Salisburgo e Würzburg sottratti ai rispettivi arcivescovi. E infatti nella Residenz di Würzburg, salito lo scalone del Tiepolo, si visitano gli Appartamenti Toskana, squisiti, mentre a Salisburgo rimanevano tracce della precedente cacciata dei protestanti in Slesia. Ma queste trattative parmigiano-toscane hanno come prima conseguenza un baratto allora *négligeable*: la Louisiana, già francese ai tempi di Manon Lescaut ma poi segretamente ceduta da Luigi XV alla corona spagnola, viene rivenduta col Mississippi e New Orleans e tutto da Carlo IV e Maria Luisa a Napoleone, che dopo nove anni la smercia agli Stati Uniti. La famosa «Louisiana Purchase» fra Talleyrand e Monroe. L'Etruria viene invece presto passata a Elisa Baciocchi, con l'aggiunta di Porto Santo Stefano e Porto Ercole e Ansedonia e Capalbio (già in parte napoletani), mentre Maria Luisa sempre più sfortunata col marito e col figlio ma di carattere fortissimo viene spostata a Lucca, già repubblica aristocratica; e la mantiene sloggiando Elisa (che si rifugia a Monfalcone dopo il 1815), perché si impianta molto insistente al Congresso di Vienna, dove però non possono assegnarle Parma e Piacenza, già aggiudicate a un'altra Maria Luisa, la moglie di Napoleone. Ma intanto compra dei bei Carracci importanti; e la mirabile «Strage degli Innocenti» di Poussin (già di Luciano Bonaparte) poi acquistata dal duca di Aumale per il suo castello di Chantilly dove secondo Proust «M. de Guermantes va dîner toutes les semaines».

Sua figlia Maria Luisa sposa un Sassonia, suo nipote Carlo III (di Parma, presto assassinato) sposa una Luisa Maria, figlia del duca (anche assassinato) di Berry. Chantilly è diventato il Musée Condé, che come la Frick Collection non presta quadri.

Dopo anche un'immancabile corrida di Goya, il Getty schiera gli Irrinunciabili. Una inevitabile tempesta marina molto rappresentativa e corrusca di Turner, con un doveroso crepuscolo assai nebbioso di C.D. Friedrich, ma un notturno relativamente sereno di Munch: pare quasi un Rothko. E tre Géricault piuttosto emozionanti e agitati – «Amanti», «Cavalli», un «Negro» – forse perché sono multipli e fantasiosi nell'Eros polimorfo: infatti questi amanti scatenati sono tre, i cavallanti esibizionisti sono nudi, e il 'black' ha gli occhi molto molto arrossati come se gli avessero appena fatto chissà che. Ma anche una «Educazione di Achille» del Delacroix, lì accanto, sembra avvalorare i più inquieti sospetti di Carlo Emilio Gadda sui metodi ed effetti 'pedagogici' del discusso Centauro Chirone. Si preoccupava, il nostro Ingegnere: «quali sensazioni proverà mai il Centauro, sentendosi dimenare sulla 'irsuta schiena' un ragazzetto o ragazzone che si suppone poco vestito, e che inoltre gli pettina con le manine il 'selvoso mento' nell'ode *L'educazione* dell'abate Parini?». E inoltre: chissà cosa ne avrà pensato sotto sotto l'abate stesso, così fissato e frustrato sui giovin signori frivoli e fatui e scemi ma probabilmente carini che a una cert'ora della Notte, dopo che li ha presi in giro per tutto il Giorno, finalmente gli ribattono «NO, TU NO», e lo lasciano lì a lamentarsi come un cane

122

Pluto: «Or dove, ahi dove senza me t'aggiri / lasso! da poi che in compagnia del sole / t'involasti pur dianzi agli occhi miei?»... E qui Delacroix turberebbe l'Ingegnere e l'Abate insieme: nel suo esuberante pastello, lo sviluppato bambinaccio Achille nudo in groppa all'aitante Centauro mostra un fisico da calciatore, aggrappato al suo *coach*.

E poi, i best-seller. Iris di Van Gogh con colori ancora buoni, e l'immancabile folla davanti. Che poi gira tutta insieme gli sguardi a destra, e fruisce l'immensa «Entrata di Cristo a Bruxelles», di Ensor, quale 'murales' sulla parete di fondo. Ecco uno zappatore di Millet; una strada imbandierata di Manet; un covone sotto la nevicata di Monet; tante ballerinette di Degas, vispe o stanche con mammà; una dama col suo 'beau' di Renoir; Cézanne con parecchie mele. Ma anche il suo atroce Eterno Femminino giovanile: la donnaccia spampanata con le occhiaie vuote, e intorno come iene una ventina di professionisti e artisti ed ecclesiastici molto dabbene. Cose da Carlo Dossi e Jean Genet: *La desinenza in A, Le balcon.* (Passò invece dall'armatore Niarchos al produttore Harold Hecht socio di Burt Lancaster). Insomma, un eccellente menu a due o tre stelle. Ma nessuno si ferma più davanti alla «Bella Lavanderina» di Greuze, già così best-seller di base.

VI

Le famose e discusse antichità per cui fu dapprima
conosciuta la Villa dei Papiri di Malibu hanno dot-
tamente celebrato il nuovo Getty Center con un bel-
l'allestimento inaugurale detto «Beyond Beauty».
Senza un catalogo con intriganti schede su ritrova-
menti e provenienze. Ma con interessanti mini-sag-
gi, ben fatti, anche se lunghetti da leggere, alle pareti, dietro gli oggetti in ciascuna sezione. Storia e
Antichità, Autenticità, Iconografie, Tecnologia,
Contesti perduti, Culture comparate... «Vaste pro-
gramme» avrebbe detto (per ciascuna) il generale
De Gaulle.
Dalla Venere di Mazarino si procede dunque attraverso le collezioni inglesi più illustri (Elgin, Bridgewater, Lansdowne...) che hanno preso la strada
verso Citizen Kane e poi qua. E si risale naturalmente al preromanticismo spiritato dei più illustri
scavi e restauri romani (Hamilton, Perkins, Piranesi, Cavaceppi...), e addirittura alla documentazione colossale raccolta nel Museo Cartaceo di Cassiano dal Pozzo. Qui rivalutato e riverito in accurati
pannelli didascalici e utilissimi.
Cassiano a Malibu... Sembra più noto e presente
fra queste collezioni che nelle nostre interminabili
trattazioni sugli intellettuali e il potere (cioè il suo
caso), e il sistema e le istituzioni e la produzione e
il consumo e la crisi e lo smaltimento di se stessi,
capiservizio e/o pensatori... Ora Cassiano riemer-
ge qui sulla San Diego Freeway, e non soltanto gra-

zie al suo rinomato protetto Poussin. Come già all'esposizione poussiniana al Grand Palais, ove due dipinti risultavano commissionati per suo tramite da un «marquis de Voghera»: il conte torinese Amedeo dal Pozzo di Ponderano, acquirente «per ottantatremila ducatoni» dell'intera Voghera, dalla vedova del marqués Pedro Henriques Accevedo conde de Fuentes, che nel 1608 l'aveva ricevuta in dono (con territorio e vassalli e franchigie e dignità di marchesato e facoltà di venderla) da Filippo III di Spagna, in premio per i suoi servigi quale governatore di Milano. (Che curiosità, la compravendita di una piazzaforte su un confine tra stati e potenze, come se fosse l'appartamento di una signora, nei dintorni del famoso assedio di Casale, celebrato anche dal Manzoni, e durante il quale Voghera viene malmenata da Odoardo Farnese, da Francesco I d'Este, da Tommaso di Savoia, dal cardinal G.G. Trivulzio).

Ma già il successore, Giacomo dal Pozzo della Cisterna, secondo gli eruditi locali si occupava soprattutto di proteggere «pupillos, orfanos et viduas», mentre dopo oltre un secolo «il re Carlo Emanuele III, ben veggendo come la feudal signoria dei principi Del Pozzo della Cisterna apportasse non pochi impedimenti al più grande sviluppo di prosperità non solamente della stessa Voghera, ma eziandio di tutti i comuni di quella provincia, colse l'opportunità di una strepitosa lite tra la magnifica comunità ed il marchese feudatario sulla spettanza dei feudali diritti per acquistare l'utile dominio del principe Giuseppe Alfonso Dal Pozzo, e promise di non più infeudarlo» (storia locale). E frattanto i famosi Poussin di Voghera – una «Adorazione del vitello d'oro» e un «Passaggio del Mar

Rosso», tutt'e due sotto sinistre nubi tempestose, ma assai lodati ne *Le finezze de' pennelli italiani,* alla fine del Seicento a Pavia – partivano per la collezione del chevalier de Lorraine. Favorito tremendo di Monsieur (fratello di Luigi XIV) e assassino della sua prima moglie Enrichetta d'Inghilterra con un'acqua di cicoria avvelenata. Poi nemico perenne anche della seconda moglie, la grande scrittrice involontaria Principessa Palatina. E i dettagli si trovano naturalmente nei *Mémoires* di Saint-Simon, che però non si occupa mai dei quadri e del loro movimento: oggi, uno alla National Gallery londinese e l'altro a quella di Melbourne. Non toccarono così a Maria Vittoria dal Pozzo della Cisterna, che fu regina effimera di Spagna dal 1870 al 1873 quale sposa di Amedeo di Savoia-Aosta. A quell'epoca si trovavano in un castello del Galles, non più a Torino.

Cassiano apparteneva invece a un 'ramo' familiare trasferito a Pisa dietro un potente zio arcivescovo. E di qui a Roma, prima in via della Croce e definitivamente in via dei Chiavari. Con un fratello, otto nipoti, e decine di Sacramenti e Baccanali e Rinaldi e Armide di Poussin accumulati fra i Cortona e i Padovanino e i Duquesnay e i Vouet. Emulazioni mecenatesche di livello minore coi grandi cardinali collezionisti e trattatisti: Barberini, Giustiniani, Sacchetti, Paleotti, Chigi, Borghese, Massimi, Del Monte. (In che percentuale saranno stati «raffinatissimi esteti»?). Ma quel palazzetto dietro Sant'Andrea della Valle era allora rinomatissimo – e Cassiano riviene fuori qua e là sempre più spesso, specialmente negli studi inglesi e americani sul nostro Seicento – per la ricchezza perfezionistica delle sue disparate documentazioni enciclopediche: il

Museo Cartaceo (alla Diderot-D'Alembert) che raccoglieva non soltanto i disegni e le incisioni di tutte le statue e pitture antiche e moderne disponibili (surrogato degli originali, per chi non poteva permetterseli) ma le curiosità e rarità zoologiche e botaniche e archeologiche messicane o egizie, tipiche degli eruditi con Wunderkammer in casa. Pesci e funghi bizzarri, fossili eccentrici, epigrafi e catafalchi, rilievi tombali e militari e navali e teatrali e topografici e dionisiaci, fra disegni e missive di Rubens e Velázquez, carteggi con cortigiani parigini e scienziati in odor di eresia, Ulisse Aldrovandi, Federico Cesi, e («ah, se solo non abitasse in Inghilterra...») Sir Francis Bacon.

Erwin Panofsky e Francis Haskell hanno osservato che le affinità con Galileo, cioè con una mentalità scientifica razionale e naturalistica, finiscono per influire sul gusto estetico, inevitabilmente classicistico e conservatore, ingenerando dubbi sui caravaggeschi e su Bernini, revulsioni per Borromini, recupero del *Trattato* di Leonardo nei confronti di Pietro da Cortona, cui venivano rinfacciati anche «il Brunellesco, il Buonarroti, il Bramante, il Serlio, il Palladio, il Vignuola, e gli altri restauratori di sì grande arte, i quali dalle misure delle fabbriche Romane trassero le vere proporzioni di quegli ordini regolatissimi, da cui niuno giammai s'allontanò senz'errore».

Ecco allora fondata la pépinière galileiana e lincea per il 'cult' di Poussin nella Roma del Gusto «vario e incostante de' sublimi intenditori»... E anche le migliori mostre sui disegni di Raffaello spiegano i magnifici influssi sul suo «stile classico» della statuaria antica emergente dagli scavi cinquecenteschi, quando la pittura romana non era ancora disponibile né a Pompei né altrove, e la Domus Aurea forniva per lo più grottesche. E proprio allora, nell'esuberante Rinascimento papale e pagano alla vigilia del tremendo Sacco, l'euforica rielaborazione istantanea dell'Antico provvede ready made in marmo un perfetto campionario di gesti e vesti e visi e musini e alucce e culetti e bimbi e putti e vergini e vecchi e mammine e tutta una gamma predisposta di espressioni di gioie e dolori e sorrisi e panneggi per la messa a punto e in piega di una bella iconografia 'ne varietur' ed 'erga omnes' e 'no problem' dei personaggi grandi e piccini di tutte le mitologie bibliche e cristiane, dalle Madonne fondamentali ai Santi di rappresentanza agli angeli d'accompagnamento ai profeti di scorta. Mentre su Poussin aleggia forse già Corneille: i bretoni barocchi «montano a Parigi» animati da classicismi ecclesiastici non troppo dissimili dai futuri illuminismi razionalistici e laici contro «il gusto depravato delle bizzarrie fantasticate dal lusso e dalla moda» (F. Milizia).

Così la grande *allure* raffaellesca, dalla Farnesina e da Villa Madama in poi, rimane un portamento marmoreo di scavo contrapposto agli espressionismi bronzei dei pittori che frequentano gli scultori loro coetanei: Masaccio amico del ragazzaccio Donatello, gli squarcioneschi padovani «resi come folli dal boato delle fonderie dove ribolliva l'altare di Donatello per il Santo» in una pagina famosissima di Roberto Longhi sul Mantegna. «La sua posizione di fronte all'antico è tale ch'egli quasi ama più il frammento spezzato dalla vanga dello scavatore che la statua integra; e i torsi della decadenza paiono nella sua pittura rotolare sui primi piani in seguito a movimenti tellurici fuori dalle grotte da cui non ci saremmo attesi che relitti pliocenici o quaternarî. L'aria vi è acre come sempre nei pressi delle cave; e le api in lamina d'oro tentano i fiori già metallizzati». (Ah, poter risentire magari anche il boato milanese della fonderia Leoni dove ribolle l'altare per l'Escuriale, mentre sul Molino delle Armi risuonano e trillano le armature e le spade per Carlo V e Filippo e Rodolfo. Ma la fascinazione della posa marmorea è così forte che quando la mostra poussiniana di Villa Medici espose una dubbia «Annunciazione» ora in Baviera, fu notata con qualche compiacenza un'affinità quasi ridicola con la Santa Teresa di Bernini).

La posizione di Cassiano può risultare interessante per i suoi spazi stretti. Economici: perché un intellettuale di gusto, ma di limitati redditi, deve muoversi fra le intermittenze di un mercato artistico dove non agiscono quasi più i marchesi e principi rinascimentali, però stanno già irrompendo i grandi sovrani europei. E accorgimenti o divincolamenti addirittura perigliosi fra Controriforma e Inquisizione, protestantesimi e libertinaggi più o meno soft, dissimulazioni oneste o disoneste, galileismi o tacitismi scientifici e artistici machiavellici o 'cimentosi' anche se riguardavano «ometti, studietti, coselline», e non solo tarsie o gallerie di rappresentanza. (Si saranno divertiti, quegli Accesi, Acerbi, Animosi, Apatici? Ci si sarebbe scocciati parecchio, fra tanti Infuriati e Insensati e Intronati e Intrepidi così comme il faut?). Poussin dipinge «L'impero di Flora» e «L'infanzia di Bacco» e i «Baccanali Richelieu» in una Roma ove la cronaca 'dépassait' sovente e volentieri la fiction, con gli spunti offerti dai colleghi Artemisia e Caravaggio, il caso Giordano Bruno, e le decapitazioni aristocratiche di Beatrice Cenci e Roberto di Gallese (figlio del cardinale Altemps, fine 'connaisseur' e patrono del Peruzzi e del Leoni, nonché cugino di San Carlo Borromeo, perché figli di due sorelle di Pio IV Medici di Marignano). Stendhal e Artaud ne avrebbero approfittato altrimenti.

Ora, è normale che gli anziani esteti abbiano gusti conservatori: lo si è visto ai tempi delle avanguardie storiche e rivoluzionarie, caldeggiate piuttosto dalle signore salottiere alla moda e dai più avveduti mercanti ebrei. E ancora Haskell riassume le testimonianze su Cassiano: un vieux garçon di carattere freddo e riservato, quasi militaresco invecchiando, con gli occhi chiari gelidi e altezzosi baffi rigidi. (Ma non si trova un ritratto nella pagina con la sua 'entry' nel Lessico Universale Treccani: solo quello del soprano Toti Dal Monte). Per i contemporanei: «un uomo severo, stizzoso e molesto». Come Luchino Visconti coi suoi attori? (Avendo fatto in tempo a conoscere diversi Cassiani, anche piemontesi, si può confermare il 'trend' dalle scapestrataggini giovanili a un benpensantismo passatista e sentenzioso. Ricordo due tratti dei Cassiani. L'identificarsi con le madri aristocratiche, biasimandole perché non rimproverano abbastanza le figlie: «ah, se fossi Mimì, se fossi Lily, la chiamerei davanti a me e direi, senti cara mia...». E il vagheggiamento dei momenti storici irripetibili: «eravamo lì con la Zarina e Arthur Rubinstein e Margot Fonteyn e il Negus... e chi saprà mai recuperare quell'attimo!». Ma Luchino, che aveva fatto la Scuola di Cavalleria a Pinerolo: «Amleto, ho compiuto cinquant'anni, devi tagliarmi i capelli da vecchio!». E tutti i parrucchieri in subbuglio, abituati a tingere d'ogni colore tutti i signori della scena: «Ma signor conte, cosa dice mai, è un giovanotto!». E allora lui gli spiegava paziente la sfumatura alta dei vecchi colonnelli d'una volta).

Forse a proposito di queste saturnine e sornione «macchine celibi», sarà curioso paragonare i Lincei della Roma barocca con gli Apostles nella Cambridge moderna? Analoghe regole: non dovevano essere né ammogliati né ecclesiastici. Identiche strategie e condotte: gerarchie riservate e segretezze rituali, affiliazioni e affettazioni misteriose, cerimonie di conversazione e speculazione intellettuale, etica ed estetica e metafisica, conformismo del non-conformismo nelle liturgie laiche come caricatura o parafrasi delle funzioni più religiose e mistiche. E a Roma c'erano Federico Cesi, Francesco Stelluti, Anastasio De Filiis, Jan Heck, Luca Valerio, Giovanni Ciampoli, Pietro della Valle e Cassiano dal Pozzo, mentre a Cambridge si riunivano Bertrand Russell, G.E. Moore, G.M. Trevelyan, Desmond MacCarthy, Lytton Strachey, E.M. Forster, John Maynard Keynes, Leonard Woolf, Clive Bell, Roger Fry e Anthony Blunt. Il *cult* di Poussin risalta quindi fra le numerose affinità parallele di tali sodalizi. Un fil rouge specialistico da Cassiano a Blunt?

Ma i contenuti del palazzetto di via dei Chiavari (oggi abitato da boiardi di Stato, dicono) vengono rapidamente venduti dai nipoti eredi Boccapaduli. I resti del Cartaceo si trovano a Windsor, e i migliori Poussin in Scozia. (Il notaro dell'inventario romano usò la formula «Si credono del Posino» anche per i «Sette Sacramenti» del duca di Rutland a Belvoir Castle). Mentre 'la' Boccapaduli Sparapani

Gentili «mia singolar Padrona e rispettabilissima amica» di Alessandro Verri giunto da Milano alle Notti Romane fu una rinomata bas-bleu e nave-scuola con 'cabinet' di coralli e conchiglie e farfalle e apparecchietti elettrostatici – e lei effigiata orgogliosa fra le sue cocorite impagliate e i pesciolini rossi, e neanche più un Poussin – nel palazzetto di via Rasella già del monsignore (post-caravaggesco) Biscia; e successivamente di un raffinato collezionista monzese di San Sebastiani poi donati a un istituto germanico fiorentino. Il fratello Pietro Verri, rimasto sui Navigli, si valeva piuttosto dell'analoga Serbelloni Ottoboni – una Boncompagni di Fiano, con un musino affilato francese – in corso Venezia. Donde quei couplet sui «Cari figli...» del Parini, in occasione della separazione coniugale. Ma D'Annunzio, in tutte le sue cronache mondane, ripeterà ossessivamente che la più bella e affascinante dama romana è una Boncompagni successiva, Teresa principessa di Venosa, nata Marescotti. (E le dame del mondo di ieri: come si mangiava bene dalla Ottoboni, aveva il miglior cuoco di Roma).

Gli alti e bassi dei mecenatismi e dei collezionismi si possono riscontrare anche sui prezzi alle aste di Sotheby's e Christie's lungo due secoli, per i medesimi quadri soprattutto italiani e olandesi venduti e comprati parecchie volte per le divisioni ereditarie. E nelle relazioni dei direttori di musei prussiani e bavaresi ai loro sovrani, da una Firenze ottocentesca dove ogni famiglia nobiliare metteva in vendita centinaia di fondi-oro 'fuori moda'. E dove negli atelier degli scultori più alla moda si riuniva la migliore società degli inglesi residenti e di passaggio, all'ora del tè, per ammirare i busti delle cugine in partenza per i castelli scozzesi e irlandesi, e le Belle Addormentate neoclassiche nipotine della Beata Albertoni, la Biancaneve del Barocco pre-Disney. Ma soprattutto nel genere 'pompier' della Royal Academy si verifica sui cataloghi che taluni quadri di vacche al tramonto raggiunsero prezzi ottocenteschi altissimi quando i proprietari godevano dei diritti di riproduzione tecnica dei multipli, e l'abolizione di una certa tassa sui vetri metteva l'oleografia con animali alla portata delle classi più povere, nella 'legatura all'inglese'. Mentre ancora nei nostri anni Sessanta i già costosissimi Alma Tadema costavano meno di duecento sterline, e si compravano i piccoli Burne-Jones in Fulham Road.

Perfino il termine (già desueto) di «cartaceo» sta facendo una inaspettata carriera: supporti cartacei e roba del genere nei linguaggi da ufficio. E del resto qualche anno fa «the Cassiano dal Pozzo Project» esponeva il suo *Paper Museum* con simposi e iniziative e sponsorizzazioni Olivetti al British Museum. Ora lo si ritrova celebrato al Getty: Cassiano pioniere di un gusto storico e scientifico per la documentazione cartacea quale dimostrazione e illustrazione in ogni epoca, in questo ambito «Beyond Beauty» che dai disegni e schizzi documentari naturalmente di Poussin e di altri artisti non solo francesi a Roma e non solo a Roma si estende a ogni forma di attestazione iconografica, come le foto storiche dei siti archeologici egiziani e orientali e greci. Sicché un tale scavo e recupero di forme talvolta sperdute di osservazioni testimoniali 'per memoria', secondo le varie tecniche dello sguardo artistico, possono risultare più interessanti e attraenti delle sezioni attigue coi ricchi acquisti sul mercato: pregevoli busti e vasi, gioielli, statuette, terrecotte, antefisse, 'kouroi' da «ed è subito polemica» (e dunque non più incresciosi ma «sotto i riflettori», secondo il linguaggio dei mercati finanziari).

Eppure sono avvincenti, perché esibiti e realizzati con seducente know-how, anche i settori (presenti ormai dovunque, ma generalmente pedestri e miseri) sulle tecniche delle sculture metalliche. Facce di bronzo bellissime. Con procedimenti di gettate, espedienti di colate, alte scuole di virtuosismi nei metalli battuti e applicati martellando foglie sopra forme. Segmenti poi uniti. Riccioli e capezzoli inseriti. Denti e sopracciglia d'argento (come nell'Antico), occhi d'avorio o pasta di vetro, tette di rame, cazzi non si sa. (E le provenienze? Mah).

Dunque, 'problems' di falsi totali e parziali. Tacche denotanti copie. Tecnologie applicate allo studio nelle datazioni dei bronzi. Marmi grigi in seggi greci dove non sarebbero supposti esserci. Teste scambiate fra Veneri e Lede con sostituzioni di cigni e scambi di delfini aggiunti. Traffici di meduse e polipi con priorità o posteriorità stilistiche. Pettinature di teste imperiali che stabiliscono date irrefutabili, perché le sovrane duravano pochissimo, avevano acconciature precise che arrivavano subito alle periferie dell'Impero, e venivano immediatamente soppiantate dalla moda successiva. Teste marmoree da parrucchiere copiate da David, pieghe riprodotte da Poussin o Dughet. Riccioli romani e drappeggi greci arrivati fino al Gandhara, con belle facce da paraculi mediterranei e bigiotteria indiana da hippies. Tra Eracli adrianei, Lisippi bronzei, erme dionisiache, are afrodisiache, sarcofagi pentelici da Porta Capena e Hever Castle. Menandro, Alessandro, Caligola. Hip. Frammenti giganteschi di rilievi dal Foro Romano, mosaici nilotici come a Palestrina e Piazza Armerina; e fra sirene di terracotta policroma e testoline bronzee di adolescenti gallici 'upper class' e magistrati togati che fanno già Daumier, lo splendore spettacolare dello scudo argenteo di Farnace re del Ponto, battuto da Cesare perché voleva la Paflagonia e la Colchide (già di Medea), ma progenie di quel Mitridate che dispone di compositori come Scarlatti e Porpora e Caldara e Mozart. Scudo sontuoso e narrativo che piacerebbe molto anche a Metastasio, a Calzabigi, a Saint-Saëns: pieno di squisiti mini-cicli narrativi, con spunti e personaggi da melodramma e *tragédie lyrique*. Ma i raffronti e i rammenti lì per lì scattano con quello davvero favoloso e fantastico di Filippo il Macedone fra i tesori di Vergina.

Dunque, un instant-flashback alla sola emozione archeologica europea 'nuova' paragonabile alla 'scoperta' di Persepolis e Angkor Vat dopo le tragedie innominabili che ormai inibiscono le crociere estetiche alla Loti-Claudel-Malraux, per i romantici consumatori degli ellenismi Kavafis-Durrell-Forster, anche alla buona. Vanamente erranti fra Alessandria e Cipro e Smirne e Salonicco. Invano rovistando e ricercando stoffe e spezie e pelli e metalli e gemme non di plasticaccia fra i cementi armati decadenti e i nuovissimi capitelli attici e gli scomparsi bulini e tannini nelle metropoli già bizantine e ora neo-biza. Dove il lungomare d'asfalto rettilineo fra i condomini frananti sarà un senso unico di intasi e pollution parallelo ai budelli interni con le caricature e rovine della Belle Époque mitteleuropea che si inerpicano accavallandosi tra ferri arrugginiti e vetri ad angolo. Con esposizioni di bidet criselefantini sintetici, automobiline a faretti intermittenti, Benetton per bimbi grassi, traduzioni di decostruzionisti accanto all'hamburgeria giovane, neon colorati a zig-zag per far lampeggiare una folgorina da Zeus grunge nel tinello pop. Dove tutte le altre 'etnie' sono state massacrate o espulse nel corso del Novecento tragico, prima del rock unificante.

Ma al Museo di Salonicco, davanti allo splendore dei corredi reali trovati a Vergina nel 1977, si può rivivere intatta la colossale emozione *médusée* del tardo Ottocento filologico e pompier davanti agli scavi di Schliemann a Micene e di Evans a Knossos. Troia, Tirinto, Atridi, Minotauri, tutto Omero più tutto Sofocle, maschere d'oro, la Duse nella *Città morta*, frotte di Elettre ed Elene e Arianne sbattute frementi in diademi e sandali da Hofmannsthal e Strauss fra Dresda e Vienna e Berlino e Monaco e spaventose controversie a Itaca e a Oxford... E invece qui la relazione in poche pagine dell'archeologo scopritore Manolis Andronikos (da cui derivano tutte le pubblicazioni in giro) appare di un understatement fattuale eccezionalmente modesto. Ma i tesori sembrano davvero reali, anche se l'attribuzione a Filippo II, padre di Alessandro Magno, viene proposta come un'ipotesi non perentoria.

La cassetta d'oro delle ossa, pesante dieci chili e intatta in un sarcofago di marmo mai violato, è un oggetto strabiliante perché oltre alle palmette e rosette sui lati e ai piedini da leoncino ha sul coperchio liscio e lucido solo il segno regale e astrale del sole a sedici raggi. E l'enorme corona d'oro che

c'era dentro, fatta di impressionanti rami di quer-
cia con ghiande e posata sulle ossa avvolte nel
drappo di porpora a dischetti d'oro, chi mai avrebbe potuto indossarla, in casa o fuori?

Ecco lo scudo: sensazionale, perché il tondo basico
di bronzo, col suo metro e mezzo di diametro,
sembra pesantissimo e importabile, lo si può solo
appoggiare per terra, mentre la decorazione d'oro
e avorio in un altorilievo molto alto e molto delicato è di una rappresentanza e una raffinatezza fragi-
lissime, con tutte quelle placchettine e testoline.
Guai a lasciarlo cadere, non è massiccio come
quello di Farnace e dopo ogni uscita bisogna ri-im-
ballarlo. Ma gli oggetti elegantissimi del corredo
sono parecchi: brocche e secchielli con finizioni di
testine squisite, una corazza bordata con passama-
nerie d'oro quasi milanesi, lampade ovoidali di un
design quasi giapponese, diademini a bandana da
tennis come nei ritratti reali macedoni di Bosco-
reale.

E sempre una sobrietà grandiosa, da Escuriale quasi egeo, nei manufatti regi e funebri. Mentre proprio qui, nel cratere dorato più grande e bello del
mondo (ma non regio), l'iper-decorazione dionisiaca si sfrena per un metro d'altezza e mezzo
quintale di peso. Naiadi in veli a pieghe vertiginose
come Figlie del Reno di Fantin-Latour con satiri in
full erection e pantere da fontana intorno a Bacco
e Arianna in estasi orgasmica molto espressiva (tipica, per i manuali, dello scultore antiprassitelico
Skopas), e molto affine al Guido Reni sulla medesima situazione al Los Angeles County Museum:
ove lei sospirando volta la testa molto altrove
(bianche vele, mare piatto) con la mano aperta e
pronta ad altezza esatta verso il non molto che Bac-

co nudo e 'ciccio' si accosta a porgerle, tipo «Bambino esiguo». (E qui torna giustissima l'antica invenzione di Günter Rennert per l'*Ariadne auf Naxos* alla Staatsoper di Monaco: quei due costituiscono in realtà un centro-tavola in porcellana di Nymphenburg. Mentre nella più recente produzione alla Komische Oper berlinese la poveretta si lamenta soprattutto perché Naxos è diventata peggio di Mikonos a Ferragosto: una sterminata distesa di anziani gay tedeschi di provincia tutti «molto a posto» con salviettina e giornale).

Ma chi sarà stato sepolto nella grandiosa anticamera della sala funebre di re Filippo, con le ossa lavate nel vino tipo *Eneide* in una cassetta d'oro uguale alla sua, solo un po' più piccola, senza piedini leonini e con un giro unico di rosette, però con il sole reale macedone sul coperchio liscio, stavolta a dodici raggi? (Mentre i dischetti d'oro sulla porpora svanita ne hanno sempre otto, come le bussole sugli yacht?). Non suppellettili da regina, secondo la documentazione fotografica dello scavo; e neanche da signora del demi-monde. Eccoli qui: un paio di schinieri o gambali non di confezione ma su misura, perché il sinistro è più largo e più corto. Una regina guerriera e zoppa? Ecco una gran faretra king-size laminata in oro, sul tipo di quelle che abbondano nelle mostre d'ori traci o sciti, però con scene molto ellenistiche di guerrieri assatanati che massacrano donne disperate (ma «risparmiando gli innocenti», direbbe la Norma) in templi di dèi che ostentatamente se ne infischiano: una presa di Troia? E un mucchietto di strigili: attrezzi da palestra, da pugili.

Il professor Andronikos, erudito in storia locale, rammenta en passant che secondo lo storico Giu-

stino (Marco Giuniano Giustino, autore di scredi-
tate epitomi, da non confondere con San Giustino,
apologeta fra i più seri), la perfida regina Olimpiade seppellì nella stessa tomba l'ex-consorte Filippo
ormai preda di vini e donnacce, e il suo assassino a
teatro (precedente di Gustavo III e del *Ballo in maschera*, nonché del presidente Lincoln). Questo infatti è un assassinio importante, perché è così che
Alessandro diventa re a vent'anni. Altro che gli attentati ai duchi di Parma o Berry.

Plutarco spiega tutto: una deplorevole sequenza di
alterchi fra avvinazzati. Filippo, benché ormai fuori età per congiungersi, incomincia a far singolari
pranzi di nozze con dei suoi omonimi e anche dei
sinonimi: un'amante Cleopatra (che non è ancora
quella d'Egitto), nipote di un Attalo (non davvero
un sovrano di Pergamo, solo un generale macedone sempre alticcio e gaffeur) e altri futuri antenati
dei regni alessandrini. Un giovanotto di famiglia,
Pausania (nome diffusissimo, solo la Treccani ne
elenca sei diversi), per colpa di Attalo riceve lì in
casa un oltraggio vergognosissimo: una 'offesa'?
una 'offerta'? Comunque si arrabbia molto, e subito ammazza Filippo. (Altra versione: era uno di
quei fatui vanesi che ammazzano le celebrità per
diventare celebri. Come gli incendiari di templi
per sport). E qui, certamente Olimpiade lo ha in-
coraggiato col «saranno famosi», ma anche Alessandro non si è comportato benissimo, perché invece di gettar acqua sul fuoco ridacchiava a tavola
citando un verso molto equivoco della *Medea* di
Euripide, circa «chi lo dà come sposo, e chi come
sposa». Pausania (non l'assassino, ma il 'Guide Mi-

chelin' della Grecia antica) racconta che dopo la morte di Filippo il suo bimbo nato da Cleopatra fu con sua madre trascinato da Olimpiade su un recipiente di bronzo, e quivi bruciato a morte. E lì Olimpiade uccide anche Arrideo, che secondo Plutarco era un fratellastro bastardo di Alessandro mai fatto vedere perché un po' tonto.

Ma nelle miniaturine d'avorio di Vergina sono affascinanti proprio i ritratti di questi stessi protagonisti. Gli occhioni sensuali e il collo già inclinato di Alessandro giovane, senza ancora i ricciolini dei busti imperiali. E l'occhio rimasto ferito di Filippo (sempre secondo Plutarco) quando spiava dalla serratura la moglie Olimpiade mentre «tracizzava» con un serpentone «divino» da cui sarebbe poi nato Alessandro (ma parrebbe un'anteprima da cabaret di Giuseppe e Maria). Dunque, guardando la bellezza così calda e accogliente di Alessandro da diversi lati, ci si meraviglia ancora perché sia arrivato quasi casto a un matrimonio poco consumato, anche offendendosi per le profferte d'altro genere, perfino in guerra dove *tout va*, ma contentandosi piuttosto di bere parecchio fin da piccolo parlando moltissimo fino a tardissimo e poi crollando nel sonno: il contrario di andiamo subito a letto, e stasera tocca a te.

Dunque un altro immediato e irresistibile flashback macedone. E proprio su Alessandro, stavolta: alla gran mostra epocale di Salonicco sul trattamento dei suoi episodi e aneddoti da parte della grande pittura. Storie e leggende in una esistenza sensazionale come quella di Gesù Cristo: con le narrazioni di Plutarco e di Curzio Rufo e degli altri efficaci come quelle degli Evangelisti, nel resoconto e nel mito, per diventare illustrazioni disparatissime di detti e fatti mirabili e memorabili vissuti sempre in pubblico fra testimoni che documentano e tramandano, insaziabili e incorreggibili. Esempi e modelli continui di atteggiamenti, comportamenti, risposte e prontezze intelligenti, senza suggerimenti, trovate originalissime di magnanimità e nobiltà d'animo a cui si sarebbero ispirati per sempre gli atti e i motti dei grandi. E una manna per quegli stessi artisti che nei Vangeli cercavano soprattutto lo sketch.

Si incomincia con Diogene che visitato da Alessandro (discepolo un po' discolo del suo fortunato collega Aristotele, le solite beghe fra maîtres-à-penser) non sa dirgli altro che «spostati, mi togli il sole», come una sciocchetta in spiaggia. E col senno del poi, noi sappiamo che il Duca di Mantova risponderebbe «fa' ch'io rida, buffon», perché è il solito spirito da Rigoletto: «del Duca il protetto nessun toccherà». Però Alessandro (che pure era polemico verso Aristotele, perché per danaro pubblicò le loro lezioni private) si dimostra più saggio. Dice forte: «se non fossi Alessandro, vorrei esser Diogene». Tutti lo applaudono, fa una figurona con poco (perfino Umberto di Savoia: «ma che cosa divina, vender motori a Milano in Piazza della Repubblica!»), e fa passare il pensatore per un coglione. Sono prontezze da talk show.

Così il divertente episodio viene trattato con simpatica analoga *verve*, in barocco romano dal Gimignani, in rococò napoletano e veneziano dal Solimena e dal Fontebasso, in neoclassicismo parigino dal Regnault, in boschi arcani da Salvator Rosa, in via Ripetta da Bartolomeo Pinelli, nelle ceramiche marchigiane e nelle figurine Liebig. Il più spiritoso è Daumier, con un Alessandro 'académicien' ma con piume da Mistinguett sulla feluca, e Diogene un clochard con la pipetta sotto un ponte, rinomato per il suo spiritaccio 'bien parisien'. Ma se ci fosse stato anche un Tiepolo, con tutti quei parasoli contro i raggi e i riverberi?

Tiepolo con pennacchi da ballo e Pinelli con cioce da butteri intervengono per il cavallo Bucefalo, mentre il Primaticcio ha una visione aggraziata dell'ippica. Storie ancora giovani e rustiche. Filippo comprava il meglio sui mercati, però questo Bucefalo faceva il matto. Alessandro scommette di domarlo con suo padre, contento per il figlio coraggioso ma preoccupato perché figlio unico. Il ragazzo volta la testa al cavallo agitato, gli parla, lo gira, lo monta, e davanti alla curiosità degli sportivi spiega che l'animale allevato nei campi si imbizzarriva vedendo la propria ombra sul pavimento del cortile. Forse Bucefalo dà il meglio quando galoppa sugli scudi damaschinati delle armerie milanesi. Ma c'è un episodio trascurato dagli artisti: anni e anni dopo tante guerre Alessandro non lo porta più in battaglia, «perché Bucefalo è vecchio e si stanca». (Chi ci vorrebbe? Géricault? Fattori? il Daumier dei Ronzinanti?).

Bizzarro si rivela invece l'«effetto Poussin» applicato dal suo epigono Thomas Blanchet alla coppia Alessandro-Efestione che si consacra con sacrifici simbolici sulla tomba della coppia Achille-Patroclo. Efestione non è diffuso nei musei come l'Antinoo di Adriano, però una sua testa colossale bronzea al Prado lo mostra somigliante a Paul Newman, in bello. Inoltre era più alto e prestante di Alessandro. Si erano incontrati da scolaretti, e di lì per sempre. Ma né Poussin né gli altri maestri romani del Seicento sembrano aver trattato molto questa scena di Alessandro che – contemporaneamente – si identifica con Achille come discendente (le losche vicende della mamma Olimpiade rigirate come un remake delle nozze fra Peleo e Teti), come guerriero invincibile con un Patroclo a fianco e una Briseide dietro e magari un Ettore morto davanti, e col destino importante di chi è caro agli dèi e muore giovane. Blanchet (il dipinto è al Louvre) utilizza tutto il 'panache' della pittura barocca e poussiniana (Sacchi, Zucchi, Testa, nonché Bourdon e Le Brun) e tutta l'attrezzeria romana antica (cippi, urne, tripodi e treppiedi, vasi e vasetti) per questa solenne cerimonia tipicamente greca, coi due che si spogliano grandiosamente nudi senza mutande sotto gli elmi e i mantelli, e «piume in testa, cazzi al vento» sembrano recitare un Muzio Scevola e un Orazio Coclite fidanzati e innamorati in gara per i Trionfi di Mario.

Grandi lodi per la famosa «continenza», come negli arazzi su Scipione che si astiene dal volgarissimo 'trombare' all'italiana. Ma molta astinenza di storici e artisti rispetto alle gare di bevitori organizzate da Alessandro ove la castità sessuale era magari di rigore ma poi molti crepavano per le libagioni, anche perché spesso alcolizzati dai genitori in culla «per rinforzarli», come in Normandia col calvados. E circa la stessa morte di Efestione, le versioni sembrano ambigue. Morto a tavola perché Alessandro ubriachissimo gli tirò un piatto pesante in testa? O questo capitò a un altro amico? O perché in cura per un'infezione intestinale contro i consigli del medico, il dottor Glauco, divorò un pollo arrosto con un fiasco di vino gelato, e dunque Alessandro fece crocifiggere il dottor Glauco perché quella sera era andato a teatro? (Un teatro in zona di guerra: che temi per un Tiepolo o un Otto Dix).

In una zona più fine, sembra viaggiare di quadro in quadro la cassetta ove Alessandro teneva il suo più caro tesoro: la copia dell'*Iliade* regalatagli da Aristotele, che gliel'aveva ricopiata di suo pugno (come facevano T.S. Eliot e Paul Valéry con i mecenati e le patronesse). E in certi casi la cassetta mostra somiglianze intriganti o banali con quella delle ossa di Filippo nelle tombe di Vergina, qualche volta è un baule-armadio, altre volte è talmente piccola che non potrebbe contenere neanche un paperback. Ma le frotte degli artisti si precipitano soprattutto sulla faccenda delle nozze: specialmente dopo il gossip d'autore su un re giovanotto che arriva praticamente vergine, dopo una vita totalmente in pubblico, a un matrimonio di convenienza dinastica (tipo Absburgo-Borbone) con la persiana Rossane.

E prima, dunque, le condoglianze. Proprio qui ci dev'essere dietro l'insegnamento di Aristotele (e la saggezza di Filippo: non badare a spese nell'educazione, finché come Macedoni si viene considerati parenti di campagna o parvenus periferici). Dunque, dopo ogni battaglia grande o piccola, invece di abbandonarsi alla solita strage e al vituperio dei vinti, sempre il galateo delle congratulazioni sportive al sovrano battuto. Come dopo un match di campionato, cose mai viste: con una ricaduta d'immagine ovviamente vantaggiosissima. Metastasio per tutti: nel *Re pastore* Alessandro canta: «Se vincendo vi rendo felici, / se partendo non lascio nemici, / che bel giorno fia questo per me! / De' su-

144

dori ch'io spargo pugnando, / non dimando più bella mercé!».

Lo sapevano bene Perin del Vaga in Castel Sant'Angelo e il Sodoma alla Villa Farnesina, oltre che il Veronese e il Piazzetta. Dopo aver vinto i Persiani (e il re Dario vi ha lasciato le penne), siamo gente semplice, non pomposi come questi Babilonesi, dunque si va a far le condoglianze alla famiglia, a piedi. Lui e l'amico. Ma la vecchia regina madre si sbaglia, e saluta il più grande: Efestione. Fatta notare la gaffe, lei si scusa con Alessandro, che evidentemente le era parso secondario. E lui: maestà, ma questo è un altro me stesso. Non si butta addosso alla regina giovane e alle principesse, benché ovviamente di suprema bellezza (venendo quindi lodato come un «vero signore» perfino da Baldesar Castiglione, mentre per Veronese la principessina più piccola è una bambinaccia grassa che fa smorfie). E prende invece in braccio il bambino, che lo abbraccia senza paura. (Plutarco sottolinea: aveva un sudore simpatico, di un odore talvolta squisito che gradivano tutti). E allora, nozze di pacificazione euro-asiatica: tutti e novanta i generali macedoni, anche Efestione. Questo piace moltissimo a tanti artisti veneti e francesi grandi e piccoli, con variazioni che arrivano fino a Varsavia e Cracovia e alle collezioni di Carol I di Romania (*connaisseur*, perché era un Hohenzollern già studente di storia dell'arte con Anton Springer a Bonn). Anche negli arazzi fiamminghi viene benissimo.

Gran ricevimento di presentazione, dunque; e qui, avanti (oltre al Sodoma e agli Zuccari e al Parmigianino e al Primaticcio) con un sensazionale disegno di Raffaello all'Albertina che viene riprodotto e sfruttato come bellissimo gruppo nudo o vestito nelle incisioni e nelle maioliche e anche da Rubens, in composizioni che per tre secoli continuano ad aggiungere amorini e tavolini e tendaggi e piante d'arredo e verzura e ninnoli. Storia sbrigativa: prima vengono presentate le principesse reali, che non riscuotono commenti. Poi le debuttanti figlie di despoti, di prima e di seconda. Alessandro sceglie subito Rossane, che è la più bella. Non di stirpe importante, gli si fa notare dal protocollo. Ma lui, nato per mettere le cose elegantemente a posto, e con Efestione al fianco: ma io discendo da Achille, un semidio che sposò una schiava e non una principessa. (Cose da Grand Siècle...).

Su Alessandro e le Arti, c'è già tutto in Plinio il Vecchio, e un pochino di riporto nel *Cortegiano*. Basta andare agli indici. Alessandro va spesso negli atelier dei fornitori della real casa: lo scultore Lisippo per i monumenti equestri; e per i ritratti il pittore Apelle, più in confidenza. Durante le pose Alessandro, sempre chiacchierone, parlava d'arte dicendo stronzate; e i garzoni gli ridevano dietro. Ah, ma che atmosfera simpatica, secondo lui. E il Maestro, familiarmente: «tacete, maestà, essi ridono per le vostre sciocchezze». Salvator Rosa ne fa un'incisione squisita: i bambinacci ridacchiano dietro una pala d'altare su cavalletto; e un Apelle-Cavaradossi mette il dito del «sst» sul labbro, di profilo, in un gesto 'classicissimo' fra il Dosso e Guercino. Ma poi c'è una magnanimità alla Luchino Visconti quando Alessandro porta lì la bella Campaspe a farsi il ritratto, e Apelle se ne innamora visibilmente. E allora Alessandro: io prendo il quadro, tu tieni la fanciulla. E tutti: un vero signore. Qui si divertono sia i fiamminghi, sia i manieristi, sia i rococò. Per Sebastiano Ricci sono persone giovani. Per Tiepolo, Apelle è un Rembrandt debuttante, la cortigiana una Cleopatra navigata, e Alessandro un barone-zingaro croato come nell'*Arabella* di Strauss. Ma per Angelika Kauffmann, è un Ugo Foscolo. Daumier è divertente: Alessandro è un anziano Cyrano, e consegna a un vecchietto da fumetti western una vegliarda con tette pendule alle ginocchia.

Le battaglie e i banchetti vanno bene soprattutto nei cicli per Versailles, il nodo di Gordio ispira poco, e purtroppo anche l'elefante del re Poro. Solo in qualche incisione, malgrado la storia deliziosa. Poro era un indiano gigantesco, sempre su un elefante altissimo, molto affezionato e intelligente. Data la posizione, viene trafitto da molte frecce, e sta venendo meno: il buon elefante se ne accorge, lo prende con la proboscide, lo mette per terra e incomincia a estrargli le punte, alla Kipling. Arriva Alessandro per fare le congratulazioni solite, ma lo vede così malconcio che gli chiede subito di cosa ha bisogno. «Di essere trattato come un re» risponde il ferito. Alessandro insiste sui bisogni urgenti. E Poro, prima di svenire definitivamente: «Quando si dice 'come un re', è tutto compreso».

Nessun artista per il grande e impegnativo incendio di Persepolis, forse epilogo di una festa troppo etilica dei soliti Macedoni, comunque eccellente spunto per un «programma iconografico» molto scenografico: le immense travi del Libano che crollano ardendo dai soffitti, lasciando libera la selva di colonne con capitelli a corna di arieti e tori minoici, becchi d'aquila e loti egizi e camelie rovesciate e acanti corinzi... Ma forse solo Sebastiano

Conca si ispira a Giuseppe Flavio per le storie di Alessandro a Gerusalemme. I quadri sono al Prado, e si tratta di un incontro fra due scaltrezze turbate e oniriche, impaurite e diffidenti. Dopo la presa di Sidone e Gaza, terre tra le più infide e mai politicamente corrette, l'Alessandro cesareo alla Metastasio persegue una classica politica matrimoniale da «tu felix Austria nube», fra Maria Teresa e il Congresso di Vienna. Rintracciare i discendenti delle dinastie spodestate e rimetterle sul trono accasando fra loro gli ultimi 'rejetons' delle stirpi infelici. Ma gli alleati fenici e caldei insistono per saccheggiare Gerusalemme, dove il gran sacerdote Gaddus è in difficoltà con gli ebrei più ortodossi perché suo fratello Manasse ha sposato la figlia di un satrapo di Dario, che per di più ha rovesciato le alleanze passando con Alessandro. A Gaddus disperato appare Dio in sogno, e consiglia un cerimoniale di accoglienze «addobbate a festa ma di tipo religioso». Alessandro arrivando ha un'intuizione alla Willy Brandt e si inginocchia (come non ha mai fatto) tra l'indignazione delle truppe che vedono sfumare il bottino. Ma l'astuto macedone: «è Lui! è proprio Lui! lo riconosco, è il famoso Dio di Israele! mi è appena apparso in sogno con questo stesso abito 'giacinto e oro', e mi ha assicurato tutto il suo appoggio per conquistare l'Asia!». Preso di contropiede, Gaddus lo accompagna al Tempio dove gli mostrano il Libro di Daniele che effettivamente garantisce la protezione totale e la vittoria sui Persiani di un greco così e così, buono con gli Ebrei. Tutti contenti, lui approva la libertà di culto, e molti giovani ebrei si arruolano volontari nel suo esercito. Conca dipinge più volte la scena, in un Tempio-bomboniera a palchetti rotondi

pieni di signore eleganti fra colonne ioniche e salomoniche con addobbi di velluti verdi e rosa. Il
'programma' sarebbe di Juvarra, ma Alessandro ha
troppa pancetta.

L'onirismo più visionario si sfrena surreale con
l'entrata in Babilonia e col rifacimento progettato
del Monte Athos. Gare di cocchi ed elefanti e portatori di vasellami dementi fra gli arazzieri alla Le
Brun in competizione coi «Trionfi» di Mantegna e
i 'trips' di Gustave Moreau con fandanghi di magi
e dervisci rutilanti e cavallerie decadenti davanti a
pile di templi rupestri da giungla nera fra Ellora e
Sukhotai e le scenografie di Alfred Roller per *La
donna senz'ombra* a Dresda. Ma la Vittoria Alata di
Moreau a Babilonia è poi la medesima della coetanea (esattamente) Siegessäule guglielmina a Berlino. E risulta ancora più elegante (benché in stucco) il chilometrico «Fregio d'Alessandro in Babilonia» di Thorvaldsen in un'appartata 'Sala delle
Dame' al Quirinale, per festeggiare un'entrata mai
avvenuta di Napoleone a Roma nell'aura dei basso-
rilievi di Canova al Museo Correr: Alessandro (o
Napoleone) alla testa (o in coda) a pastori con
greggi da Arcadia tuscolana, barchette e cavallucci
da Colonna Antonina, leoncini mansueti al guinza-
glio fra vergini 'plissées' che spargono petali come
per la processione di una Madonna...
Con una chicca insolita, per Thorvaldsen: una replica dello stucco originale «in marmo statuario
della prima qualità» per la Villa Tremezzina del
Cavalier Sommariva, «Presidente del Comitato di
Governo della Repubblica Cisalpina e protettore
munificentissimo delle belle arti», nonché scanda-

loso concussore e profittatore di fondi pubblici. Molto giocondo, nel ritratto di Prud'hon a Brera: era di Sant'Angelo Lodigiano, dove i miei cordiali bisnonni dicevano «cativ come la Cabrini» perché la cugina Santa non lasciò buoni ricordi in paese. Ma in compagnia, a Tremezzo, di due importanti Canova: la consorte di Luciano Bonaparte in veste di Tersicore appoggiata a una gran cetra; e un «Palamede» criticato dai contemporanei a causa dei «glutei alquanto gentili». Però l'ospite Stendhal («il y a une frise qui n'est pas mal au palais Quirinal...») fa finta di nulla, beato araldicamente e paesisticamente in barca e in villa e in trattoria – ah, la «leggerezza» di Stendhal... – fra questi «palais» sul lago di Como che fra una darsena e una limonaia e un orrido «se multiplient sur la verdure des collines et se répètent dans les eaux», da Bellagio a Cernobbio: le ville d'Este, Melzi d'Eril, Serbelloni, il Balbianello del cardinal Durini, la Pliniana di Carolina di Brunswick, e questa Tremezzina del Sommariva, «magnifique maison» dove fioriscono tutti i limoni di Goethe, le più celebri azalee d'Italia, gli aranci atavici all'aria aperta... Poi acquistata, coi fregi alessandrini e i cavalli fidiaci e i Canova e le azalee e tutto, per la prima moglie Charlotte di Prussia (donde poi «Villa Carlotta») dal duca Georg II di Saxe-Meiningen, capo del 'ramo Gotha' e Collare dell'Annunziata, ma soprattutto gran riformatore del teatro europeo. E ispiratore di tutti i Reinhardt e Visconti, con la sua celebrata compagnia dei Meininger, di Corte e di giro: non più parapettate di guitti estrosi, ma mobili di palazzo e fiori e fiorini e argenti rigorosamente autentici, e un regista fisso.
In un ducato di diciassettemila abitanti – altro che

Karen Blixen – possedeva anche un'orchestra di Corte che d'estate suonava per Wagner a Bayreuth, e accettò il giovane Richard Strauss ma non il giovane Gustav Mahler come direttore stabile. E fra i Canova della Villa Carlotta, la «Maddalena penitente» fu comprata dal Sommariva di seconda mano (da un commissario francese della Cisalpina). L'«Amore e Psiche» è una copia fatta dal Tadolini, ma gabellata come originale dagli eredi Sommariva per *non* venderla ai milordi inglesi che facevano grosse offerte. E il «Palamede» è rotto e aggiustato perché cadde quasi addosso al Canova mentre lo mostrava al pittore Camuccini nello studio malfermo dietro via Ripetta dove bisognava arrivare in barchetta per una violenta inondazione del Tevere. Qui sono tramandate le battute dell'artista, degne di Paganini o di Verdi: «Poco è mancato la creatura schiacciasse il creatore. Ne farò un'altra, forse riuscirà meglio». Ma quando il Sommariva chiede un taglio nella parcella per la rottura, risponde: «Canova non ribassa i prezzi, farà un'altra statua». (Sono i tratti del genio? Quando gli chiedevano come faceva a comporre tanti Lieder, Schubert rispondeva: «Appena ne ho finito uno, ne incomincio un altro». Ma Canova, ai ministri imperiali: «Li servirò come più le sarà a grado; ma avranno una coglioneria». Sarà il neoclassicismo o il romanticismo? Anche Leopardi, alla sorella Paolina, dopo i «torbidi» del 1831: «i bravi uomini si distinguono dai coglioni nella circostanza»).

Rifare la struttura e l'immagine di tutto l'Athos, una grossa penisola, poteva sembrare un'impresa più azzardosa del Canale di Suez? Macché. A Urbino, quando «il Signor Duca continuamente dopo cena assai per tempo se n'andava a dormire» (come tanti boiardi d'oggidì alle consorti: con quelli lì, ci vai tu), i brillanti amici delle signore spiegavano spensieratamente i progetti d'Alessandro, nel *Cortegiano*: «Pensò di ridurre in forma d'uomo il monte Athos, e nella man sinistra edificargli una amplissima città e nella destra una coppa nella quale si raccogliessero tutti i fiumi che da quello derivano e di quindi traboccassero nel mare; pensier veramente grande, e degno d'Alessandro Magno». Cioè, scolpire un'intera montagna già abbastanza antropomorfica a figura intera seduta, e non solo con le famose teste dei presidenti americani. Il progetto fu attribuito allo scultore Stesicrate, con la motivazione che la nuda roccia resiste mentre le statue in materiali preziosi e dunque venali prima o poi qualcuno le vende. Ma lì pare che Alessandro obiettasse: e allora, perché non anche il Caucaso? Vitruvio spiega invece che lo studio fu messo a punto dal suo collega Dinocrate. E Alessandro giudicò *probanda* la concezione ma non il luogo (perché le provviste potevano arrivare solo via mare). Però si tenne accanto Dinocrate perché bisognava assecondare le indicazioni poetiche su 'Pharos' fornite da Omero in sogno e in versi per la fondazione di Alessandria; e dirigere le impalcature di muratori in festa (almeno secondo l'artista rococò romano Placido Costanzi, per cui le imprese edilizie alessandrine parrebbero complessini canori come in Léger e René Clair).

Il progetto della montagna antropomorfica piace, anche per le insistenze di Strabone. Ma Francesco di Giorgio Martini propone tutto sommato un bronzetto in piedi da fontanella, con una torretta e un catino in mano. E Pietro da Cortona immagina una divinità fluviale bella e sdraiata, col viso d'Alessandro e una cascata da Villa d'Este che gli scende a fianco, non già in mezzo alle gambe. Ma il più geniale è ancora il grande Fischer von Erlach: Alessandro seduto con braccia larghe sul paesaggio, una 'gloriette' di bosco all'inglese che gli sale dietro la testa, un plaid di paesini che gli attraversa il grembo, le gambe che fanno arco naturale sulle strade d'accesso, e file di cammelli sotto che ammirano la meraviglia.

VII

In esterni, al Getty, oltre al muro bianco da New Forum di Nerva, sono sistemati anche nuovissimi archi e bastioni preromani tipo Alatri e Anagni, molto primitivi e forse assurdi come centrini sulle colline terrazzate solo pedonali, dove non occorrono spartitraffico. Anzi sopra la zona Chianti più mossa incomincia a crescere un giardino Moghul come nel Rajasthan. Oh Radda, oh Jaipur.

Aiuolette a disegni da cravatta (paisley) con fiori gialli e piantine grasse, che resteranno evidentemente come adesso. Tralicci metallici a ombrellone, con bougainvillee risalenti, e dunque effetto da ristorante al mare. Alberi poi che si allargheranno parecchio, e forse sbarreranno la vista, perché (come nei giardini all'italiana) il disegno si può apprezzare soprattutto dall'alto. Passeggiando fra le aiuole, l'effetto sarà più da vivaio che da tappeto? (Però anche in un bel giardino laziale, disegnato da un prestigioso paesaggista inglese, le cortine arboree che facevano quinta e cornice per una suggestiva vista a cannocchiale sul lago in fondo sono presto cresciute fino a toccarsi, chiudendo il sipario. Dunque non più *vista*: e allora si poteranno gli alberi come sui lungoteveri?).

Rientrando da queste affollate Udaipur e Jodhpur, dalle vaste panoramiche a picco su Castellina e Greve, gli allestimenti informatici interni propongono grandi e piccole simulazioni molto virtuali e modificabili del Foro Traiano. Evocando (potenzialmente) Apollodoro di Damasco. Che porta dalla Siria la forma della colonna coclide, col rilievo a spirale; e fa venire da Saint-Rémy-de-Provence le maestranze marmorine bravissime, dopo l'ottima prova periferica del Cenotafio ai nipotini d'Augusto. E dopo aver distrutto con successo la Domus Aurea neroniana costruendovi sopra le Terme Traiane, per «damnatio memoriae» monumentale, laterizia. Ma Apollodoro (lo racconta Cassio Dione) finisce giustiziato da Adriano, designer permaloso, perché, richiesto di un parere tecnico, gli osserva che nel *suo* enorme tempio di Venere e Roma (m 145×100), proprio sull'ex-basamento della statua colossale di Nerone, se le due divinità sedute volessero alzarsi in piedi potrebbero batter la testa sul soffitto troppo basso. (Animula blandula? Qui ci vorrebbe un dibattito con Marguerite Yourcenar e Gae Aulenti?).

Ma «un popolo sepolto emerge di sotterra» si ripeteva nella Roma del Cinquecento euforico: quando bastava scavare nel sottosuolo dei travertini e delle vigne per fare uscir frotte marmoree di Veneri, Apolli, Ercoli, Laocoonti con serpenti, ditoni e piedoni giganti, colossali braccia e gambe e teste e gesti imperiali e sconvenienti. Sottosuolo come Subconscio, naturalmente: con profondità oniriche dove si calavano gli artisti più 'maudits' per far la psicoanalisi dell'Opus d'Arte Totale più leggendario come 'rimosso' di Libido e Fantasmi. E quindi riportar su con corde e lucerne i migliori mostricini demoniaco-demenziali. Che poi rianimati riempiono Santa Maria sopra Minerva (giustamente) e Santa Maria del Popolo, e il Vaticano stesso, grazie al Pinturicchio e al Lippi. Ma non solo la Controriforma non ne vuol più sapere. Già Vitruvio giudicava 'immoralista' allontanarsi da una sana imitazione della realtà per raffigurare fanciulli seduti con teste da uccelli in cima a scostumate candelabre. E anche Michelangelo preferì non immischiarsi.

Ma per gli artisti più pazzerelloni del Cinquecento lo shock si direbbe surrealista alla Dalí. Altro che ripetere Vergini e Martiri standard. Soprattutto nei 'privés', la pittura neroniana si rivela molto più fascinosa e più fornitrice di modelli alla moda per decorare ad affresco o a stucco le logge e stufette Farnese e Gonzaga e Chigi e Madama e Bibbiena, dopo l'avventura della calata giù in misteriose viscere e orifizi maledetti, fra complessi infernali di crolli e incendi epocali sulle coreografie e partouzes di un Effimero immortale come Faust e Don Giovanni. Con Tito e Traiano che fanno sfasciare e interrare tutto per sistemarvi sopra – niente in asse con niente! il massimo del vilipendio – i primi bagni pubblici romani, con le cisterne delle Sette Sale a cura del supremo Apollodoro. Una struttura di servizio sopra un'ex-reggia-museo! E ancora più tardi, con le truppe napoleoniche, una *cartoucherie* con *salpêtrière*, e le vasche per estrarre il salnitro dagli scoli escrementizi delle attigue caserme e stalle, oggi istituti architettonici. Mentre il Duce fa ricoprire quei resti di colli fatali col giardinetto che riempie e annulla anche le Terme, e il Viale del Monte Oppio che le taglia dritto e di parata come la Via dell'Impero lì sotto per le sfilate coloniali col fez in testa e le toppe al dietro.

Sventurate grottesche. All'Escuriale si conservano i fogli fondamentali di Francisco de Hollanda, che verso il 1540 riproduce con esattezza in acquarello soprattutto i colori degli affreschi di Fabullo, o Famulo, pittore-capo di Nerone nella «volta dorata» e nei saloni. «Solenne e severo ma anche brillante e fluido» secondo Plinio il Vecchio. Celebrato perché dipingeva figure che parevano seguir tutti con lo sguardo ovunque si spostassero. Ma pieno di sé: dipingeva solo in toga, roba da De Chirico. E lì è soprattutto affascinante confrontare questi rossi ancora accesi e i verdi-blu pallidi con le trattazioni di Plinio e Vitruvio sulla preparazione e applicazione dei colori naturali e artificiali nei diversi paesi antichi: ocre gialle e rosse, terre austere o floride, indaco di vinacce, schiuma di porpora, sterco di colomba, oro cotto, succhi d'erbe per gli effetti di finta malachite... E quante figurine leggiadre su palchi teatrali fra animali volanti (si vedevano fino a pochi anni fa), in quella volta dorata di Fabullo.

Anche i panorami di passaggio, come a Pompei, nei disimpegni di servizio. Le prospettive urbane a volo d'uccello secondo la pratica scoperta (per Vitruvio) dallo scenografo di Eschilo, Agatarco di Atene. Molto apprezzato anche da spettatori come Democrito e Anassagora per avere applicato sulla scena certe leggi naturali della vista per cui le linee e i piani possono dar l'impressione di avanzare qua e arretrare là, secondo coordinate centrali e laterali. Ma anche parecchi colleghi pittori e architetti non 'grotteschi' sarebbero contenti, giù alla Domus Aurea man mano scavata. Palladio: «quel ponte colonnato e coperto lo conosco bene, è il mio progetto non accettato per Rialto, poi realizzato in piccolo in qualche villa inglese». Mantegna: «quella zona grigioverde superiore oltre le mura non è un fiume né un prato né un cielo, è il lago di Mantova dietro la mia Morte della Madonna». E Carpaccio: «le solite valli da pesca sotto le terrazze delle mie signore; con Hemingway che arriva dietro al fiume e agli alberi». E perfino Masaccio: «riconosco una per una le finestrine dei miei stabili medioevali nella Cappella Brancacci, chissà se anche questi ci mettevano un fiore in vaso o uno scimmiotto». (Però Masaccio lettore di Panofsky: «... e non trascuriamo quella lezione di architettura antica che è il trono a *scaenae frons* della mia "Madonna" di Londra, con le stesse colonne corinzie e composite che voi fotografate anche a Efeso, dove peraltro la Madonna morì»).

Addirittura taluni eruditissimi barocchi fissati sulle ricostruzioni immaginose e ipotetiche dei palazzi dei Cesari potrebbero osservare che nei resti della *salpêtrière* basta esaminare da vicinissimo un certo quadriportico affollato di statue dorate ed enormi ninnoli come nel più sovraccarico Piranesi: addio alla *frugalitas* e alla *sobrietas* di Cicerone e di Tacito. E un muro di fondo al teatro, con una cavea in bianco già ricoperta dai tendoni contro il sole (per cui si pagava un supplemento), viene subito riconosciuto da chi è stato al festival di Orange, nel teatro romano con gli arconi ciechi e i portichetti sotto; e tutto lo spazio raccomandato da Vitruvio per contenere non solo i macchinari scenici ma anche il pubblico in caso di pioggia. E il piazzaletto per sgranchirsi dopo «il piacere dell'immobilità» e i miasmi entrati nei pori. Ma a certe strane campane o campanule, davvero mai viste neanche in Russia o in Oriente, e in una cerchia muraria dove tutte le torri sono correttamente quadrate in serie, non ci ha pensato neanche Altdorfer! Forse però, grattando grattando, potrebbero affiorare le

158

figurine che piacevano a Plinio: pescatori e ven-
demmiatori fra spiaggette e canali e boschetti magari sacri, le signore che arrivano in villa strillando
in groppa ai facchini sulle pozzanghere...

Ecco, si sente inevitabilmente un pochino che sotto tutti i travertini del Getty in fondo mancano
proprio questi sottosuoli 'exquilini'.

Quassù, sotto torrioni e torrette in travertino, con
passaggi interni sopraelevati a ponte, come alla Rinascente, e belvederi di travertino e vetro e metallo sull'autostrada, vige nel Restaurant tutto un minimalismo di severità asettica e chirurgica, o radio-
logica. Il piatto forte sembra una specie di murale
tipo silkscreen fra mixed-media e large-scale sulle
tematiche del Gusto, di una pensosa artista di qua
che si chiama Alexis Smith come quella signorile
diva minore della Warner Bros (anni Quaranta)
poi ripescata da Hal Prince per *Follies*, il musical
sulle vecchie glorie del musical che rievocavano se
stesse in un fatiscente music-hall abbandonato... E
l'allestimento o installazione inaugurale celebra le
varie ideazioni e progettazioni di questo murale
medesimo: come (poniamo) quando si apparec-
chia una celebrazione centenaria del Tiepolo raccogliendo tutti i suoi disegni e le maquettes per lo
scalone di Würzburg sotto la cupola stessa. E si
mangia fra i preliminari e i prototipi, con un servizio e un cibo che fanno ricordare con perversa tenerezza il Grand Hotel riaperto a Berlino-Est negli
ultimi anni della DDR. Con tutto l'arredo evidentemente prodotto dai giapponesi in base ai vecchi
film dell'UFA tipo «telefoni bianchi» con Zarah
Leander e Marika Rökk. Mentre il personale, per-

fetto come dal dentista, appariva addestrato probabilmente da teleschermi con programmi sui cibi e le posate e i gesti dell'altro ieri non più tramandati per esperienze dirette ma (a causa della storia e della sociologia) appresi nuovi in video come gli accorgimenti specializzati per le malattie inedite.

E le famose sale rococò, già dentro la villa pompeiana? Le collezioni di roba francese squisita e galante – tipo Musée Carnavalet o le donazioni Wrightsman al Metropolitan – ora appaiono sistemate non più dietro i propilei e peristili marmorei come a Malibu, ma in deliziose salette grigioazzurre sotto e sopra gli accumuli di ballatoi e gazebini travertinici. Fuori, in esterni, par di avvertire un accanimento di capimastri e geometri per rabberciare le aggiunte e modifiche. Dentro, il Gusto Parigino prosegue indisturbato e imperterrito a elaborare le cineserie e le civetterie greche o egizie o etrusche indipendentemente da ogni vicenda politica tra la Reggenza e la Rivoluzione e il Terrore e l'Impero.

Tra i raffinatissimi mobili, anche eccellenti quadri da arredo: aura da diligenti precursori o adepti di Renzo Mongiardino e Lila de Nobili. Interior decoration da «casa vissuta» con illimitate possibilità, e committenti intenditori: belle vedute napoletane di Volaire, con la Gaiola; e un amabile panoramino di tazze da colazione elegante e 'casual', di Liotard. Anche un Perseo dietro-sofà di S. Ricci e una Medusa sopra-camino di G.M. Crespi: teatrale, melodrammatica, praticamente un contralto in pensione. E una impeccabile «sala Ledoux», invivibile come un foyer politico, malgrado le diligenti specchiere a serliana fra vedute catastrofiche di demolizioni dei 'Faubourgs'... Perfino un bozzetto di

Maulbertsch, davvero inopinato qui fra Dubarry e Malibu, lontano dai suoi deliranti soffitti boemi e austriaci, con quei tiepolismi e piazzettismi così frastornati e frenetici. Accanto a una vera 'folly' travolgente e gaudente di sensualità libertina: un «Baccanale» del Magnasco, con una Venere turbinosa à coup de vent, fra scomposizioni e scompostezze addirittura allucinogene in un espressionismo settecentesco sorprendentemente punk.

Anche per un habitué désabusé delle sue zingarate e fraterie, sensazionali versioni 'splatter' dell'Attimo Fuggente, della Fuggevol Ora, di «una botta di stocco nel zig zag / del beccaccino / e si librano piume su uno scrimolo»... Ma che autentico squisito talento di gran regista d'opera-ballo: quando nei «Ritrovi di soldati e zingari» e nelle «Clausure di monache» e nelle «Processioni di cappuccini» si riconoscono le più efficaci messinscene della taverna di Lillas Pastia con Carmen e le sue accolite e il Dancairo e il Remendado e i coristi e le comparse e il corpo di danza; o il coro delle tessitrici all'arcolaio nell'*Olandese Volante*; o gli andirivieni dei monaci trafficoni nella *Forza del destino*. E addirittura nell'*Attila* di Solera-Verdi ove in «una scena ingombra di Unni, Eruli, Ostrogoti, ecc.» a un tratto «entra un Coro di Eremiti». (Come forse solo nell'immortale *Winter's Tale*: «esce inseguito da un orso»).

Certo, c'è soprattutto un eccellente gusto 'pulp', in questo esperto di tormenti. Con precedenti gustosi e autorevoli: il Tiziano 'noir' del San Lorenzo strapazzato e del Marsia scorticato. E le 'ecstasy' febbrili di Francesco Cairo. Con gli assortimenti di 'tentazioni' sculettanti per lubrichi vegliardi; e i Cristi portacroce anticipatori di James Dean «portacenere umano» nei celebrati sadomasoclubs. Spesso gli sbudellamenti di Sant'Erasmo e altri ammiccano già alla voga del cinema 'uso Tarantino'. Ma per Magnasco sono specialmente 'super' le spropositate messinscene carcerarie di interrogatori e torture: altro che gli eccitanti «prison movies» della nostra infanzia, o le sevizie tra marines masochisti che hanno entusiasmato le generazioni più recenti.

Strazi e supplizi che piacciono sempre. Galeotti malmenatissimi nel porto di Genova: altro che gli schiavi frustati nei film di «peplo & toga». (E sotto la Lanterna, poi). Arrivi di prigionieri a carrettate: altro che i successi di cassetta sulle nequizie delle SS nei Lager; altro che tutti i vari Eschili e Shakespeare e Strauss con spietati aguzzini in cuoio sado-maso-dark anche a Micene. O i video di *Fidelio* (con Bernstein, a Vienna) dove tra Florestano e Leonora si riconoscono le stesse manette di nappa nera e chiodi acquistate dalle coppiacce nei pornoshops e lodate dalle croniste di moda come provocazioni nei défilés di successo. E per i piccoli fans manzoniani della *Colonna infame*: ecco il detenuto sollevato con le braccia sempre più slogate dai «tratti di corda» dietro la schiena, ma con le ginocchia rattrappite come se gli facessero delle cose anche ai piedi. E intorno, altri prigionieri tra *Fidelio* e *Tosca* con ceppi uncinati ai polsi, alle caviglie, al collo, alle tempie, ecc.

Sarà poi vero che il Magnasco intendeva unirsi alle denunce Verri-Beccaria contro le torture milanesi? Come i clienti del Pitocchetto che ordinavano quadri di pezzenti per solidarietà con i disgraziati bresciani? E magari il Piranesi delle «Carceri» si sarà proposto una riforma carceraria in favore degli stupratori e terroristi pentiti e impuniti? Ma il massimo «Carcere» del Magnasco deriva dalle acqueforti di Jacques Callot, che fra le «Misères de la guerre» mette «L'estrapade», cioè il supplizio della corda, fra gli Orrori 'grandi' (come quello della ruota), su vaste piazze e fra numerosi pubblici. Mentre (chissà cosa avrebbe detto Goya) sistema «La devastazione di un monastero» fra gli Orrori 'piccoli'. Marc Fumaroli cita invece il Céline di *Mort à crédit* per intendere l'ironia nera di Callot in un secolo religioso e luttuoso dove la «grottesca» può rivelarsi uno specchio del *desengaño*, sul cammino della conoscenza spirituale...

Però le stesse torture del Magnasco, in un medesimo carcere chiuso e con una stessa finestra che viene dal Raffaello della «Liberazione di San Pietro», si trovano già in due analoghe opere di Giulio Romano. Ma con significati molto diversi per gli incatenati, il sospeso, il sepolto vivo, i rassegnati in ceppi. In una incisione (al Gabinetto Nazionale delle Stampe), l'iscrizione latina dice: «Reatus diverse, acriterque Julij Cesaris Imperatoris iustitia torquet». Cioè, «Law & Order». Invece, in un affresco mantovano nella Sala dei Venti al Palazzo Te (con le influenze dei segni zodiacali), E.H. Gombrich spiega che questa immagine simbolica illustra influenze astrologiche pessime: Arturo calante, in presenza di Saturno con Mercurio, fatalmente produce individui spinti dall'invidia ai peggiori delitti, e quindi rinchiusi in orride carceri, avvinti da catene terribili, e lì condannati a perire fra i più atroci tormenti. (Senza che i testi astronomici del 'programma', Manilio e Firmico Materno, si sbilancino sulla giustizia o nequizia del *pulp*).

Ma in questi «Baccanali di Los Angeles», niente

carceri e niente frati. Bacchi e Veneri deliranti su cocchi di Cupidi *dark* e leonesse *hard*, con ninfe flautiste e satiresse tamburelliste e satiri o demoni cornisti che volteggiano e folleggiano procaci e lividi fra bagliori sudati e villosi di stracci muscosi e statue viventi e tremende rovine di propilei molto cadenti e frananti: comportandosi come teppisti fuori di sé a un pericoloso «Ballo Tiepolo» a Malibu... Dove mancherebbero solo Kubrick e Stroheim con la «Giuditta di Sarasota» e l'«Erodiade di Boston» del preoccupante Francesco Cairo?... Forse un «Trionfo di Venere» così *estremo* può soprattutto evocare l'omonima 'folly' di Carl Orff messa in scena da Karajan e Tatjana Gsovskij alla Scala negli anni Cinquanta coi *Catulli Carmina* e i *Carmina Burana*, e gran sfarzo nel macabro da rivista alla Max Reinhardt. (La Gsovskij era un'esperta russo-berlinese di visioni infernali anche per Hermann Scherchen, dal *Macbeth* al *Doktor Faust*).

Ma in questi musei tipo Getty il *flâneur* deve poi lavorare più di un metalmeccanico d'altri tempi, se vuol tener dietro alle Iniziative, ai Coinvolgimenti, agli Eventi. Altro che divertirsi, qui si sgobba.

Conferenze su «Communicating Culture» e «Managing Digital Continuity», programmi per bambini, congressi per insegnanti, festival all'aperto per tutta la famiglia, weekend in inglese e in spagnolo. E oltre ai molti progetti per le diverse comunità, infiniti incontri e adunanze sui problemi della Conservazione e dell'Interpretazione: mortalità e immortalità nell'eredità culturale dei secoli passati, e del nostro; con tutte le varie mutazioni delle credenze nelle pratiche e nelle soluzioni, in

situazioni transitorie o ibride... Riti e miti e fantasmi e maniere fra centri e periferie secondo i vari
punti cardinali e spirituali... Costruzione di significati storici e contemporanei nelle Humanities
fra partecipazioni e comparazioni di citizenship e
partnership e combinazioni di internships assortiti
secondo gli sviluppi e i problems demografici e
tecnologici... Non solo Arte.

E il Museo riflette molto sulla propria storia, intanto, e anche sulla storia della Villa dei Papiri che gli
fece da mamma, mentre il Ristorante continua a
meditare e ponderare sui significati multipli e le
associazioni eclettiche del Gusto. Con camerieri
compunti e ieratici che fra i collages parietali de-
costruttivi recitano elenchi di piattini e vini da fast
food come se fossero indicazioni bibliografiche, e
portano le insalate con nomi di Sinfonie come se
servissero il Santissimo.

Così la vera *jouissance* profonda si sperimenta infine (prenotata e riservata) lungo uno schema vi-
scerale-discenditivo come la rampa cocleare di
Wright al Guggenheim. Giù per un mini-Colosseo
sempre più post-dottorale man mano che si cala su
una piccola rotonda interna, aperta, con molto vetro e molta luce. Siamo nel grembo del Research
Institute, già diretto da Salvatore Settis.

Posti prenotabili per macchine molto celibi: espli-
citamente deliziosi per la concentrazione 'single'
e la riflessione 'certosina', fra scaffaletti persona-
li attrezzati, convergenti a fissare il centro luminoso dell'aiuoletta: in fondo a questo imbuto o cratere giace una cosa tondeggiante, un 'cretto' ipnoti-
camente e improbabilmente Zen. Ma trattasi di

una composizione effimera in carta deperibile e riciclabile dell'artista Andy Galsworthy specializzato nelle creazioni caduche di legna e ghiaccio.

Dietro e sopra, scaffali mirabili per una consultazione totale e facile di tutte le 'fonti' desiderabili. Qui la campagna degli acquisti è stata evidentemente profondissima. Guardiamo per esempio il settore italiano: tutti i cataloghi vecchi e nuovi di tutte le raccolte anche provinciali e poco ricordate. Negli allestimenti antichi e negli attuali: la Malaspina di Pavia, le annate completissime degli annuari storici delle pinacoteche di Padova, i 'regi' cataloghi esauritissimi compilati da Longhi e Brandi e Pietrangeli giovani. E lo stesso per Caen, Digione, Nancy, ovunque. E una ricchezza assoluta di collezioni di periodici francesi e tedeschi e inglesi e austriaci entro pareti automatizzate con ringhierine antiterremoto. Viene una vertigine, fra questi legni chiari così gradevoli, dove l'amabile acero fa ton-sur-ton terso e limpido accanto alle pareti pallide: ah, avere avuto a disposizione tutto questo nell'età formativa (Tantalo). E anche un'improvvisa tenerezza, scoprendo gli spaghi e cordini tesi davanti ai volumi negli scaffali aperti: accortezze antisismiche, manuali, perché ad ogni scossa tutti i libri cascavano, e bisognava continuamente risistemarli nell'ordine alfabetico o cronologico o warburghiano (Sisifo).

Nel complesso della struttura e dei disimpegni, anche questo edificio non appare brillante o attraente. Può forse ricordare le sezioni della grafica e delle arti applicate nel nuovo Kulturforum prussiano a Berlino: grandi costruzioni dispendiose e scolastiche in base a concorsi e progetti supponenti e impegnativi. Ma quale immagine ultima: un che di rimediato e compromesso, come una ristrutturazione di preesistenze faticose. E la domanda assillante, spesso abbastanza angosciosa in Germania ma addirittura tragica nella nuova edilizia monumentale a Pechino: con quale 'mente' è possibile non solo concepire ex-novo ma specificare fino ai capitolati d'appalto e ai dettagli d'impresa un'accozzaglia così imponente di 'intorcinature' orrende e scomode. Come se edificando i grattacieli futuribili sulle voragini e i drenaggi si fosse dovuto tener conto di tutto un ingombro concettuale insolubile di troni e tavolini e lanterne e paraventi e sgabelli e rocce traforate ornamentali e show-boat in finto marmo da giardinetto fra colonne dipinte da «cibi cotti» e chioschetti di rospi di pietra per i birignao sui salici piangenti al crepuscolo nella pozzanghera assolutamente non spostabile... Magari anche con cerimonie di tè giapponese: nel mio-mao delle geishe per terra fra piedi stanchi in calzini fetidi («le scarpe, in anticamera!»), invece di uno champagne senza cerimonie fra Guercini e Giampietrini e Grechetti e terrazze con vista su fontane e giardini e cupole.

Però le raccolte di questo «Getty Research Institute for the History of Art and the Humanities» sono affascinanti, giacché senza economie vengono ammassando una sconfinata documentazione sulle tecniche e pratiche artistiche: manuali e ricettari delle botteghe, e testimonianze su ogni attività relativa. Commissioni, contratti, lettere, vendite, passaggi di proprietà, rapporti d'affari e di mestiere. Schizzi, disegni, correzioni e pentimenti e ripensamenti di progetti, appunti, ricette. Dunque, documenti spesso 'artistici' di per sé, oltre che di immenso interesse storico e critico. E inventari di collezioni e mercanti, registri di transazioni e prezzari antichi e moderni a Bologna, Parigi, Vienna, forse anche sovente acquistati in blocco; e magari per poco.

Le esposizioni inaugurali hanno festeggiato l'Arte Incendiaria: le rappresentazioni dei fuochi artificiali nell'Europa neomoderna, celebranti nascite e matrimoni e incoronazioni ed entrate solenni con Monti Parnasi e Palazzi d'Alcina e Fatiche d'Ercole e Paci d'Aquisgrana e Clemenze Incoronate dalla Giustizia fra obelischi fioriti e getti d'acqua colorata a Versailles e Francoforte e Anversa e Nymphenburg e Urbino e Stoccarda e Meudon e San Pietroburgo e Strasburgo e Düsseldorf e Regensburg e Londra e Dresda e alla Trinità dei Monti. Con spettacolari eruzioni del Vesuvio a Mosca e in Slesia, per le vittorie imperiali sopra le eresie o il Turco, per i passaggi delle LL. MM. delle Due Sicilie a Bologna, le nozze di Luigi XVI e Maria Antonietta nonché di Napoleone e Maria Luisa, le feste della Chinea a Roma... Cioè, sempre la pratica della Maraviglia Popolare come strumento di esaltazione politica. (Se ne sono viste alcune stampe anche alla mostra Fiat del Barocco a Stupinigi: ma limitate a uno spettacolo pirotecnico all'Aia nel Settecento. Organizzato da un generale d'artiglieria, senza Bernini né Barberini né Sublime di massa).
Dunque ormai un gaudio retrospettivo per quando si usava comprare quelle incisioni talvolta colorate a mano dalla bravissima Querzola al Babuino:

ancora negli anni Sessanta, insieme alle Cuccagne del Regno di Napoli con cacicavalli e prosciutti e fontane di vino sopra San Francesco da Paola, alle decine di tavole della scherma brandeburghese di Corte con le mosse per cavare un occhio oppure l'altro all'avversario, ai guerrieri 'tipo Goltzius' e porporati araldici con le colossali prosapie del Sacro Romano Impero e della Santa Romana Chiesa prima d'ogni Almanacco di Gotha...

Qui si festeggia inoltre con magnifica documentazione tutto il Gusto delle Rovine. Ma non già le solite recite imbranate e sovvenzionate fra macerie e discariche. Dilettanti sì, però 'beautiful'. E i ruderi, anche. Eleganti parties di dame e milordi fra scavi e rinvenimenti adrianei. Picnic a lume di fiaccole di illuministi cosmopoliti nelle catacombe e nei colombari sotto l'Appia. Inviti alle esumazioni, discese fra le mummie, traversate desertiche a dorso di cammello. Pose fotografiche storiche a Olympia, Abydos, Angkor Vat, senza nessuno; e davanti alla Sublime Porta fatiscente. Gai e spensierati itinerari: l'abate geologo Antonio Stoppani (*Il Bel Paese*), col Proposto di San Fedele e il Prefetto del Santuario di San Celso, e alcuni Canonici di San Babila, Dottori della Biblioteca Ambrosiana, Coadiutori di San Calimero e Santa Maria alla Passione e San Francesco da Paola, alla scoperta della *Fisionomia naturale e psicologica del Bosforo* con *Gite di piacere in caicco* lungo *Le correnti marine tra i mari comunicanti* e le *Satolle di cose in prospettiva a precipizio* con *Proposte semiserie di un nuovo sistema sociale a base cagnesca*. Studiando le formazioni calcaree cretacee, i fenomeni della mummificazione naturale, i singolari casi del «turco marrano», le insolite manipolazioni subite al bagno turco, e da raccontare ai lettori della «Perseveranza»... E le giravolte con cadute da cavallo per sorprendere alla finestra senza veli le donne degli harem richiamate dallo zoccolìo dell'allegra carovana, che in quelle «stalle di lusso» va a domandare ai vecchi eunuchi superstiti dove cacavano le sultane... E naturalmente il «fascino» delle catastrofi – tipo il Terremoto di Lisbona – particolarmente «indiscreto» in terre sismiche...

Appassionati assistenti ghiotti di microstorie artistiche anche folli sciorinano sui tavoloni allettanti 'new entries': le varie piante di Sant'Ivo alla Sapienza, naturalmente di pugno del Borromini; i ritocchi alla Cappella Paolina, progettati dal Piranesi; i dettagli per le maestranze del bucintoro di Papa Innocenzo XII. Un taccuino di viaggio di Giulio Parigi, con i disegni dei paesaggi da Firenze a Roma. Un album di ritratti del Passarotti, dalle tombe dei giuristi bolognesi in San Domenico. Foto archeologiche ottocentesche delle rovine azteche, zapoteche e Maya. Bozzetti di monumenti novecenteschi di Giulio Bargellini. Un album di disegni architettonici di illustri artisti che hanno ripetutamente ritratto il portale di Villa Mondragone con gli spiritati draghi borghesiani. E pacchi d'album di allievi di Villa Medici, con schizzi romani scatenati «sur le motif», a partire da un David tutto trips di monumenti equestri muscolari e nudi, da titani quotidiani in piazza.
Ed ecco un repertorio del Marinetti 'olfattivo': una farmacopea di aromi industriali e orientali per garçonnières di madame futuriste in odor di café-chantant «Grande Italia». E il Kaiser-Friedrich-

Museum, com'era ordinato e decorato «alla fiorentina» sotto la direzione del Bode. I progetti del Corbusier per un gazebo sul lago di Zurigo, di Francesco di Giorgio Martini per sollevare carichi pesanti, di Tommaso Conca per la sala egizia di Villa Borghese, di J.M. Gandy per un *Antonio e Cleopatra* da rappresentare a Londra nel 1820 in stile già fra Arrigo Boito e De Mille. (Lo si osservò alla magnifica «Egyptomania» al Louvre: le invenzioni anche orientalistiche sublimi appartengono a quegli anni, poi si riciclano nella pratica). Cuccagne quantitative e mangerecce per il popolino romano settecentesco e di sempre. Feticisti e travestiti vietnamiti, fotografati da curiosi medici navali della Belle Époque; e mandarini pechinesi cenciosi e luridi. *Storyboards* di Hans Richter per film di animazione dadaista. Registri di galleristi parigini longevi con tutti i prezzi per le vendite ai privati e al Louvre. La rinomata ditta Goupil, coi suoi impiegati, i fratelli Van Gogh. Gli appunti di Kandinskij per i vari corsi al Bauhaus.

E che mare di lettere. El Lissitskij e Paul Signac mandano a Théo van Rysselberghe e alla moglie i disegnini delle opere in corso; Bartolomeo Ammannati si rivolge a un provveditore di Cosimo I circa il marmo e i soldi per la fontana del Nettuno; Sir Joseph Duveen si adopera per la vendita e la sistemazione del «Blue Boy» di Gainsborough a un magnate di Pasadena (lo vediamo domani), Lazara & Calzetta (chi saranno?) si accordano per un «molino sacro» con Trinità e Pietà e Annunciazione in Sant'Antonio a Padova, nel Quattrocento... E dal soppresso seminario di San Michele di Murano, diciottomila lettere di eruditi: almeno la metà fra gli abati Sabbioneto e Schioppalalba, su edizio-

171

ni di classici, raccolte numismatiche, antichità bresciane ed etrusche, poesie agronomiche... Ecco anche un manoscritto di Ceccardo Roccatagliata Ceccardi...

Qui si potrebbero certamente appagare chissà quali curiosità molto locali, parrocchiali, maniacali. Per esempio, Pavia dev'essere stata divertente fino al Quattrocento, quando vi abitava Lorenzo Valla e vi ambientava quel *De Voluptate* che è un eccellente pendant umanistico del *Piacere* dell'Imaginifico. Amici e colleghi che «piacevoleggiano con urbanità» e sanno a memoria tutti i classici anche ricercati e minuscoli: Candido Decembrio, Catone Sacco, Maffeo Vegio, il vicario papale Bernerio, fra Antonio da Rho detto l'Isocrate francescano, il dottor Giovanni Marco proclamato l'Esculapio ticinese, il promettente Antonio Bossio junior, l'autorevole Panormita che compone l'elegante pornografia catulliana dell'*Hermaphroditus* per i dopocena intelligenti di Cosimo il Vecchio. E si sentono in giro gli accademici spensierati, i latinisti ironici, i grecisti goderecci; e gli ultimi cani e struzzi araldici per i miniatori viscontei e sforzeschi, «lussuosi» fino agli arbusti e bruchi più tardogotici. Fino alla «fantasia aculeata» e all'«estro furioso» di Belbello da Pavia (condannato per sodomia in contumacia).

«Rumore di baccanali. Materialismo che si chiamava cultura, arte, erudizione, civiltà, bellezza, eleganza. Ipocrisia e corta intelligenza. Così si viveva tutti in buon accordo e allegramente» (De Sanctis). «Una città tumultuosa e faziosa ma viva. Per la più corposa scioltezza degli ambienti pavesi» (Garin). Ma intanto, man mano che la serata «ticinensis» del Valla procede con successo, tutti giù in cantina, con bicchieri sempre più ampi. «Perché come l'infanzia dà il dono della parola molto prima del gusto del vino, piacere che ci rende superiori a tutti gli animali, così la vecchiaia ti può togliere il *sermo*, giammai il *bene bibere*, lo dice anche Terenzio. E perché mai ci diverte di più fare le porcherie con le pudiche vergini e le onorate santocchie, e ci eccitano più delle prostitute anche bellissime e abilissime? Le mele rubate sono sempre più gustose di quelle in vendita! Ma è deplorevole che abbiamo succhiato tanto amore per i vizi insieme al latte materno. E infatti la colpa dei vizi non va data a noi ma alla natura: *nequaquam nobis sed naturae vitium dandum est*. Come sostiene l'ottimo Quintiliano: la *voluptas* dell'*amor contumeliae* consiste nell'*inquinare honesta*. E il sommo Cicerone: la *libido peccandi* si diletta anche nel peccare senza causa, *peccare etiam si causa non esset*. Ma non è davvero maligna una natura che ci fa *erumpere in risum atque cachinnum* davanti alle fatuità e oscenità e scemenze altrui, e ci fa provocare l'*atram bilem* degli altri *per iocum*, sicché *magis gaudeamus quanto magis hominem in furorem accendi viderimus*?... O definire stolta la Natura non sarà una stoltezza tipica dei più stupidi?...».

Solo fin verso il 1470, però. Poi le mode cambiano, la patria delle Muse diventa piuttosto Ferrara, non si fa più probabilmente gli spiritosi a tavola su Lucrezia e Didone e Pasifae e Carneade e Diogene, ricordando con Lucrezio che la Voluptas è Dux Vitae malgrado le «tortuosissimae et perplexissimae quaestiones philosophorum». E anche i libri di versi latini à la page tipo l'*Eroticon* di Tito Vespasiano Strozzi vengono prodotti e illustrati presso gli

Estensi. Presto Isabella d'Este non avrà più occasione di sorridere sui cambi continui di colore nei capelli di suo cognato Ludovico il Moro e dei suoi signori ai pranzi: tinture o parrucche, per quei milanesi? Finiti i ritratti ducali ingioiellati fino ai cani di corte, alla Certosa di Pavia; e (tra francesi e spagnoli) finito il ducato.

Però ai primi del Cinquecento nel *Cortegiano* si parla malissimo del «cardinale di Pavia». I nobili capitani spagnoli a Bologna, passeggiando sotto le forche, direbbero agli impiccati: «Beato tu, che non hai a che fare col cardinale di Pavia!». E i fiorentini sfottenti: «Piglia parole ed opre del cardinale di Pavia».

Il Castiglione non dice che quel cardinale di Pavia è appena stato ammazzato a tradimento (a Ravenna) da Francesco Maria della Rovere, padrone di casa di tante conversazioni così fini a Urbino. E benché grande ammiratore di Raffaello, tace che il suo bel ritratto con la berretta e la pelliccetta (passato poi da Mazarino al Louvre) è abbastanza coetaneo di quello probabile del cardinale al Prado. Acquistato da Carlo IV, il re molto ritratto da Goya nell'imbarazzo. Quadro celebratissimo. «I raffinatissimi contrasti cromatici ne fanno uno dei più alti esempi della ritrattistica di Raffaello: l'elezione formale diviene realmente espressione di aristocratica spiritualità». «El fondo neutro ayuda a destacar esta impresionante cabeza: rostro enjuto, nariz sensual, ojos de extrema dureza, labios finos y crueles» (Catalogo del Prado). E la Treccani: «Fu accusato di gravi vizi». E nei Classici Ricciardi: «Il già menzionato Alidosi 'ne faceva d'ogni colore'»

174

(Cian). Il già menzionato, Francesco Alidosi, apparteneva a una grande famiglia feudale imolese, con possessi a Castel del Rio. Viene ucciso da Francesco Maria nel 1511 in quanto biasimato Legato pontificio in Bologna. Proteggeva Erasmo e Raffaello: magari il Cortegiano e il Cardinale posavano insieme nello studio, data la non lunga vita del Maestro? Comunque Castiglione chiude quel 1511 scrivendo alla mamma, da Senigallia: «Da poi che cominciorno queste guerre, el Papa ha sempre pensato e ditto che'l Duca non solamente non facea contra el Duca de Ferrara e li Francesi quello che potea, ma che'l se intendea con loro, e che l'era un traditore, e che'l lo faria squartare: e tal parole. E mille volte le ha replicate, et anchor adesso più che mai le dice». E due anni dopo, *affaire faite*, da Urbino a Ludovico di Canossa, dopo aver comunicato che «le nostre Comedie sono ite bene, massime il *Calandro*, il quale è stato honoratissimo d'un bello apparato», rivanga una brutta faccenda: «E rispondendo dico che non mi raccorda bene quando fu *precise* ch'io gli diedi li cento ducati da mandare a Napoli. E deliberando poi non andare, diedi quelli denari a Vostra Signoria, e me ne venni ad Urbino col Cardinale di Pavia»... (E dove finirà, il Castiglione? Sepolto accanto a un pericoloso coccodrillo antropofago del Mincio, ammazzato per intercessione della Madonna delle Grazie, e appeso nell'omonimo santuario gotico tuttora attivo alla periferia di Mantova).

Ma chi sarà poi stato il «vescovo di Pavia» che qualche anno dopo ottiene con una pietosa istanza a Cosimo I la commutazione agli arresti domiciliari per il Cellini condannato a quattro anni di carcere (alle Stinche, sul luogo dell'odierno Teatro Verdi, sito dei trionfi fiorentini di Wanda Osiris) per avere «soddomitato moltissime volte col nefando vizio» il garzone Fernando di Giovanni da Montepulciano? Il vescovo pavese chiede al Duca di «ricordarsi del povero homo di Benvenuto cavandolo dalla Carcere e mandandolo a casa con quelle conditioni che alla humanità e somma cortesia sua sarà più a grado». Ma John Pope-Hennessy, che pubblica le citazioni nel suo *Cellini*, fa notare che contemporaneamente Benedetto Varchi, come precettore di linguistica nelle migliori famiglie fiorentine, ebbe «relazioni» almeno con Giulianino Gondi, Palla Rucellai, Lorenzo Lenzi, Giulio dalla Stufa, Giovanni de' Pazzi che si calava dalla finestra con una corda per raggiungere il maestro, e tutti i giovani Strozzi in esilio a Padova. Eppure si buscò solo qualche bastonata e coltellata dai parenti. Ma poi, sfogliando la *Storia Fiorentina* dello stesso Varchi, è quasi commovente ritrovare i medesimi ragazzi ormai ventenni che si battono e muoiono nelle risse politiche o teppistiche per strada, col maestro che proclama «il rispetto dell'amore che io gli portai anzi infinito che grande».

Contrariamente a Balzac o a Henry James, il mondanissimo Castiglione non mostra alcun interesse per i personaggi «fuori dai riflettori», per le situazioni umbratili e recondite. Così non si occupa mai della Paleologa – una bizantina monferrina – benché sovraccarica di storia e d'araldica, e intimamente legata ai suoi più riveriti protagonisti.
Regnava infatti a Costantinopoli, come conseguenza delle Crociate, un'imperatrice di Chivasso, ai primi del Trecento: l'inverso medioevale del fare il

militare a Cuneo. E quando si estinguono gli Aleramici nel Monferrato, un figlio di questa Irene o Iolanda o Violante – un Paleologo – viene a regnare su Casale, Alba, Acqui, e il resto. Quando poi nel Cinquecento si estinguono anche i Paleologhi, e Carlo V frustra le brame dei Savoia, le due ultime ragazze, Maria e Margherita, vengono l'una fidanzata e l'altra sposata (malvolentieri, perché brutte) a Federico II Gonzaga, duca di Mantova, figlio di Isabella d'Este. E cognato del duca d'Urbino, padrone di casa del *Cortegiano*. E i figli saranno i duchi Francesco III e Guglielmo, sposati a delle Absburgo tutti e due.

Ma la Paleologa, malgrado l'importantissima dote e il lignaggio, rimane una 'assenza'. Non riceveva. Non compare mai nelle mostre dedicate alla suocera collezionista Isabella, o al Palazzo Te delle bisbocce maritali con l'amante Boschetta. Anche la sua Palazzina entro il Palazzo Ducale mantovano viene demolita alla fine dell'Ottocento (ed era un Giulio Romano) perché disturbava la vista del Castello. Oltre che un ritrattino a Vienna come di beghina perplessa (nelle raccolte del Tirolo), sopravvive un ricordino fra le incomparabili *Relazioni degli ambasciatori veneti al Senato*. Incuriosito politicamente da questa duchessa invisibile, l'ambasciatore Navagero riesce a farsi ricevere: potenza della Serenissima. E finalmente viene fatto entrare in un ambiente completamente buio. Conoscendo la fama godereccia di quella corte, avrà nutrito sospetti? Invece si trova davanti a una Signora Frola pirandelliana con tutti i sintomi clinici della depressione moderna. «Io della statura, del corpo e della bellezza non ne posso affermare cosa alcuna, avendola ritrovata in luogo così oscuro che né io posso dire con verità com'ella sia, né in lei, io credo, possa esser rimasta alcuna mia immagine»...

Però allora la Paleologa sarà stata la causa involontaria di una meraviglia come il Palazzo Te, commissionato dal marito per stare con l'amante, e non con lei? Che però si prende qualche rivincita quando Federico muore, il piccolo Francesco ha otto anni, e la Serenissima non poteva certo trattare gli affari con le amanti: tanto più che pagava parecchie compagnie di fanti corazzati in Monferrato.

Così la duchessa stessa va dall'ambasciatore, stavolta, e gli dice: «Ho voluto vedere la convenzion del duca di Ferrara, la quale perché in alcune cose non mi piace, farò fare una scrittura, la qual sarà poi rappresentata dall'ambasciator mio». E quindi passa all'export-import, domandando per i panni mantovani a Venezia le stesse franchigie dei panni veronesi e vicentini: «i quali due luoghi si servono delle lane della nostra città e si portano con noi ingratamente, avendoci fatti privar a sua instanza di poter condur panni ancor noi, il che saria con beneficio de' vostri dazi, con avvantaggio ed utilità di chi comprasse, oltre che questa concorrenza farìa far migliori robe che non si fanno». La famosa «clausola della nazione più favorita»! (Chissà se questo Bernardo Navagero sfoggiava una 'brachetta' molto rigonfia come il suo parente Antonio Navagero, che nel ritratto del Moroni, a Brera, sembra che abbia messo un cetriolo del Crivelli nel calzone rosso).

Ma chi ancora evocare, con tutti questi strumenti fantastici concretamente a disposizione in ambiente propizio, e col gusto del documento autentico?

Delle Marie Caroline? La regina delle Due Sicilie – «una delle bellissime figlie di Maria Teresa» – si incontra di solito con Lady Hamilton e Lord Nelson, a vari livelli di storia romanzata e spettacolo. Però nel mirabile second'atto della *Tosca* le congiunture sono prelibate. Lei a Palazzo Farnese si trova in casa propria: sarà venuta con le truppe napoletane per abbattere la Repubblica Romana, ma Napoleone già in ritirata e in Egitto ora vince nuovamente a Marengo. Pio VI è appena morto in prigionia in Francia e sta per succedergli Pio VII con dietro il cardinal Consalvi, e la minaccia della deportazione a Fontainebleau. E lei vorrà vendicare a ogni costo l'esecuzione di sua sorella Maria Antonietta... Però essendo figlia dell'Imperatrice e sorella di Giuseppe II, cresciuta a Vienna fra Salieri e Mozart, appena a Roma invita il soprano alla moda per una cantata con contorno di gavotte. E qui – trattandosi di evocare o documentare un interno farnesiano e borbonico, in un istituto attrezzatissimo per le arti decorative – si pongono questioncelle di microstorie e arti non solo minori. Come sarà arredato lo studio di un vanesio pomposo come il barone Scarpia? Il Barocco è troppo vieux jeu, il Rinascimento è 'out', l'Impero non c'è ancora e politicamente non sarebbe pensabile. Un barocchetto lievemente neoclassico, allora? (Come forse in quel vecchio film preparato da Jean Renoir, con l'aiuto di Visconti e Sensani?). Con un po' di Piranesi e Valadier, ovviamente? Al secondo piano di Palazzo Farnese? Un po' di Felice Giani come nelle sale affrescate del Palazzo di Spagna? Disegni osés di Pier Leone Ghezzi o magari di Füssli? È un appartamento-ufficio di servizio, se lo sarà arredato certamente da sé...

Ma per mostrarsi chic, Scarpia offre vin di Spagna. Che nelle nostre opere è sempre considerato raffinatissimo: come il vin di Cipro. Mentre in Spagna le vivandiere e le Preziosille versano gratis bottiglioni di vino locale ai «Soldati Spagnoli e Italiani di tutte le armi», nella *Forza del destino*, urlando «gnaffe, gnaffe, tralalà». Però, così come Otello non ostenta certo il vin locale di Cipro, men che meno Filippo II o Don Carlos mescono vin di Spagna come una prelibatezza. E perfino a Ferrara, nella *Lucrezia Borgia*, si brinda con Madera: altra evidenza storica della pessima considerazione in cui era tenuta la vinicoltura italiana. E quando arriva il vin di Siracusa (a Ferrara), Lucrezia subito scatta: «sei di nuovo avvelenato!». Chissà perché Scarpia, così pieno e sicuro di sé («La cosa bramata persèguo, me ne sazio e la getto... Dio creò diverse beltà, vini diversi... Io vo' gustar quanto più posso dell'opra divina!»), non si presenta come dandy conoscitore di vini francesi eleganti? Oltre tutto, fino a poco prima Avignone apparteneva ancora alla Chiesa, per il Châteauneuf du Pape ci saranno state facilitazioni speciali...

E le incongruenze navali? Si parla tanto di tartane a Civitavecchia, da Scarpia, ma c'è la guerra nel Tirreno, il blocco marittimo, Nelson che incrocia, Maria Carolina furibonda perché negli arrangiamenti per le Marie Luise i Borboni di Spagna acconsentono a togliere i Presidî ai cugini di Napoli per passarli a quelli di Parma, col progetto Etruria... Nessuna tartana potrebbe mai farla franca, lì davanti. Imbarcandosi a Civitavecchia, Cavaradossi farebbe sicuramente la stessa fine di Caravaggio verso Ansedonia. Lo dirà anche il Carducci (nell'ode *Pel Chiarone a Civitavecchia*), passando in treno davanti a Capalbio: «Calvi, aggrondati, ricurvi, / sì come becchini a la fossa / stan radi alberi in cerchio de la sucida riva. / Stendonsi livide l'acque in linea lunga che trema / sotto squallido cielo per la lugubre macchia. / I poggi sembrano capi di tignosi ne l'ospitale, / l'un fastidisce l'altro da' finitimi letti. / Ed ecco a poco a poco la selva infòscasi orrenda, / la selva, o Dante, d'alberi e di spiriti. / Qui raduniam consiglio, qui ne l'orribile spazzo, / a l'ombre ignave, su le mortifere acque».

Ma in quanto a Cavaradossi, qui si potrebbe appurare se fu veramente Liborio Coccetti o un suo collega, secondo il gossip rionale poi raccolto da Sardou, il pittore giacobino fuggito da Castel Sant'Angelo (cioè Cavaradossi e Angelotti insieme), e riparato in Palazzo Taverna, per l'entrata in via di Panico. E lì protetto dal principe Mario Gabrielli, futuro consuocero di Luciano Bonaparte, per decorare con muse e danzatrici 'alla Canova' e paesaggini monocromi entro grottesche neoclassiche le salette forse attigue allo scomparso «Ciclo degli uomini famosi» di Masolino da Panicale. Accanto (nella topografia e nella ciarla di quartiere) al Palazzo Altemps contro il quale (proprio nel vicolo dei Soldati che lo separa dal Palazzo Primoli ove abitò anche Mario Praz) le truppe francesi d'occupazione venivano a fare i loro bisogni. Ed è lì che l'ultima duchessina di Gallese, discendente del cardinale Altemps («un lanzichenecco in porpora!») e di una sorella di Pio IV (Clara), secondo la tradizione rionale vede una cosa che le piace molto, invita di sopra il militare Hardouin, e approfitta dei trambusti napoleonici per farsi riconoscere dal Sacro Collegio le nozze e il palazzo e il castello e le ville, col nuovo titolo «Hardouin di Gallese»: donde, di lì a poco, Maria sposa di D'Annunzio.

L'altra Maria Carolina è nipote della regina della *Tosca* e zia della «reine de Naples» celebrata da Proust perché difende prima Gaeta dai garibaldini e poi Charlus contro la Verdurin. Diventa la famosa Duchesse de Berry quando sposa quel duca (figlio di Carlo X: vedi *Il viaggio a Reims* di Rossini) che viene presto assassinato. Dopo molti mesi (e si parlò di «enfant du miracle») mise alla luce il Conte di Chambord, celebre per i suoi «addii» in molti quadri storici di genere 'pompier', in vari castelli, e popolari come gli analoghi «addii di Fontainebleau». Data anche la detronizzazione del suocero, lei si mette in lotta contro l'ormai re Luigi Filippo, alla testa di legittimisti e vandeani, col supporto di Carlo Alberto. (Anche legami di parentela: Carlo X era marito di una Savoia e cognato di altre due; una zia di Maria Carolina aveva sposato il re Carlo Felice, e suo fratello Ferdinando II aveva sposato una figlia di Vittorio Emanuele I: tutte Marie Cristine, esposte alle arti applicate di Pelagio Palagi. Ma talmente multipli che forse ci voleva Andy Warhol). Quando però lei sbarca in armi a Marsiglia, forse un po' «alla garibaldina», Luigi Filippo la fa imprigionare in una fortezza. Dove le nasce (dopo molti mesi in cella) un altro «enfant du miracle» che suscita nell'alta aristocrazia il grido di «basta coi figli della duchessa di Berry», e provoca il suo matrimonio col marchese napoletano Ettore Lucchesi-Palli («duc de la Gracia» e già amico di Maria Cristina di Spagna, altra napoletana) e il trasferimento nel castello austriaco di Frohsdorf. Ma i Guermantes più spiritosi si divertono a pronunciare «Frochedorf». E a insinuare che forse Swann è un nipote naturale del duca di Berry, un Borbone della *branche aînée* che oltre a questa moglie napoletana aveva un'amante protestante sposata a un ebreo! Una «attenta e puntuale» ricerca iconografica su tracce così signorili da Chateaubriand in giù non potrebbe dar risultanze di prelibato *camp*?

Ma ecco qui i «sette piedi cubi abbondanti» della corrispondenza personale ed editoriale di Marinetti con Prampolini, Prezzolini, Pavolini, Lucini, Boccioni, Palazzeschi, Depero, Dottori, Soffici, D'Annunzio, Verga, Capuana, Mascagni, Bertolazzi, Yeats, Diaghilev, il maresciallo Caviglia, il generale Asinari di Bernezzo, Ada Negri, Gio Ponti... E pensare che nella provincia italiana centinaia di 'ricercatori' assatanati frugano gli archivi per anni e anni alla ricerca della cartolina di qualunque disgraziato al Duce perché la 'anticipazione' della 'scoperta' su un giornale costituisce titolo burocratico per lo scatterello in una carrieruccia non già *on the road* ma (come dicono sempre tutti i trasgressivi nelle «ultime provocazioni di»), *in the shit*.

VIII

Ancora maggior pazienza – «relax, baby, relax?» –
caro frettoloso back seat driver. Ora siamo appena
a Pasadena, aggraziata e antiquata come un aristocratico film muto, fra parchi sontuosi (e desuetissi-
mi), in una luce sempre più abbagliante. E qui, a
parte ogni edonismo storicistico, e il 'discorso' sulla gestione e presentazione delle opere, possono
volentieri scattare i tip-tap della controversia quali-
tativa, circa le scelte e il gusto. Infatti questo Norton Simon Museum (tuttora governato con decisione da Jennifer Jones) possiede molti quadri
più belli che al Getty, benché iniziato appena poco
prima.
Solo negli anni Cinquanta; coi soliti post-impressionisti francesi da salotto, da parvenus, da Park
Avenue; e passando agli Old Masters nel decennio
seguente; e quindi agli italiani maggiori e minori,
già rivalutati da mode e mercati, oppure non ancora. Comprando roba italiana anche eccelsa più di
tutti i musei italiani messi insieme, con cespiti tratti (cosa mirabile o ironica?) non da inestimabili
petroli e automobili ma da cibi e bibite per supermarket. Ivi spiccavano come gemme di rappresentanza i drinks 'Canada Dry'. E da quella *soda*, da
quella *tonic water*, da quella *ginger ale*, ecco qui i Rubens e i Rembrandt, i Bassano e i Guercino, gli
Zurbarán e i Poussin.
Sempre in questa medesima annosa e appartata
Pasadena, così 'out' per gli europei del Moderno,

come una remota ville d'eau da rivalutare con le prossime voghe, si erge orgogliosa e immutabile quale una Wallace Collection della Belle Époque pionieristica la principesca Huntington Art Gallery: supremo Trianon del massimo Settecento anglo-francese per baroni ferroviari e magnati dell'energia elettrica. (Nessun provento dalle benzine, in quel primo Novecento; e nessun interesse per Luca Giordano, per i Pensionanti del Saraceni, per i Macchiaioli, o per i fondi-oro).

Furono mai quassù Longhi o Argan o Berenson, lungo i maestosi viali e colonnati che adducono a visitare «Sarah Siddons come Musa della Tragedia» di Reynolds e la «Pinkie» di Lawrence e «The Blue Boy» di Gainsborough e i ritratti delle duchesse di Giorgio III e delle Grazie più ambiziose della Reggenza, sfolgoranti di antica e nuova ricchezza consolidata e perentoria, in compagnia dei Canaletto e dei Giambologna 'da arredamento' fra le boiseries e gli arazzi fatti almeno per i re di Francia e arrivati nel primo Novecento alla magione degli Huntington?

Pompe e circostanze di grandiosa magnificenza hannoveriana – Bath e Royal Academy – senza alcun 'cult' per i Maestri Esigui o i Bambini Vispi, i Penultimi Amici di Pippo o dell'Anonimo di Scandicci. Macché tavolette estorte «con du' caramelle» agli sprovveduti parroci nelle pievi fameliche. Solo il meglio dai migliori castelli, e direttamente da qualche eccelsa country house a questa altera dimora. Prima della prima guerra mondiale, naturalmente.

Invece Aby Warburg arrivò qui troppo presto, evidentemente: nelle fotografie del suo giro americano (anni Novanta) appare come uno sparuto oma-

185

rino alla mercé di quegli scaltri nativi che avrebbero di lì a poco incantato e abbindolato D.H. Lawrence con gli stessi elaborati rituali del Serpente Piumato, e riempito di manufatti tribali vecchi e nuovi le dimore 'primitive' di Taos e Santa Fe. (Funzionavano allora come le montagne incantate tipo Davos, per il clima secco propizio ai ricchi malati di petto propensi al godereccio nervoso nella convalescenza come nell'agonia). Poi tutte le signore d'avanguardia negli anni Venti e Trenta collezionarono le bamboline 'kachina'; e ne furono finalmente arricchite le immense raccolte etnologiche al gran museo di Denver, ai piani sotto le splendide collezioni italiane di Simon Guggenheim e Samuel Kress.

Warburg si fa sempre più piccino in gruppi di matrone da film di Chaplin o dei Fratelli Marx (la somma Margaret Dumont), davanti a questo stesso Grand Hotel di Pasadena che pare Dinard o La Baule e dove tuttora si mangia benissimo. Ma si era alla fine dell'Ottocento, i collezionisti stavano fra Boston e Venezia e Isabella Gardner e Henry James. Non erano ancora disponibili gli archivi medioevali acquistati da Henry F. Huntington in Inghilterra per questa sua spettacolare biblioteca, né i dipinti rinascimentali anche molto esoterici nelle sale italiane del Norton Simon Museum. Fra i pueblos e gli indios non era ancora arrivata la formidabile Mabel Dodge Luhan: stava facendo un tirocinio di gran patronessa ad Arcetri (a Villa Curonia: solo il nome fa già paura), pronta a prendere in mano le sorti della coppia Lawrence fino al vaudeville finale: l'urna con le ceneri dalla Costa Azzurra dimenticata in treno, davanti a una piccola folla in gramaglie del New Mexico, dalla vedova

Frieda che si era confortata con alcuni drinks in compagnia del nuovo fidanzato, giovane bersagliere ligure.

Per chi aveva il gusto e il trip dei serpenti stravaganti, forse già li trovava più inquietanti e fantastici sul magico Aventino iniziatico, dove il sublime eccentrico Piranesi (prima dei Castaneda e del *peyote* dei cloni) ha cosparso di bisce simboliche e rettili enigmatici (avvinghiati con sfingi e rapaci e cornucopie e merli e corazze a squame e spade a borchie e mezzelune a ghiande e rosette e obelischi e palle: né una tortilla né una cucaracha, pazienza zombies) la facciata e gli interni e i caminetti e i candelabri e le consoles dell'arcana e criptica Santa Maria del Priorato, dell'Ordine di Malta, contemporanea del *Flauto Magico*. «Only connect»?

Mr Simon è mancato soltanto nel 1993, dopo aver sposato una grande 'icona' del nostro tempo: la mitica Jennifer Jones, eroina di *Addio alle armi* e *Tenera è la notte*, e interprete sia di Bernadette Soubirous sia di Emma Bovary. Ora committente di rinnovi musei continui e forse effimeri (giacché ad opera di Frank Gehry), però di evidente buon senso: pareti semplicemente grigio-azzurre o grigio-ocra o grigio-violette su bei pavimenti chiari di marmo e legno in tinta (come li faceva Giulio Coltellacci nei negozi romani), là dove si ricordavano grandi tele veneziane del Settecento magari appese tangenziali su pareti curve di un blu-elettrico piuttosto automobilistico. Quando però a Roma si trovavano ancora i Caravaggio poggiati a terra senza cornice davanti a un faretto puntato, a Palazzo

Venezia, e fra transenne da lavori stradali in Campidoglio, o tra fioriere secche di piante morte a Palazzo Barberini, sotto la volta (e alla faccia) di Pietro da Cortona.

Qui potrebbe sogghignare André Malraux, perché da un ingresso che «fa Phnom Penh» con un importante Buddha e altre delicatezze cambogiane e thai si arriva direttamente al famoso Zurbarán già «causa celebre» per una discussa esportazione dalla Contini Bonacossi; e dunque beniamino dei turisti italiani. Rieccoci davanti a quegli affezionatissimi cedri o limoni e arance con una rosellina e un bicchierino metallico su un rigoroso piano luminoso e austero: insistenti simboli di castità e purezza e continental breakfast metafisico. E dopo la frutta, sempre del medesimo Zurbarán, un San Francesco tormentato, un Grande Inquisitore sereno, una Nascita della Vergine animatissima e coloratissima, tutta rossi e gialli squillanti e sportivi.

Lì accanto, uno dei soliti poveri vecchi disgraziati e disorientati del Ribera (ovviamente ciechissimo e malandatissimo) cerca di consolarsi mediante il tatto, su una testa marmorea. Altro che il vino e le rose per i sensi dei poeti. Insiemi di tenebrismi lugubri per cattivissime Scalze e Discalze romane e sivigliane tenute a castigarsi nella tetraggine come le peggiori disgraziate di Otto Dix. Macché illuminarsi davanti all'originalità inopinata di una visione che *prima non c'era*, e dopo la quale il nostro sguardo *non sarà mai più lo stesso*: CARAVAGGIO! Come dopo l'invenzione del cinema: uno stato nascente abbagliante, un improvviso «I have a dream!»... Ma poi, subito, è come se ormai l'avessimo posseduto da sempre... Senza preparativi né precedenti, né strategie di avvicinamento, come quando invece appare (incursore dopo i precursori) MOZART: vertiginoso climax di convenzioni o maniere che *preparano* il Genio.

Per le Discalze del caravaggismo punitivo, viceversa, mai un minimo scarto creativo e fantastico rispetto alle norme e ricette e formule di un «method» epigonale come all'Actor's Studio: centinaia di falsi Marlon Brando e James Dean decrepiti tutti regolarmente aggrottati e aggrovigliati in serie, col broncio standard e il grugnito meccanico, la barba accuratamente di una settimana, le canottiere e i piedi minuziosamente zozzi... Diligenti 'problems' e tormentoni per i branchi di aspiranti «saranno famosi» o «saranno santi» prima del cambio di mode... Una vita di «stasera si replica». Come in quei vecchi circoli dove i vecchi soci si riraccontano ogni sera gli stessi aneddoti sul principe Pupetto o la duchessa d'Aosta madre: attenti ai dettagli, che non si trascurino o modifichino. Però si addormentano immediatamente non appena si cambia discorso.

Insomma: dieci, venti Mattia Preti? Magnifico. Cento Mattia Preti? Se non la smettete, vi faccio ascoltare cento o duecento variazioni su corali della famiglia Bach e altrettante sinfonie concertanti della scuola di Mannheim. (Anche dalla Scuola Napoletana si è imparato moltissimo. Totò: «ma mi faccia il piacere!». Eduardo De Filippo: «non ti pago»).

E ancora: Musée imaginaire? Siamo qui per questo, signora. Lo vogliamo anche intrigante, dissacrante, emblematico, eclettico, vero? Però, che mortificazione, dover confrontare questi santi e beati sinistri e squallidi con la serenità raccolta e rilassata degli attigui Buddha e sovrani khmer: illuminati nella dignità degli occhi chiusi in soave meditazione onirica, silenziosi nel lieve sorriso appena accennato e non impegnativo. Senza le disgustose estasi dei turpi vecchiacci discinti né gli scandalosi compiacimenti sui culetti trafitti dei piccoli martiri. Senza «wet dreams» procurati coi toys autoerotici da penitenza o novelty shop. («We are not amused. Vergogna»). E soprattutto, senza tanto «far la piaga» con ostentazioni lagnose di lacrime e prediche su disgrazie e dispiaceri e teschi da comodino full time. Che vergogna! Un bravo soldatino non piange e non si lamenta MAI!

E invece, con un pochino di inventiva combinatoria nel *récit*, giocando con più fantasia le sue *fiches* e *ficelles* nell'analisi strutturale e nella teoria dell'interpretazione delle categorie e della logica nelle migliori «syntagmatiques des possibles narratifs» (ovviamente *au fur et à mesure dans la mesure où*), tutto quel Seicento così ripetitivo e caratteriale e senile avrebbe potuto divertirci intelligentemente sfruttando un *only connect* trasformazionale e qualche *switch* creativo *on, off, around, over, through*: bastava pochissimo, una Giuditta o un Davide coi Vecchioni, una Dalila o una Susanna fra gli Apostoli, una Salomè o una Sara alle prese con Golia, un Salomone in dibattito con Mosè e con Erode o Sansone circa l'affaire Abramo-Isacco o Esaù-Giacobbe... Anche per non addormentarsi in piedi..., (Ma non uscivano proprio mai da quei loro piccoli ambienti monotoni? Sempre vedersi con gli stessi? C'è da spararsi, dicevano le ragazze d'una volta...). E certamente Erodiade e Maddalena, donne di temperamento e non di casa, chissà quante volte si saranno incrociate, giacché coetanee molto in giro in un Nuovo Testamento che non è certo Los Angeles...

E quali consolazioni intellettuali potrebbero offrirci, magari, dei programmi iconografici un po' più «creativi» sui giudizi di Ercole, i supplizi di Sofocle, i teoremi di Sisifo, le fatiche di Tantalo, le nottole a Itaca...

Ma bastano pochi passi laterali, e si apre l'incantato mondo luminoso e sontuoso degli arazzi fiamminghi, dove Ester con Assuero e la Madonna col Bimbo incontrano le dorate Iliadi del Cinquecento come in un gaio festino allietato da un complessino d'angeli fiorentini marmorei del Quattrocento: senz'ali, ma forniti di cetra e tamburello e piva, e quasi scatenati come i putti birboni di Donatello che nei Duomi di Prato e Firenze eseguono i «Baccanali da Cantoria», già in vista dei «Baccanali Richelieu».

Più austeri, fanno poche storie due Cristi intensamente benedicenti di Hans Memling e Dieric Bouts (questo anche risorgente) e somiglianti come due fratelli, verticali e impeccabili: stessa barbetta tenera, stesso naso scolpito, e baffo soft. (Togliendo la barbetta e il baffo, si ottiene il viso di una sorella identica: l'Annunciata dello stesso Bouts al Getty). E di solito, così composti e severi, arrivano 'cool' da passaggi rocamboleschi: presso marchese madrilene, mercanti fiorentini, castellani scozzesi, armatori di Lubecca, pirati anseatici di Danzica, benedettini di La Rioja, l'esteta William Beckford (di *Vathek*), il maresciallo Goering, Margherita d'Austria e Borgogna vedova di Filiberto il

Bello («jeune homme volage et futile») e committente degli squisiti sepolcri a Bourg-en-Bresse, il tabacchicoltore dalmata Girolamo Manfrin che alla fine del Settecento compra quattrocento capolavori tra cui la «Tempesta» di Giorgione fra tipiche irrisioni veneziane che lo proclamano «in mezzo al fango e dalla merda nato». (Più tardi Mimise Guttuso racconterà: quando andavo a Venezia dai Giovanelli, mi mettevano in una camera d'ospiti con la «Tempesta» sul letto).

Ma del resto un'agiata famiglia di Bruges comprava direttamente da Michelangelo quella splendida Madonna marmorea che arriva per mare da Viareggio, evita i pirati e gli embarghi, e si trova tuttora lì. Mentre i fiduciari bancari dei Medici e i discendenti della Beatrice dantesca committenti di trittici per la Badia Fiesolana o Santa Maria Nuova incontrano molti più problemi (giacché marittimi) che non le influenze pittoriche via terra lungo i percorsi Fiandre-Padania e ritorno, attraverso Basilea, Colmar, Strasburgo, Digione, Beaune, e naturalmente Dürer. E com'erano eleganti quelle figure monocrome (come tutto ciò che è ton-sur-ton e beige), coi migliori gesti d'*allure* statuaria e sofferente, ma con estremo decoro, fra Rogier Van der Weyden, Martin Schongauer anche nelle incisioni, il Maestro di Flémalle. Con Deposizioni ove il povero corpo sembra un annegato attuale in fuga da terre comuniste balcaniche. Mentre nei Giudizi Universali – beati loro – i Pesati e i Salvati sono tutti giovani e magri, maledizione, davanti a donatori obesi come dal palco di una Sovrintendenza. E le 'pleureuses' fanno coreografia mai «fuori dal coro», mentre per gli abati snob i primi non saranno davvero gli ultimi, quando c'è da piazzarsi in primo piano accanto a Maria di Borgogna, figlia di Carlo il Temerario e di una Borbone assai pia. Ma insomma, questo «Pasadena Christ» di Memling – giudicato una fusione di successo fra la Vera Effigies e il Salvator Mundi – arriva dalle stanze di Don Manoel I, re del Portogallo, detto «il Grande», passando poi per i soliti mercanti Duveen e Knoedler.

Come prestigiosi vicini (a parte gli eccellenti ma risaputi «Adamo ed Eva» di Cranach, e un triste ritratto di zazzerone in nero attribuito senza convinzione a Carpaccio), due gentilissime zazzerette all'henné. Un capolavoro leggendario di Giovanni Bellini, il romantico e rossiccio ritratto del giovane banchiere Joerg Fugger (già Contini Bonacossi), e una «Cortigiana» più andante e rossastra di Giorgione (già dei principi Lichnowsky di Kucheina, e poi Duveen) invitano persuasivi e cortesi – come steward e hostess di linee molto nordiche – agli strabilianti saloni italiani.

E allora, che cosa dà leggerezza e allegrezza? Già l'informalità di un allestimento fra il rinnovato e il provvisorio. Macché rossi grevi e verdoni pesanti da arredatori assicurativi e bancari. L'ex-Bernadette ottantenne sembra usare il motto «keep moving» dei venerandi complessi pop, col Maestro del Guggenheim di Bilbao che 'rinfresca' gli ambienti in semplicissime 'abitabilissime' tintarelle su pavimenti chiari ton-sur-ton. Una 'lightness' vera e di buon umore...

Anche una certa ammirazione mista a invidie per questi *occhi* capaci di scegliere «i sogni che il denaro poteva comprare» ancora due o tre decenni fa?

Quando i proventi del gin-and-tonic e del ginger ale sapevano acquistare non calciatori e mignotte e barche (come i ricchi e ammirati industriali italiani) bensì Madonne di Botticelli e Raffaello, per i cittadini della nazione. Eccole qui, leggermente multiple (ma autenticate in epoche buone), con i loro angeli adoranti e i loro libri d'ore, provenienti da Parigi e Amsterdam, fra archi e paesaggi notissimi e nobilissimi, in questa strepitosa compagnia italiana, riunita non ai tempi di Berenson e Kress, ma mentre le nostre facoltà si occupavano di mozioni sulle agitazioni ed esami d'assembramento. E le pinacoteche, di indennità-cappuccino, cacciando i visitatori.

Fior di santi e profeti monumentali! di Pietro Lorenzetti, dalla gran pala del Carmine senese; e di Filippino Lippi, approvati dal Vasari a Lucca. Ora in presentazioni «alla portata di tutti». Tonache di un prezioso «whiter shade of pale»; manti squillanti come stendardi al Palio; scorte squisite di un eccelso assortimento di Madonne. Gigantesche e blunotte nel colossale polittico di Guariento, dorato e decorato come il bagno di uno sceicco. Cangianti e lampeggianti nel lusso di Paolo Veneziano e Giovanni di Paolo (la famosa Madonna Branchini), tutto uno sfolgorio di lustrini e paillettes. Anche marmoree soft, giacché di Desiderio da Settignano: la celebre Madonna Beauregard. E le più piccole: una sobria di Lorenzo Monaco, una di Antoniazzo Romano che sembra già annunziare Balthus; una appena neonata di Luca Giordano, in un trambusto di bacinelle e con nubi che entrano in casa. Due in Egitto: una di Jacopo Bassano molto «on the move» con servi e vettovaglie e un angelo che fa fretta e un San Giuseppe forse ritratto del doge Andrea Gritti che tira l'asino; una riposata di Vincenzo Catena, con un paio di faraone che aspettano le briciole e un San Giuseppe dei più scettici...

Ma senza sale sbarrate, passaggi bloccati, barriere di personale in assemblee ostili contro il fruitore umile. E con provenienze quasi sempre assai chic: Medici, Liechtenstein, Czernin, Chigi Saracini; e la celeberrima asta von Hirsch, la più spettacolare degli anni Settanta a Londra, con illustri smalti e avori già degli Hohenzollern e dell'Ermitage oltre a una collezione di quadri e disegni paragonabile per importanza a questo museo; e molti molti chili di cataloghi Sotheby's, per la prima volta. (Grande evento non solo mondano: tutti i musei tedeschi consorziati perché un'autorità unica, una grande mercantessa di Zurigo, acquistasse nell'attimo giusto le opere 'ad hoc' per ciascuna raccolta cittadina).

Forse, nel « pur tanto lusso » (come direbbe papà Germont) delle sfolgoranti Adorazioni e Incoronazioni senesi e fiorentine si sente, proprio qui, l'assenza di quel « lusso quasi drogato » che Roberto Longhi scorgeva nel tardo-gotico quattrocentesco del ducato milanese: sotto gli influssi più fastosi e dorati di Michelino da Besozzo e Gentile da Fabriano, Masolino a Castiglione Olona, Pisanello tra Verona e Mantova, Belbello fra Mantova e Pavia, gli Zavattari nel ciclo di Teodolinda a Monza... E non in chiesa, ma a Corte: quell'abbagliante sprazzo di inaudita raffinatezza padana, nelle fuggevoli committenze dei Visconti terminali e dei loro successori sforzeschi avviati fra sprizzi e lampi scintillanti alle fatalità ineluttabili. Per la spietatezza non solo della Storia ma delle Mode: quando anche i massimi 'internazionali' venivano soppiantati da un nuovo Gusto più locale e cordiale sulle stesse pareti, nei medesimi codici.

«Lussuosa araldica ossessione... Un fasto più intenso e maniaco... Decorazione, arricchimento, appannaggio... Peripezie geroglifiche delle costellazioni araldiche famigliari... Duchi e famigli, addobbati nei capolavori di moda degli 'zibelari' lombardi, cavalcano in un sogno di profanità fulgida e assurda. Ai loro piedi i prati si tramutano per incanto in bordi d'alto liccio... Cincinni eleganti, eleganze esotiche, tarocchi di lusso»... Con le celebrate fissazioni (sembra d'essere alle vecchie inaugurazioni della Scala) di far sempre notare che «la sua Signoria mangia in oro» e «qua se sfogia et triumpha cum recami de perle». Fra dame e damigelli di Corte con abiti «a-do-ra-bi-li!» e musini «diviiini!». E i ritratti, nel castello di Pavia come in corso Venezia, dei cani ducali prediletti e dei fenicotteri rosa. («On struzz a Porta Volta!» avrebbe detto Delio Tessa). Mentre negli affreschi al pianterreno del Palazzo Borromeo i giochi dei tarocchi proseguono gelidi fra creature rastremate dalle acconciature arcane. E Longhi: «tutto il cosmo sembra volersi ridurre, depresso, entro la breve doga dorata di una carta di tarocchi».

Il 'Maestro delle Parole Conte e Acconce' – per restituire e riprodurre con equivalenti discorsivi i caratteri visivi ed emozionali e intellettuali dell'essenza dell'opera d'arte, e insieme dell'esperienza di chi la contempla – si dev'essere divertito parecchio a intendere che una «Adorazione dei Magi» e un «Incontro di Gioacchino ed Anna» (ancora in giro negli Anni Venti, e oggi a Denver) sono i pannelli laterali di una «Incoronazione di Cristo e della Vergine» al Museo Civico di Cremona. E l'autore doveva essere Bonifacio Bembo, capo di una mirabolante bottega cremonese produttrice anche dei fantasmagorici Tarocchi viscontei. Di un eccelso chic cremonese addirittura più prezioso e sapiente dei grandi snobismi tardo-gotici alle Corti di Borgogna e Berry. (E non basta: l'illustre Pietro Toesca comunica che Filippo Maria Visconti pagò carissimo anche un mazzo squisito di Marziano da Tortona. Quindi, non solo Cremona ma anche Tortona, al top delle eleganze quattrocentesche di Corte!). Ma i due pannelli si trovano adesso nella «Simon Guggenheim Memorial Collection», in Colorado.

Quel Denver Art Museum è un magnifico edificio di Gio Ponti: una fortezza molto medioevale, eccentrica e arcigna, ma rivestita di mattoncini vitrei molto sfavillanti e cangianti, secondo le luci. Infatti il Colorado si chiama così perché i paesaggi e le rocce, soprattutto dai piccoli aerei, scendendo da Aspen, hanno tinte vivaci e mutevoli. Ma anche quel Bembo sfavillava parecchio, quando si andò a trovarlo con Franco Maria Ricci, fra un Jacopo del Casentino e un Giuliano da Rimini e un Taddeo di Bartolo e un Jacobello da Fiore; e i quattro splendidi Santi di Carlo Crivelli, con un Antonio Abate e un Tommaso d'Aquino cattivissimi, trucibaldi. E due Vivarini, un Arcimboldo, un «Orcagna Kress». E sei «Trionfi» petrarcheschi di un sotto-Mantegna, per cassoni in «stile Schifanoia» extra-lusso.

Come risplendevano di ricami vanitosissimi, coi loro faccioni ordinari, quei giovani Re Magi padani a Denver. Forse i loro discendenti industrialotti stavano sciando e sfoggiando su ad Aspen. Ma l'autore di *Officina ferrarese* non poteva certo scrivere, settant'anni fa: ecco un tipico pirlone lombardo, sorpreso in un momento di coglioneria. E allora: «un portento di fatuità, ma contegnosa e che sta sul punto; non batte palpebra al cenno d'invito del collega più anziano». Fra le «grinte dei figuranti», giacché «la particolarità d'un ritrattismo quasi maniaco è la più rivelatrice d'una storia locale dell'opera»... Come per la «Coronazione» cremonese, del resto: dove «l'evento ultramondano diviene una cerimonia chiesastica provinciale, su una specie di palchetto o tinello... su cui l'Eterno, decaduto al rango d'un rozzo cappellano di feudo, sale in piedi per adempier meglio all'obbligo suo». E dietro l'Eterno i medaglioni autorevoli e dinastici della coppia ducale, di profilo. Mentre la coppia incoronata da Dio Padre appare strana: un Gesù anziano e una Madonna giovane, tristissimi come per un matrimonio di convenienza, e come ricevendo un nulla-osta dal cappellano in nome dei lontani Signori... Già Renzo e Lucia provati dalle traversie?

Ma nel loro assoluto splendore dorato e argentato, le «brevi doghe» (non brevissime: cm 18 × 8) dei Tarocchi di Bonifacio Bembo ci appaiono di una bellezza inaudita, quasi insostenibile, quando raramente si mostrano. Sono spietatamente e ingenuamente sublimi i visetti e i vestiti, le pettinature e i gesti, le espressioni e gli animali (e le espressioni degli animali). E i pratini ricamati o smaltati. E i fondi dorati, punzonati con motivi di tappetini e fiorellini e tendine e toilettes ricamate da gran sera, come i manti delle regine e principesse di spade e denari, anche dietro i più ovvi quattro o cinque o sei di coppe e bastoni. Ma poi, l'intensità e il compendio di peripezie artistiche e storiche espresse e comunicabili in quei brevi centimetri. Che non ispirarono solo il genio di Longhi. Fornirono i luccicanti materiali primari anche a un piccolo capolavoro applicato e fantastico di Italo Calvino: *Il castello dei destini incrociati*, pubblicato da F.M. Ricci nel sontuoso volume *I Tarocchi* (1969) e apertamente fondato sulle euforiche ed effimere istituzioni dell'*Attività strutturalista*, il saggio inaugurale di Roland Barthes. A sua volta ispirato dal famoso volume pionieristico e rivelatore sul *Formalismo russo*, di Victor Erlich, allora edito da Mouton all'Aia.

Barthes spiegava i due momenti dell'operazione: ritagliare un simulacro in frammenti mobili (quadratini di Mondrian, versetti di Butor, 'mitemi' di Lévi-Strauss, sempre affini ma dissimili), e poi ricomporlo in nuove figure cui l'attività formale dell'*homo significans* attribuisce appunto un *senso*. Il libro di Erlich già ci veniva prestato da Angelo Maria Ripellino; e Cesare Segre animava gruppi di indagine sullo strutturalismo applicato alla critica. Ma l'operazione paziente e smagliante di Calvino combinava e creava nuove fiabe cavalleresche, partendo dalle immagini miniate sulle carte da gioco: perfetti frammenti mobili da riassemblare in percorsi narrativi infiniti. (Si era agli albori della voga strutturalistica: quando tutto contento e tecnico gli recensii quel suo «modo di procedere», Italo parve piacevolmente sorpreso: «ah, ma leggete Barthes anche in Italia?»).

Ma (seguendo altri percorsi) la storia di parecchie opere potrebbe risultare più affascinante o rocambolesca della scena che rappresentano? I mazzi di tarocchi sopravvissuti sono tre: più o meno smembrati, notificati, smerciati, esportati, sanati con compromessi «di profilo patrimoniale». Come nel caso del mazzo Visconti di Modrone, venduto dalla famiglia ducale durante o dopo l'ultima guerra, e dopo «burrascose sentenze giuridiche» fra l'Avvocatura dello Stato e la Sovrintendenza milanese riapparso alla Beinecke Library dell'Università di Yale. (Buffe coincidenze: si chiamava Benecke il corsaro di Danzica che catturò nel 1473 presso Bruges la nave toscana su cui viaggiava il grande «Giudizio Universale» di Memling commissionato e pagato dai coniugi Tani di Firenze per la Badia Fiesolana, ma da allora 'ricettato' nel Duomo di Danzica. Senza che alcun prelato polacco dicesse: a ciascuno il suo, e date alla Badia ciò che è della Badia).

Il mazzo Colleoni era ovviamente a Bergamo. Ma alla fine dell'Ottocento viene frazionato perché un conte Colleoni ne cede una parte a un conte Baglioni, in cambio del ritratto di un'ava, di Fra Galgario. Naturalmente (di solito) è biasimevole dividere le collezioni. Ma proprio a causa di questa spartizione i tarocchi Baglioni si trovano adesso all'Accademia Carrara di Bergamo, mentre il Colleoni vendette proficuamente i suoi alla Morgan Library di New York. E poi c'è il mazzo Brambilla, oggi alla Pinacoteca Braidense, ma già nella famiglia del finanziere e senatore ottocentesco Brambilla che aveva sposato una nipote di Alessandro Manzoni, erede dei possessi di Brusuglio. Ma questi tarocchi figuravano «di proprietà Lanza di Mazzarino» perché un'ultima discendente Brambilla dei *Promessi sposi* aveva sposato un aristocratico siciliano cugino del *Gattopardo*...

Gli intrecci fra i Visconti e gli Sforza committenti

dei vari mazzi forniscono invece inesauribili spunti alle trame araldiche ed emblematiche, fra le indagini sulle committenze e un divertente voltar le frittate attribuzionistiche. Piccoli affascinanti romanzi artistici cavallereschi e tardo-gotici con Masolino e Pisanello e Michelino e Gentile e gli Zavattari e i Bembo di volta in volta protagonisti e comprimari e comparse. E Filippo Maria Visconti con Maria di Savoia e Francesco Sforza con Bianca Maria Visconti e Galeazzo Maria Sforza con Bona di Savoia; e con tutti i loro emblemi di biscioni e aquile e bianche croci e soli raggianti e motti e monete e imprese e insegne e armi assortite o specifiche.

Come si sente dunque il vuoto della loro assenza, negli attuali contesti californiani così facoltosi, così più chic di Denver, e tanto innamorati della Moda milanese. Anche se Berenson si mostrava dispettoso e perfido: «*Prettiness*, con i suoi *overtones* di graziosità e dolcezza, formava la sostanza primordiale di quella pittura milanese. Come un infinito oceano di bolle di sapone, copriva anche le figure più salienti con un'iridescenza priva di forma, mentre le forme meno resistenti si dissolvevano in essa come gocce di rugiada sopra un mare luccicante». (La carineria! L'avesse saputo Ludovico il Moro...).

E certo, salutando qui a Pasadena una Santa Cecilia studentessa di Guido Reni che si presenta col suo violino come agli esami di raffaellismo applicato, mentre una Cleopatra operistica del Guercino sembra pronta al suo 'attacco' per l'Aria dell'Aspide, malgrado un annoiato San Giovanni Battista dello Pseudo-Bramantino che fa i suoi bronci da «bellastro» montanaro – e appena qui fuori in giardino Viṣṇu e Śiva fanno i loro numeri coi donnoni di Maillol – ci si può intenerire facilmente: come quando si ritrova una nostra cara compagnia di giro che ripete i suoi vecchi gag anche in tournée oltreoceano. Le nostalgie di Testori per «quel biondo classicismo paesano» di una materia che «da erborea e dolcemente carnale trapassa in eburnea e marmorale»: ecco sette pannelli di Bernardino Luini presso Lugano, con dei valligiani che si complimentano o si picchiano, in calzerotti e mantelline, biondicci e lacustri alla Piero Chiara, forse trisnonni di emigranti che faranno fortuna.

Ma qui a Pasadena si acquistavano per tempo (durante i 'casini' italiani) anche i migliori Assereto e Giaquinto, oltre ai Bassano e ai Moroni. E una frivola bionda «Fidelitas» di Francesco di Giorgio Martini, con due grossi piedi padronali addosso a un buon cagnolone dal collarino rosso che leva l'occhione gregario e devoto, mentre lei punta un ditino allusivo al Cielo, in un gesto che gli automobilisti generalmente interpretano malissimo. E accanto, una «Natura» di Maarten van Heemskerck sarà piuttosto una Settimana Enigmistica di anticaglie deliranti e astrologie paradossali, da proporre al Warburg nelle nuove costellazioni, qui, delle vicine star di Hollywood. E un grandioso «Cagnone Aldrovandi» del Guercino, snello e vigile come un monumento padronale in un importante cielo tempestoso sopra i contadini piccolissimi delle campagne di Cento.

Questa magnifica raccolta italiana, fra il cardinalizio e il principesco, genovese o romano, viene presieduta da un sensazionale Guido Cagnacci, già valutato 'top' nell'inventario di Ferdinando Carlo, l'ultimo duca Gonzaga-Nevers. Nonché a una definitiva asta da Christie's nel 1981. Un Cagnacci addirittura più 'intriguing' delle sue varie e notorie Cleopatre e Maddalene porcellone che muoiono su seggioloni da notaio in un tripudio di splendide tette da casino emiliano, agitate, sballottate, frementi; o volano al Cielo in un vortice di stupende cosce bolognesi sorrette da robusti facchini alati, bene accolte da angiolotti sviluppatissimi, pesantissimamente commentate dai visitatori padani alle mostre locali, e dipinte con squisitezza soave. La sua Europa migliore, ebbra di velocità con le tette salmastre e aulenti al maestrale o al libeccio, nemmeno sente se eventualmente pungono le rose 'pompier' accumulate in grembo per la navigazione sul mitico toro, fiorito anche lui come un bouquet.

Qui due bisbetiche ma adorabili bambinacce (a cui chi non perdonerebbe tutto, con un paio di sculacciate che «lascino il rosso»? Carminio, cinabro, vermiglio, porporino, cremisino, pompeiano...), ossia la solita brontolona Marta e quella vanesia della Maria Maddalena, si accapigliano assai scollacciate e discinte sul pavimento, a metà mattinata, in un gran disordine di bigiotteria e ciabatte e roba da mangiare e mutande fantasia. Mentre le serve gemono e commentano, tipo vergini stolte, su un terrazzino alla Alma Tadema. Però il protagonista al centro (e il dominatore del salone) è un corpulento 'Angelo' giovinastro con robuste ali da processione Kitsch e polpe da nutrizione sostanziosa che rincorre col bastone un diavoletto romagnolo sportivo, da tuffi svergognati in spiaggia davanti alle ragazze di *Maddalena zero in condotta.*

Spesso le didascalie ai quadri sono minisaggi alla Borges: passeggiando con ironia. «Un breve sguardo dietro le spalle, in un momentaneo mondo di sogno», per Francesco Salviati. E per Savoldo: «Un caratteristico candore lombardo di Bergamo»... Forse questi monumentali cartoni del Romanelli per gli arazzi Barberini – così maestosi e poetici, già in aura di *Troyens* di Berlioz: caccia reale con temporale, Enea lascia Didone... – non starebbero soprattutto e ovviamente bene proprio a Palazzo Barberini? (Dove peraltro i volubili turisti lasciano generalmente solitaria la Fornarina di Raffaello, un tempo quasi famosa come la Gioconda)... O non fanno la loro bella figura soprattutto qui – ambasciatori sorridenti di un «made in Italy» non solo di tenori e vestiti – fra un clamoroso Davide feroce energumeno di Rubens e un défilé di Rembrandt quasi 'de luxe' come a Dulwich e alla Wallace Collection? Luminosi ritratti giovanili, con candidi bianchi ancora abbaglianti, e contrasti forti di luce intorno ai colletti freschi di lavanderia e stireria: in cornici olandesi nere lucide sui rossi pompeiani 'abbassati' dei muri. Berrette nere e barbette e pizzetti mentre la maturità procede. E un bimbo Titus dal cappelluccio piumato, come una sorprendente epifania per Manet; in pareti di impeccabili sgargianti fiori e frutti olandesi e fiamminghi, e paesaggi insigni dei Ruisdael e di Roelandt Savery.

Altro che tutti gli acquisti artistici italiani contemporanei? Viva quelle modeste bibite gasate – così secondarie, rispetto alle più popolari – se il risultato culturale è tanto più importante degli 'impegni' di tutte le industrie e banche italiane sommate insieme per cinquant'anni? Nelle sale ora delicatamente verdoline, ecco una collezione di Canaletto e Carlevariis e Guardi fra i più decorativi e scenografici; soffitti con «Trionfi» di Tiepolo da Palazzo Manin, sopra la borghesia imbambolata di Pietro Longhi che non fa niente, ma lo fa con stile, nelle stanzette dove sono rimaste solo le sedie, e presto finiranno dagli antiquarietti anche quelle. E un mondanissimo «Interno di San Pietro» di Pannini. E la più sensazionale «frateria» di Magnasco, con decine dei peggiori frati clochards intorno allo scaldatoio. E la Virtù e la Nobiltà tiepolesche volano spensierate con gli ovali delle «Satiresse» incontro agli Zefiri con Psichi di Prud'hon, ai parecchi Goya e Ingres e Corot. Ecco tutti quei francesi eleganti che a noi spesso mancano: da Poussin e Claude Lorrain a Fragonard e Watteau. (Ma l'ultima a cantare in alessandrini come Corneille e Racine fu da noi Wanda Osiris: «Porta fortuna anche a me, prima luna d'oriente, / nasce un amore con te in un raggio splendente»...). E diversi Chardin, fra cui un immenso «Cane e cacciagione» già dei principi Gagarin in Russia, e poi venduto a Buenos Aires. Assolutamente «grossissimo»: più impressionante dei magnifici piccoli formati acquistati direttamente a Parigi dagli ambasciatori svedesi nel Settecento di Diderot, e tuttora su una magnifica parete a Stoccolma.

Davanti a una quadreria di tale qualità, il visitatore non dissimulatore onesto anche involontariamente si trova spinto alle interrogazioni prammaticamente corrette (cioè impietose e scomode) per diversi connazionali di una certa pretesa o riguardo in società: «ma voi dove eravate in quegli stessi anni fra i Sessanta e gli Ottanta? cosa stavate dicendo, facendo, scrivendo o pensando (forse testi paragonabili alle opere di Longhi, Brandi, Pope-Hennessy, Haskell?), mentre qui non operavano solo i soldi e l'occhio, ma il gusto e il know-how e un certo senso civico?». (E poi, irriverenti: «che cosa avete donato ultimamente alla vostra città e alla vostra nazione?». E quindi, dissacranti: «vi si può almeno leggere, attualmente?»).

Ritorna il blu-cobalto (momentaneo? o niente è più perentorio del transitorio? oppure «OK la pratica, il problem sarà con la teoria?») alle pareti per l'Ottocento dei realismi a colpi di spatola: Courbet, Daumier, il celebrato mendicante 'rembrandtiano' di Manet, rocce e pozzanghere, battigie piatte, frutti carnosi, pesci bolliti, piedi stanchi, stiratrici, bidet. Quanti – ma quanti – Manet e Monet e Van Gogh e Gauguin e Cézanne e Degas. Soprattutto Degas: tanti Degas, anche le più belle «Stiratrici» e perfino il Degas copista del «Ratto delle Sabine» di Poussin. E moltissimi Klee. File di Matisse, con Vuillard e Bonnard. File di Kandinskij e Jawlensky. E di Kokoschka, Nolde, Kirchner, Picasso, Braque. Naturalmente, parecchio Toulouse-Lautrec. E poi tutti i Rodin e Moore lì fuori sull'erba. Perfino Bazille e Puvis de Chavannes. Altro che i vari musei e privati d'Italia? (Rubano o scompare un ritratto 'unico' di Van Gogh, a Roma o a Tokyo? Qui ce ne sono sempre parecchi).
E certo, l'Orecchio Tagliato piace e suggestiona sempre più di qualunque Montagne Sainte-Victoi-

re o Demoiselle d'Avignon: le file al Museo Van Gogh di Amsterdam ogni estate lo riconfermano. E anche qui i passeggini e i berrettini si ammassano a ruminare la gomma americana davanti al «Ritratto della madre» su fondo verde acido, ai ritratti della contadina marrone su fondo marrone e del contadino in verde e blu col cappello giallo di paglia, al gelso giallissimo così delirante e terminale. Ma devono probabilmente colpire un inconscio collettivo più decentrato e profondo soprattutto questi paesaggi di Saint-Rémy dove con verità intensissima Van Gogh rappresenta e comunica la strana densità poetica di un luogo così incantato della Provenza magica: paragonabile per malia dell'aura 'elettrizzante' ad Ascona, a Patmos. Forse gli anarchici esoterici che danzavano ignudi come delle Isadore Duncan nelle albe sul Monte Verità, e forse Giovanni Evangelista rattrappito nella sua grotta vulcanica a mezza costa avranno goduto di visioni magnetiche analoghe ai cipressi nervosi? Come del resto D.H. Lawrence e tutti gli altri appena arrivati a Taos?

Uscendo dalla clinica per dipingere sur le motif, «Vincent» volta le spalle alla cittadina che è pur fornita di un palazzetto de Sade con intriganti o devastanti associazioni e richiami, e può anche disporre della casa natale di Nostradamus. Ove sull'architrave (in *Narrate uomini la vostra storia*) Alberto Savinio legge il motto «Soli Deo». (Ma aggiunge che nelle pestilenze cinquecentesche a Montpellier si pregava San Carlo Borromeo).

Mancava la piscina rustica di Carolina di Monaco, celebrata dalle «Novelle Tremila»; e l'artista poneva il cavalletto davanti alle Alpilles di Tartarin di Tarascona? Queste nascondono come una quinta portante le rovine di Les Baux, e le loro leggende di nido d'aquilotti feudali ancora ignari dei sottostanti giacimenti di bauxite: Corti d'Amore cavalleresche e galanti nel Dugento, papi avignonesi compravenditori di campagne e città, castellani-flagello col passatempo del salto nel vuoto per i prigionieri, albigesi pieni di brutte storie e comunque sudditi presso Tolosa dei Toulouse-Lautrec. Petrarca sovente in visita dalle vicine deliziose acque della Sorgue, che in buon italiano poetico si dovrebbe tradurre «la Sorca», e dove nacque più tardi il suo illustre collega René Char...

Sotto le Alpilles, rocciose e arroganti come nobilotti in casa propria, non si tendono o torcono o scuotono sui campi gialli i cipressi neri, punti interrogativi dell'inconscio fantasma verso l'angoscia della luna piena in Cielo e le visionarie stelle dell'Orsa mai cadenti, mai desideranti nei sogni notturni di mezza estate. Né si schierano come sentinelle frangivento a proteggere i frutteti in fiore contro il mistral. Allignano piuttosto gli ulivi, come spesso intorno ai santuari terapeutici di Asclepio; e ad Epidauro, Eleusi, Pergamo, avranno giovato agli infermi. Qui fecero malissimo. Nei dipinti di Arles e Saint-Rémy corrugano i rami stravolti in matasse introverse, correlativi oggettivi di un'isteria ipnoide, da ritenzione, da Salpêtrière, ai piedi aggressivi di questa montagnetta a collet monté che esclude e sbarra ogni «guardo» e orizzonte sotto un brillante cielo blu-pentola. E anzi, siccome si fa orizzonte e *plastron*, pare che tutti i peggiori sintomi intricati e contorti dell'umana sciagura siano spinti a trasferirsi flagranti sulle pendici febbrili di questi ermi colli dell'Angst definitiva. Alti sui trecento metri o poco più, malgrado l'illu-

208

sionismo minatorio dei mammelloni tagliuzzati, dei valloncelli dilaniati, delle falesie a brandelli maculati in un *maquis* per Mirelle e caprette di Daudet e Mistral e Pagnol e Gounod e Giono. Né parrebbe verosimile passeggiarvi intorno, o girarvi dietro, per raggiungere i ristoranti seguendo l'avanzare e il ritrarsi delle ombre verdine e verdone e violette, come (poco lontano, e anche in autostrada) alla Montagne Sainte-Victoire, che ha continuato a imitare la pittura di Cézanne («bleuissant du matin au vêpre») finché rovinosi incendi l'hanno ridotta ossea come una Dolomite appena slavata. (Ma Stendhal: una Montagna più interessante di tutte le processioni di questo mondo! qui Mario distrusse i Teutoni! duecentomila morti sul campo di battaglia! una *Victoire* autentica!).

«Vincent» volta molto le spalle. E rimuove («il refoule?») parecchio. Proprio davanti al portone, non vuol recepire la città romana di Glanum, scavata nel nostro secolo e attuale sito archeologico di terme e ninfei da Grand Tour, ma allora immersa nei detriti alluvionali scesi appunto da quei tre o quattrocento metri d'Alpilles-bonsai che dovevano difenderla dai Teutoni. E l'artista ha poi *abolie*, come direbbero Nerval o Mallarmé, la clinica da cui esce nei campi, e tuttora identica: la famosa Maison de Santé de Saint-Rémy-de-Provence, «Établissement Privé Consacré au Traitement des Aliénés des Deux Sexes», detta più semplicemente St-Paul-de-Mausole perché occupa un convento agostiniano antichissimo col delizioso chiostro spesso ritratto da Van Gogh internato, e tuttora freschissimo «fiorito asil» per foto turistiche sempre un po' verdi e marrone data la semioscurità dell'*abri*. Però, fuori, nei suoi tanti esterni/giorno con gli ulivi problematici e i mietitori dell'Io o dell'Es, non figura mai questo St-Paul-de-Mausole, col suo piccolo lembo di campanilino romantico, se non in un frettoloso olietto appartenente ad Elizabeth Taylor (esposto al Metropolitan nella mostra del 1986). Quindi, una posizione e una decisione precisa, per un artista non 'mentale' (nel senso di 'concettuale') e molto bisognoso di un oggetto concreto davanti: stanza, letto, corridoio, finestra, scarpe, riproduzioni di Millet.

E perché *Mausole*? Se ci posizioniamo ove si sarà posto Van Gogh a disegnare, ci si ritrova nel medesimo sito «orticolo» dove negli anni Trenta si aggirava Ranuccio Bianchi Bandinelli (e «l'ombra profetica di Nostradamus sovrasta una querula fontanella») alla scoperta dei due monumenti romani «conosciuti solo a pochi studiosi» e detti Les Antiques: cioè l'arco municipale di Glanum e il Mausoleo (cenotafio) alla memoria dei nipoti d'Augusto morti giovani, i Principes Iuventutis figli di Giulia e Agrippa, che avrebbero potuto ereditare l'Impero. Monumenti importanti anche per gli studiosi della Colonna Traiana (la scuola di Salvatore Settis) perché la precedono di quasi un secolo, con un superbo realismo artigianale da periferia vivacissima dell'Impero: rilievi ricolmi di cinghiali e vittorie, combattimenti vibranti su un caduto espressivo, cacce e battaglie raffinatamente plebee contro Amazzoni «vergini scapigliate e furibonde!» (G. Parini) sotto festoni con maschere e nacchere e putti festivi... E poi, chi sa quali maestranze o cartoni li trasferiranno nella Capitale, sulla struttura coclide importata da Apollodoro di Damasco, il grande architetto di

Traiano che viene da una periferia opposta, molto più sofisticata e colta.

Apollodoro, lo si è appena incontrato con le sue ascese e cadute in casa Getty. Ma anche passeggiando per i suoi luoghi siriani d'origine, come Apamea sull'Oronte, si riconoscono i modelli del suo design nelle colonne non tortili, non salomoniche (non Bernini in San Pietro), bensì col fusto fasciato da rilievi a spirale, come un testo su rotolo. Colpo di genio d'Apollodoro sarà dunque stata, per quell'imponente Colonna Traiana davanti alle più insigni biblioteche del momento, una decorazione allusiva alla spirale dei rotuli in mano ai lettori lì dentro? E se andando molto in su con lo sguardo non si distinguono certo gli scrupolosi dettagli – quando non si approfitta delle impalcature dei restauri – non succederà lo stesso anche per i mostri in cima alle cattedrali? (Attualmente alcune finezze della Traiana si possono osservare meglio nel caffè del Nationalmuseum di Stoccolma dove sono sistemati i pezzi superstiti dei calchi ordinati da Luigi XIV e comprati già usati a Roma dal solito Gustavo III di Svezia).

La stessa trovata fu poi estesa alla Colonna Vendôme di Parigi, non per niente tirata giù durante la Comune da un collega di Van Gogh, ma più di sinistra, Gustave Courbet. (Agli altri Gustavi, Doré o Caillebotte o anche Klimt, sarebbe mai venuto in mente?).

Ma comunque l'artista degli ulivi e dei cipressi non usa mai Les Antiques, anche se per dipingere Les Alpilles avrà approfittato della loro ombra, su questo plateau stesso dove attualmente si discute se andare al ristorante più classico in alto, ai Baux, o a quello più nuovo dei giovani nella valletta (sono fra i buonissimi di Francia) subito dietro il colle dell'Angst. Specialità: piccioncini, coniglietti, anatroccoli. E venuta la notte, giunti a una rinomata e severa 'Abbaye' sopra Salon (dove Nostradamus morì), si pranza in un giardino aperto su una pianura smisuratamente buia e silenziosa, con lucine e stelline vangoghiane in distanza; e ci si congratula per il vero lusso della grande calma: Valéry più Baudelaire (tanto peggio, fuggendo dal Cimitero Marino di Sète, oggi affacciato sul più gran deposito di carburanti del Mediterraneo). Si legge poi, in cella, che l'Abbaye fu bruciata una prima volta perché ricetto di Templari accusati di pratiche abominevoli: una chicca per i piccoli fans del *Baphomet* di Klossowski, dunque. E fu quindi ribruciata dai rivoluzionari dell'Ottantanove, perché una confraternita di laici libertini, sotto la pretestuosa sigla di «Penitenti Bleu», vi teneva da decenni perniciosi weekend 'estremi', già prima che il concittadino Sade incominciasse a sbizzarrirsi e a scriverne. La mattina, dalla terrazza del breakfast, si vede che la valle è interamente carbonizzata, come i crateri dei vulcani nelle Hawaii e le «Combustioni» d'Alberto Burri. Altro che campi gialli di Van Gogh. Un immenso incendio forestale ha appena distrutto tutto. Ecco perché si dormiva in tanta pace.

Quando però è stata divulgata la sparizione o distruzione del «Ritratto del Dr. Gachet», con elaborazione di lutti vangoghiani estivi quasi paragonabile al cordoglio giovanile per la scomparsa di Lady Diana e di John-John Kennedy, si trattava di un quadro praticamente 'virtuale' perché apparteneva da decenni a collezionisti privati. Come i

Rembrandt 'invisibili' che si trovano nelle dimore dei Rothschild, non aperte ai curiosi; e come i maestri antichi e moderni appesi nei migliori salotti italiani dove vive e riceve la famiglia. Dunque i turisti hanno potuto vederlo solo alle grandi esposizioni Van Gogh al Metropolitan e ad Amsterdam: 1987 e 1990. (Senza indicazioni di passaggi o proprietà sui cataloghi).

Ma la vicenda è inversa alle vicissitudini dei quadri sequestrati dai nazisti agli ebrei e poi restituiti dopo intense battaglie legali: come la riconsegna ai legittimi Rothschild austriaci di un celebre Frans Hals e delle altre opere confiscate dai nazi e poi finite al Kunsthistorisches viennese, in fruizione pubblica ma illegale. Tolti dal museo, messi all'asta dai proprietari, passano in collezioni private: legalmente, ma non più 'fruibili' dal pubblico. Un punto per chi si oppone alla nazionalizzazione dei beni culturali «che fanno parte del Patrimonio dell'Umanità» ed è favorevole ai 'caveaux'?

Il caso del Van Gogh era l'opposto: requisito dai nazisti all'Istituto Städel, il grande museo municipale di Francoforte fondato da un cittadino contemporaneo di Goethe. E da loro venduto in Svizzera con tutta l'arte 'degenerata', ma pregiata e costosa, che il regime hitleriano smerciò fino alla guerra per fare soldi. Vicende documentate in immense mostre recenti a Monaco e a Berlino: venivano molto bruciati i quadri di artisti tedeschi espressionisti e d'avanguardia, anche per l'odio e l'invidia dei loro colleghi che sostenevano un'arte ideologica di tendenza nazionale-educativa. Ma per le avanguardie straniere, Goebbels e i suoi calcolavano: visto che la speculazione 'pluto-giudo' ha spinto in alto i valori degli scarabocchi degenerati, facciamogli sborsare in valuta forte i prezzi corrispondenti alle loro stime; se giocano al ribasso, si smaschera l'imbroglio. Erano poi affari analoghi alle vendite di molti quadri dell'Ermitage, da parte del governo sovietico, soprattutto al miliardario Andrew Mellon che li donava alla National Gallery di Washington. Così fino alla fine del luglio '39 in una galleria di Lucerna si vendettero anche i Van Gogh che erano l'orgoglio dei musei di Berlino, Monaco, Brema... E il prezzo più alto (175.000 franchi svizzeri) fu sborsato per l'«Autoritratto» (con la testa rapata) dal direttore di «Art News», Alfred Frankfurter, per conto di Maurice Wertheim che poi lasciò la collezione al Fogg Art Museum di Harvard.

L'acquirente del «Dr. Gachet» dai nazi era un collezionista ebreo; e gli eredi lo vendettero a un ricco giapponese. Sono gli arabeschi del mercato: una società d'assicurazioni giapponese ha pagato il nuovo discusso ampliamento del Museo Van Gogh ad Amsterdam, imponendo un architetto giapponese forse come risvolto del gusto di Van Gogh per l'arte nipponica. Mentre i magnati americani fondano questi loro magnifici musei con dentro i migliori Van Gogh disponibili. Non solo coi proventi delle bibite gasate, però: la Fondazione Carlsberg di Copenaghen ha comprato i suoi bei Van Gogh (oltre a una strepitosa raccolta di antichità romane) coi proventi della birra. Così a questa Ny Glyptotek si possono presentare quesiti per i turisti: ecco il grande «Campo di grano verde», celebrato come il quadro oggi più costoso in tutta la Danimarca. Ma lì vicino c'è anche un «Ritratto del père Tanguy»: perplesso e peloso con ciuffetto e labbra strette, grigioverde su grigioverde nel suo grembiulone. E nessuno lo guarda. E neanche le rose lì accanto, quasi bianche su fondo verde acido. Ma se scomparisse, diventerebbe un feticcio, suscitatore di elegie e di rimpianti? E se sparissero i venti o trenta Gauguin nelle sale attigue? E se si spargesse la notizia (c'è già sui giornali finanziari) che alle ultime aste un Cézanne ha superato i valori di Van Gogh?

Certo, per i masticatori di gomme (potrebbe essere un suo quadro di successo), il 'cult' e la 'pole position' di Van Gogh dipendono, oltre che dall'orecchio tagliato e dal suicidio e dai prezzi miliardari, anche dal fatto che lo si può chiamare confidenzialmente «Vincent», fra amici; e questo piace ai giovani. Come i nostri vecchi, che da ragazzi chiamavano amichevolmente «Giosuè» e «Gabriele» i poeti preferiti. E come si ripete per «Luciano» tenore e «Ronaldo» calciatore. Mentre né Gauguin né Cézanne vengono chiamati «Paul». (Anche Pascoli e Prati non venivano chiamati «Giovanni», del resto. E nel caso dei Gustavi, sarebbe un bel casino: perché oltre ai pittori, ci sono anche Flaubert, Mahler, Charpentier).

Poche speranze insomma per i due «Paul» (benché bravi come Vincent), anche se raggiungeranno quotazioni pazzesche? Forse avrebbero dovuto tagliarsi tutt'e due le orecchie.

Ma di sala in sala, al Norton Simon come al Getty, e a parte le divagazioni da passeggio fra un'opera e l'altra, tipo «Quadri di un'Esposizione», poi non ci si limita a osservare soltanto l'*accrochage* e l'illuminazione e la sistemazione delle pareti di fondo; e i criteri di 'precedenza' mondana o modista nella collocazione dei dipinti, soprattutto italiani. (Le tradizionali suscettibilità dei connazionali all'estero...). E la qualità delle scelte, con le relative date degli acquisti, commentando le preveggenze, le tempestività, l'acutezza dell'occhio e del gusto per le 'occasioni' non convenzionali ma intuibilmente favorevoli... Come nelle celeberrime strategie collezionistiche dei Rothschild, in fondo basate su un principio fermo: tutto ciò che fu di moda in un'epoca, immancabilmente tornerà di moda (riacquistando valore) in un'altra epoca.

Riappaiono qui, fra i commenti, le memorie delle topiche chiacchiere italo-londinesi durante lo shopping natalizio degli anni Cinquanta, fra Jermyn e Bond Street. «Uffa, tutto questo Seicento provinciale! Come hanno fatto bene zio Giacinto e zia Cecilia a liberarsi di tutto il Barocco che avevano in campagna! Solo nella divisione di zia Matilde, ci sono toccate quattordici Madonne da chambre de bonne... E tutta quella mania dei Ratti: da bambini, dover fare i compiti sempre sotto alle varie Europe e Deianire e Proserpine a jambes dans l'air fra questi tralalà di peli e corna e setole...». E come si era decisamente tutti contro il fuorimoda della Controriforma, con quella mania dei vecchiacci così malvissuti e mal *soignés,* mai lavandosi e sempre in disordine anche quando si presentano alla Supervergine, come se fosse una barbona; e seccatissimi perché gli angeli più pastosi dell'Emilia-Romagna vengono giù a suonargli la tromba o la viola; e fissati invece su quel teschio del malaugurio che solo la Regina di Biancaneve ha finalmente incominciato a prendere a calci...

Carichi di profumi Floris e camicie di Turnbull & Asser, non si sapeva che anche il finissimo John

Ruskin definiva quel secolo «in parte spregevole, in parte disgustoso, in parte ridicolo», né che proprio allora l'occhiuto Denis Mahon comprava invece per poco i derelitti e snobbati bolognesi coi redditi materni da birra Guinness e su consigli di Nikolaus Pevsner e Kenneth Clark. Così tanti anni prima, quando Croce deplorava come roba *pseudo*- le 'decadenze' letterarie e artistiche e filosofiche e politiche ed economiche e morali e mentali e civili, Pietro Toesca spingeva il giovane Roberto Longhi verso il Caravaggio, il Baglione, il Bellori, il Malvasia. E verso Pommersfelden (presso il Festival di Bayreuth e la Bamberg di E.T.A. Hoffmann) dove nel primo Settecento i conti arcivescovi Schönborn raccolsero una spettacolare quadreria barocca italiana sotto volte e cupole spesso affrescate dai maestri medesimi. (Qui nasce il mirabile scherzo-pastiche longhiano della *Lettera su Pommersfelden*, col debuttante erudito che si finge un birignoso ci-devant barocco smanioso di drappeggiarsi nel gusto neoclassico à la page dell'abate Lanzi...).

Mentre fra il Warburg Institute con Saxl e Wittkower, e le spedizioni o competizioni con Sacheverell Sitwell e Anthony Blunt e altre zie o spie astutissime, Sir Denis fece cospicui e proficui affari coi Domenichino e Guercino e Rosa e Mola e Carracci proprio nei pochi metri di Bond Street fra Sotheby's e Colnaghi. Dove si concludono con transazioni gli itinerari dei dipinti che partono dagli Aldobrandini e Barberini e Borghese e Chigi, e poi passano agli Hamilton e Sutherland e Bridgewater e Bedford e Stafford e Northumberland e Newcastle, con tappe dagli Orléans o Mazarino e magari qualche deviazione a Madrid. E tutto a un passo dai sarti di Savile

Row, ancora in epoca pre-Beatles: tra magazzini di caravaggeschi fiamminghi con l'effetto lanterna o candela; ostentazioni di rughe macilente e meritorie; frotte di animali pittoreschi, commestibili o allegorici; profeti Elia nutriti da corvi con quei tipici panini ferraresi poi apprezzati anche da De Chirico; Acque Acetose virgiliane o burine frequentate da poveri 'masò' che si percuotono le chiappe coi 'toys' per far piacere ai beati e devoti 'hard'; però anche barcaioli succinti che mostrano tutto davanti e dietro. E il solito Cassiano dal Pozzo: omaggiato come buon mecenate fra dignitosi dromedari dal solito Poussin in «Rebecca disseta Eliezer al Pozzo». (Capita la finezza, baby?).

Ma non erano più ameni («facci sognare!») i viaggi delle ragazze?... Due di Parma, passate a Mantova, fanno parecchia più strada di tante 'nomadi' e 'trasversali' d'oggi: la Leda e la Danae del Correggio vengono mandate da Federico II Gonzaga a Madrid per Filippo II, che però quando diventa moralista le passa al nipote Rodolfo II, più propenso, a Praga. Ma qui ci sarà il Sacco; e gli Svedesi le rapiscono col bottino a Stoccolma. Vi restano poco: Gustavo Adolfo è morto, Cristina viene a Roma, e spedisce i quadri. (I bronzi pesanti restano).
Altro viaggio stupendo. L'erede-amazzone del terribile Regno del Nord che aveva massacrato mezza Europa nella Guerra dei Trent'Anni (nelle campagne tedesche si minaccia ancora ai bambini cattivi: chiamo lo Svedese! facevano pulizia etnica, donde tutti quei biondi), dopo aver studiato con Cartesio e ispirato Greta Garbo, improvvisamente si veste da uomo e vuol farsi cattolica con vista sul Medi-

terraneo. Se il Papa viene a un appuntamento a Bologna, per convincerla. No, darebbe più soddisfazioni una conversione molto teatrale a Innsbruck, sui sepolcri absburgici. Macché, in fondo è più divertente girar le Fiandre con un seguito d'artisti, per studiare pittura. Un momento: la ragazza ora intende intromettersi tra Francia e Spagna per insegnare come si fanno i trattati internazionali basati sul diritto naturale (ha studiato anche con Ugo Grozio). Però farebbe volentieri la Regina di Napoli, è disposta a fornire flotte e tecnici, perché fin da piccina ha molto amato i mari omerici. Oppure non le spiacerebbe di stabilirsi nell'Alhambra di Granada, restaurarla e farne la capitale dell'Europa barocca.

I contraccolpi di angosce e spasimi alla Corte di Madrid sono deliziosi (ci sono i dispacci degli ambasciatori), perché lei fa spesso annunciare una sua visita vantaggiosissima e pericolosissima a Filippo IV (nipote di Filippo II, poi suocero di Luigi XIV, e secondo il ritratto di Velázquez con la 'bazza' più impressionante nella degenerazione absburgica). Fa anzi balenare il progetto di stabilirsi lì e non a Roma, e intanto gli regala i meravigliosi «Adamo ed Eva» di Dürer, al Prado. Prospettive fantastiche: un emblema del più tremendo Lutero viene a convertirsi gratis proprio fra i Gesuiti e l'Escuriale e gli autodafé. Là (direbbe l'abate Parini) «dove il tauro, abbassando i corni irati, / spinge gli uomini in alto; o gemer s'ode / crepitante giudeo per entro al foco». Subito viene commissionato a Calderón de la Barca un auto sacramental molto edificante per la solenne entrée. Ma lei già prenota le corride per Natale, fuori stagione, e con requisiti coreografici esigenti.

E la Corte è terrorizzata. Già il protocollo studiava accoglienze tipo Regina di Saba e Salomone. Ma gli ambasciatori informano che a Bruxelles e ad Anversa, province absburgiche difficili ma dabbene, lei va in giro vestita come il Don Gil dalle brache verdi di Tirso de Molina, cioè (altro che Calderón) ragazza intraprendente vestita da giovanotto seduttore. Secondo le spie, si sta piuttosto ispirando alle pericolose fantasie di *Persile e Sigismonda*, di Cervantes. E ad Amburgo, arrivando a una festa con due portoghesi, rideva: «chissà cosa avrebbe detto la mia mamma (che era una Brandeburgo: i baluardi della Riforma) se mi avesse vista in carrozza con due antiquari ebrei». Quello che è troppo... Si decide di ignorarla per sempre, in quanto «povera squilibrata, non presa sul serio nemmeno da Papa Alessandro VII, che è un Chigi». E lei intanto, arrivata alla Lungara, bazzica Scarlatti e Corelli, Maratta e Fontana, Bellori e Filicaia e Crescimbeni; e accresce le collezioni.

Quando poi muore, Elisabetta Farnese, ormai regina di Spagna, compra in blocco la raccolta dei suoi marmi di scavo (sette-otto sale piene, per lo più da Villa Adriana), che partono per la Granja e le altre residenze reali in campagna. Mentre i quadri vanno agli amici prelati eleganti, che man mano li rivendono. Allora le nostre due ragazze si rimettono in moto: da Bracciano a Parigi! (Cioè, dagli Odescalchi agli Orléans). Ma lì qualcosa non va, forse per certi neomoralismi nella schiatta. E così procedono separandosi: la Leda, con tutti i suoi cigni e cignetti da balletto, arriva da Federico il Grande a Potsdam, dove si sistema con Sebastiano del Piombo e Lorenzo Lotto. La Danae va invece in Inghilterra, dal duca di Bridgewater, ma non rimane molto. Le due si ritrovano infatti per un momento a Parigi, a causa di Napoleone, che rapisce la Leda a Berlino e paga diversi acquisti artistici a suo cognato Camillo Borghese: così questi può comprare la Danae, e la porta a Roma nella Villa, dove sta ancora. (Mentre la Leda fa ritorno in Prussia).

I disegni della collezione di Cristina viaggiano invece da Bracciano a Haarlem, perché gli Odescalchi alla fine del Settecento li vendono al Teylers Museum, il più antico dei Paesi Bassi, istituito da un ricco mercante per filantropia artistica e 'savante'. Ma non bastando i fondi per acquistare quadri importanti oltre ai fossili e alle medaglie e agli strumenti scientifici, si ripiegò su questa raccolta di duemila disegni in parte di Michelangelo e Raffaello e Domenichino e Guercino e Pomarancio e Primaticcio, eccetera. E quando sono stati esposti alla Farnesina, si potevano apprezzare nei carteggi le ansie crescenti dei curatori di Haarlem che avendo già pagato la fornitura si vedevano spesso rispondere da Civitavecchia che non c'era mai disponibile una nave diretta per l'Olanda.

Un tragitto inverso a quello dei tre Rembrandt inviati dall'autore al famoso collezionista don Antonio Ruffo di Messina, che ordinava per corrispondenza dando le misure e il soggetto e il prezzo. Fra queste opere, la più famosa è certo «Aristotele che contempla il busto di Omero», perché quando nel 1961 dopo vari passaggi fu comprato dal Metropolitan il prezzo di due milioni e trecentomila dollari fu celebrato come il più alto fino a quel momento, e si sfilò numerosissimi davanti al tesoro, sistemato su un cavalletto di velluto rosso. Più sfortunato fu l'«Omero cieco», opera della vecchiaia come il «San Bartolomeo» del Getty, e dunque rimandato indietro da Messina ad Amsterdam perché don Antonio (non potendo trovarlo «ottocentesco») lo giudicò «incompiuto», e chiese a Rembrandt di completarlo come nella gioventù seria. (Se ne sta all'Aia, al Mauritshuis, anche se l'autore lo rifinì e rispedì. Ma sembra un Omero ebreo, e chissà che altri commenti a Messina).

Ancora una ragazza di Parma in viaggio? Proprio Elisabetta Farnese, l'ultima della famiglia, cresciuta modestamente sotto le cupole del Correggio però figlia di una Principessa Palatina che aveva come sorelle l'imperatrice d'Austria, la regina del Portogallo e la regina madre di Spagna. E come cugina dunque la grande Palatina formidabile autrice di lettere e cognata del Re Sole. Secondo i Fasti Farnesiani, nel megalomane Palazzo di Piacenza, Elisabetta saluta la patria fra padiglioncini improvvisati e frugali su un Appennino accidentato e selvatico. Si imbarca a Sestri Levante (si andava per nave, come le due Medici regine di Francia), ma scende a Sampierdarena per il mal di mare, mettendo in imbarazzo la Repubblica genovese che non aveva programmato accoglienze regali. Ci pensano le grandi famiglie ritratte da Van Dyck, lei si diverte molto e si trattiene a lungo. Non le piace invece Monaco, dove il principe Grimaldi tenta di darle dietro due figlie con poca dote. Ma Elisabetta li mette a posto subito: niente pranzi, perché le regine di Spagna possono cenare solo con altri re, oppure in camera. E niente concerti di musica monegasca, perché la annoia. A Madrid ha già ingaggiato il famoso cantante Farinelli, per curare la depressione di suo marito Filippo V.

Dopo tre mesi raggiunge a Pau la Corte, dove spadroneggia l'intrigante «princesse des Ursins» sovrintendente di Casa Reale, che si era già imposta alla prima moglie di Filippo, una Savoia debole. Ma non appena quella si permette di sgridarla per i ritardi nell'arrivo, lei la fa arrestare e la manda immediatamente in esilio. In abito di gala, nella brutta stagione, senza vestiti né cibi per il viaggio: il bagaglio seguirà. L'Europa allibisce. Il marito, anche. C'è lo zampino dell'abate Alberoni, intrigante ancora più temibile? (Secondo Saint-Simon, c'è una connivenza di Luigi XIV e di Filippo V, che la vecchia ricattava). Ma oltre ad essere la madre del futuro grande Carlo III, Elisabetta incomincia a segnare col giglio farnesiano le 'sue' opere d'arte, per distinguerle dai beni del marito.

Il Palazzo Farnese a Piacenza sembra inverosimile, perché è vero che Madama Margherita d'Austria, figlia naturale di Carlo V e sposa di Ottavio Farnese e madre di Alessandro e governatrice dei Paesi Bassi, «vedeva in grande»: come dimostrano Palazzo Madama, Villa Madama e altro. Però commissiona al Vignola, architetto di famiglia e di Caprarola, un palazzo colossale (quando non c'era ancora il paragone di Versailles o Caserta) per la seconda città di un ducato piccolo. E i lavori si interrompono presto, perché dopo le insurrezioni nei Paesi Bassi (con l'affare Egmont, e il resto) lei viene mandata da Filippo II a governare gli Abruzzi (donde anche Castel Madama). Ma l'impianto, come si vede dalle fondamenta e dalle maquettes lignee, è di un 'mega' senza paragoni in quel Cinquecento assoluto: il pezzetto costruito, con lo scalone e le prime sale, sembra più grandioso del Palazzo Farnese romano.

Eppure: «... in the petty municipalities of Emilia». E in quel «petty» commiserativo di Berenson si compendia di solito tutta la meschinità piccoloborghese dell'Universo europeo. E quale sorpresa, dunque, dopo tanti 'Inevitabili' (Michelangelo a Firenze, Raffaello in Umbria, Tiziano a Venezia...) l'apparizione locale fra i «various rivulets tapped from rolling rivers» del «delicious *stream* which we know as Correggio». Ma che stupore anche per quel curioso *stream*, che qualche volta sarà *of consciousness*, però di solito evoca inconsciamente un getto liquido piuttosto consistente e diretto. Per di più, in paraggi dismessi dalla Belle Époque giacché «uninspiring» come Parma o Piacenza. Altro che le violette.

Suggestioni o effetti 'liquidi' del Correggio? «... Davanti a una Madonna col Bambino, opera certamente di quel gran genio lombardo che fu l'Allegri: aveva una grazia indescrivibile nei tratti del volto, una gran delicatezza nel colore; i capelli biondi erano dipinti in maniera inarrivabile, come deliziosamente spinti da un'aura lieve sopra le giovani mammelle. Davanti a ogni quadro vi era una pianta fiorita: davanti alla Maddalena, boccioli e rose in fiore; davanti alla Madonna, gigli e garofani che lei stessa aveva coltivato d'inverno... Alla fine non fui più padrone di me stesso. Mi liberai degli abiti e mi accostai pian piano con tutto il corpo alla cosa più bella che esista al mondo. Con la punta delle dita scostai la camicetta ai due lati, mettendo a nudo le mammelle che mi sorrisero coi loro boccioli innocenti, come implorando di venir risparmiati nella loro verginità; sollevai il lenzuolo dai piedini

224

asciutti e slanciati e dalle belle gambe fino alla
metà delle cosce che salivano verso l'alto come colonne rotonde e opulente...».

Questo è l'*Ardinghello* di Wilhelm Heinse, 1787:
dunque contemporaneo del *Tasso* di Goethe e della *Mirra* d'Alfieri. In viaggio artistico-erotico nell'I-
talia pre-Stendhal chiama volentieri «gran Lombardo» il Correggio e apprezza soprattutto gli «eccellenti e voluttuosi gruppi ove la delizia dell'amore si manifesta con la profonda armonia dell'anima e la serena fantasia»: Leda contenta del suo cigno, Io felice fra le zampe di una nube tipo scim-
mione, indicazioni eccellenti soprattutto per le
Margherite ed Elisabette e Marie Luise di Parma.
Quando però alza lo sguardo sulla cupola correggesca di San Giovanni Evangelista – le tipiche visioni apocalittiche a Patmos – il preromantico «resta
stupefatto, inchiodato al pavimento come per un
incantesimo, osservando un giovane di questa terra, dagli attributi soprannaturali, ascendere verso
lontane altezze, trasportato da tempestosi e servi-
zievoli venti che giocano carezzevoli con il suo ampio mantello di porpora».

Qui però giocano soprattutto gli artifici illusionisti-
ci, di Correggio: altro che i tratti *soft*, *flowing*, *ca-
ressing*, di un temperamento «già figlio del Rococò
francese». (Come il Reni per Stendhal: «Guido,
âme française»). Ma sarà un brutto vizio postmoderno riconoscere negli «ovati» correggeschi nella
Camera di San Paolo, sempre a Parma, il classico
«œil-de-bœuf» di Proust o il «buco» nelle vecchie
cabine o il «glory hole» nelle antiche stazioni an-
glosassoni? Cioè quegli espedienti basici e classici
del voyeurismo istituzionale che trasferisce e con-
centra l'erotismo dagli elementari organi ad esso

deputati in uno Sguardo che *penetra* attraverso un *buco* non corporeo ma ottico. Anche esaltando come esperienza privilegiata tutto ciò che senza il Foro e l'Ostacolo potrebbe ricondursi a un anticlimax feriale da spiaggia libera.

Entro questi oculoni di verzura nel gazebo alto del mondano parlatorio, il movimento dei bambinacci correggeschi può sollecitare interpretazioni e interrogativi sui significati e le motivazioni – oggi si direbbe il *target* – perché sono piuttosto sviluppati, vissuti, e senz'ali. Non «culini d'oro» per intenerire mammine di pupetti e spingerle ad acquisti di borotalchi e carte igieniche di sofficità tipo famiglia. Siamo in un convento di monache. Nemmeno «culini santi» di tesorucci, però. Siamo sulla soglia di quel primo fil di barba che preannuncia cambio di voce bianca e imminenti – benché inesperte – soddisfazioni per le signore. Temi per lo più svolti da Gide e Colette: se il buon seme non muore verrà su il grano in erba, e noi siamo lì pronti. E anche Sandro Penna: «Mutare il verde prato / in un giuoco proibito. / Mi ci sono provato. / Ma ci sono riuscito?».

Così pare di ascoltare *live* il programma iconografico della committente, la savia e mondana Badessa Piacenza, Gianna detta Diana. «Sentite Correggio, mostriamo qualche riguardo per i signori che vengono a far conversazione: signori tanto bravi con la gioventù, che prendono a benvolere tutti i ragazzi, i rispettosi come i dispettosi, non come quei vecchi arcigni che non li vogliono neanche vedere finché sono piccoli. Questi sono signori talmente alla mano che scherzano sui culatelli e i felini col garzone del salumiere; però educati, aggiornati, eruditi, fra le poche persone che si possano ancora frequentare in città. Correggio mi raccomando».

Saranno poi gli stessi amici locali della Badessa, su per la cupola dei frati di San Giovanni Evangelista, in diversi momenti della giornata, quegli «ambigui vegliardi in vestaglia accanto agli angioli senz'ali», secondo Longhi?... A Patmos indubbiamente questi vegliardi girano ancora identici, con salviette e ciniglie uguali alle correggesche, fra questi stessi ragazzini disposti ormai alzando il prezzo a riportarli in palanchino dalla grotta di San Giovanni Evangelista e dalla spiaggia su a Kora al monastero per le funzioni bizantine dei monaci. Apostoli per lo più antiquari fra Londra e New York, e il più giovane era Bruce Chatwin. Ma comunque a Mikonos sono molti di più.

Come in Proust, e come nelle scene di teatro, questa cupola parmigiana correggesca ha due 'côtés'. Dalla parte del pubblico (cioè i fedeli), il volo del Cristo appare come un'Ascensione effettiva; e infatti il giovane Giacomo Minore, avendo già salutato e preso congedo e augurato buon viaggio, non si attarda a fare ciao con la mano come alla stazione. Invece dalla parte del coro i monaci dovevano guardare il rovescio della medaglia o della frittata: un vecchio Giovanni Evangelista già immerso e schiacciato a Patmos fino alla cintola come un Atlante malvissuto di Blake o Beckett che vede questa cosa abbastanza tremenda, un Gesù anziano e stempiato e depresso che non sale su ma cade a testa in giù scomposto e smarrito proprio addosso a Patmos. Non come quegli aviatori o aviatrici che nei film del Trenta planavano ridenti su un mucchio di fieno provvidenzialmente lì pronto. Una visione davvero apocalittica, come per rinfocolare i caratteristici spaventi circa un Aldilà non più in compagnia di Endimioni e Atteoni e Adoni morti giovani e romantici o neoclassici e splendidi, bensì di vecchi Gerolami e Antoni e Tommasi d'aspetto sconsolato e repellente. E tutto l'horror di cercare ancora di comportarsi sempre come si deve e a posto, dovendo prima o poi salutare i papi e cardinali per le cui crociate si sono chieste tante scuse qua, ma non si sa mai se la retroattività funziona anche là.

Altro che profumi di violette stendhaliane o proustiane. Longhi citava divertito John Addington Symonds per cui la cupola correggesca del Duomo parrebbe «un paradiso erotico musulmano con angeli-efebi quali urì». E commiserava i suoi colleghi incapaci di interpretazioni «epicureistiche o anti-trascendenti», e di «illuminata struttura mentale». Ma andando a compulsare i *Memoirs* di Symonds, si scopre che il suo paradiso terrestre era il giardinetto dell'osteria Fighetti al Lido di Venezia: «Gondoliers patronize this place, because Fighetti, a muscular giant, is a hero among them».

IX

La magione degli Huntington a Pasadena (anzi, a San Marino) può apparire come una reggia europea con vasti parchi dinastici – tipo magari Drottningholm o Schleissheim – anche se il suo neoclassicismo Beaux-Arts rammenta piuttosto (in grande!) gli hôtels particuliers dei collezionisti 'proustiani' (o 'rothschildiani') sui boulevards parigini in odor di pompier. E i solenni interni celebrano e ricreano l'Arte della Country House inglese e scozzese come operona passabilmente 'totale'. Con i medesimi arredi storici, un «Compro tutto!» del più sontuoso e assolutamente autentico. Arazzi di Beauvais e tappeti della Savonnerie, porcellane di Sèvres e Meissen, sante senesi e fiamminghe, Veneri galanti, argenterie e cineserie, bronzetti di Giambologna e De Vries, busti e marmi di Falconet e Houdon, miniature, Canaletti, orologi, Wedgwood, Gobelin, Chippendale, Ming, George Washington e cavalli di Stubbs e tavolini di Robert Adam, Madonne del Pinturicchio e poltroncine della Pompadour.

E un collezionismo bibliotecario altrettanto energico e sontuoso. La Library espone una Bibbia latina di Gutenberg con grafica mirabile e illuminazioni a mano (Mainz, 1455), un Chaucer manoscritto su *vellum* del 1405, e i molti altri tesori della Bridgewater Library, portata a Pasadena nel 1917 (anche per metterla in salvo) da Arabella Duval Huntington, una matrona da commedia d'Oscar

Wilde qui presente in effigie. Insieme al consorte, un omarino calvo da film di Lubitsch con baffetti contegnosi e colletto con punte rigide in su, in un bustino firmato dallo scultore russo-verbano Troubetzkoy. Nel suo piccolo splendido mondo estremamente 'concluso' di magnifiche rilegature da arredamento ducale entro boiseries architettoniche molto inglesi e scure. Interni da Hogarth, da Royal Academy, da 'conversation pieces', con 'viste' e 'punti di fuga' su papiers peints francesi; e le concessioni al Moderno si arrestano a un Canal Grande di Turner, a un Vesuvio di Wright of Derby.

Qui nelle file e teorie di 'stately' sale e saloni i quadri da arredo e addobbo fra i mobili e soprammobili di immenso pregio sono generalmente di Gainsborough e Reynolds e Constable e Lawrence e Romney. Preferibilmente con bimbi graziosi e leziosi, coppie di fratellini e sorelline, generali, ammiragli, cavalli, cani, paesaggi con barche e ruscelli, cappuccetti rossi. Anche numerosi pezzi di Boucher, Nattier, Lancret, Watteau: molte altalene di damine, però nulla al di qua di Greuze. Mentre fuori nel parco si stendono universali e multiculturali un giardino tropicale e uno desertico, uno giapponese, uno australiano, uno di palme, due di camelie, uno di erbe e aromi, uno shakespeariano e uno zen, oltre all'aranceto e al roseto, alla piccola giungla, allo stagno delle ninfee, alle serre dell'ikebana, e al Mausoleo. Per le famigliuole e le scolaresche, piuttosto, esposizioni di antichi viaggi e navigazioni nel Pacifico. Con mappe e libri e documenti storici: come nelle rievocazioni centenarie a Lisbona e a Siviglia. Le più interessanti pratiche marinare; le graziose dimore del potere; le merceologie pittoresche; le atrocità del colonialismo con le iniquità dell'Inquisizione: perfino sull'isola di Cebu la purezza del sangue cattolico esigeva i «quattro quarti» di ascendenti né musulmani né ebrei né eretici né naturalmente indigeni (mentre l'erudizione amministrativa provvedeva ai vocabolari giavanesi-olandesi).

Ma dopo aver salutato di passaggio una 'puntuale' Madonnina di Rogier van der Weyden e uno spettacolare scudo d'argento di John Flaxman (un monumento insieme a Canova e a Valadier, oltre che a Omero per l'ispirazione e al Perù per la materia prima), ecco infine il salone trionfale. Apparentemente (sono ritratti più che viventi), hall di un super-Ritz-Palace per ereditiere e vedove da Thackeray a Edith Wharton. Figurativamente, un set per party in Riviera di dame e debuttanti e megere sprezzanti per reddito fondiario, spesso chiamate Diana o Penelope o Celia, ma nessuna con espressione graziosa o simpatica, malgrado gli astuti artisti ammiratori soprattutto di Van Dyck e dei beni di fortuna.

L'insieme è volutamente abbagliante, spettacoloso con intenzione. Il damaschino beige alle pareti appare molto sottotono, ostentatamente e giustamente; e il vasto lucernario 'fa' soprattutto salone degli sportelli solenne e vecchiotto, in una cassa di risparmio d'antico stampo, personalizzata ed efficiente. Ma qui i medesimi artisti usati come arredatori e fornitori nei vari saloni e salotti vengono esposti e valorizzati come autori di capolavori eccelsi, da museo «top of tops».

Ci si sbalordisce? Ma allora se non sono a Windsor si trovano quasi tutti qui, con le Ladies e Mrs Spencer e Petre e Kirke e Siddons e Willett e i bambini Marlborough e Beckford (di Van Dyck, Gainsborough, Reynolds, Lawrence, Romney), i più illustri ritratti nobiliari e teatrali, le più famose analisi della bellezza e delle passioni, gli studi dei caratteri, le sintesi dei temperamenti come portamenti fra Rubens e Reni e Albani in rasi ghiacciati e piume altere e passioni di parata. Tappezzerie e sartoria e ritratti di paesaggi quali tipici correlativi obiettivi psicologici di gala; linee e grazie ondeggianti e serpeggianti in un pre-byronismo già quasi spasmodico... Le pose dell'alta società come rappresentazione teatrale modello di recitazione e atteggiamenti ammirevoli per spettatori (certo non *voyeurs*) altamente consapevoli, intenditori di elette voci impostate e nobili positure da prontuario tersicoreo: ma senza lo spirito ironico irlandese di Congreve e Sheridan e Wilde... «What a party!». Ci si domanderà quante *beauties* e *celebrities* del Settecento saranno rimaste nelle gallerie di Gran Bretagna. (Eppure, in fondo alla Library, si conservano anche le ultime lettere di Aubrey Beardsley).

A un estremo opposto (in qualunque senso), cioè a Westwood, un edificio basso e piatto a fasce orizzontali pisano-lucchesi sul Wilshire Boulevard racchiude l'«Armand Hammer Museum of Art and Cultural Center» e le direzioni di «Occidental Petroleum»: creature di quello scaltro e bislacco tycoon che incominciò come amico di Lenin a far benzine con l'Unione Sovietica e dopo altri discussi traffici finì per appicciare il suo nome effimero a un celebre codice leonardesco già appartenuto agli Earls of Leicester e poi rivenduto a Bill Gates.
Nel garage ci sono anzitutto i posti riservati per una banca; e appena fuori dall'ascensore si incon-

trano gli uffici amministrativi. Siamo in un patio spagnolo molto murario e spoglio, da scuola o caserma, piuttosto deserto benché ci si trovi nelle vicinanze dell'UCLA, la grossissima università di Los Angeles. Un Art Rental offre opere d'arredo in affitto: contemporanei finti Kline a 125 dollari per tre mesi. Dentro, paiono finti o multipli non solo i Rembrandt e Goya e Tiziano, ma perfino i preraffaelliti e Gustave Moreau.

Eppure, fra i tanti minuscoli Degas e Lautrec ed Ensor e Rouault e Boudin e Vuillard e Cassatt, e una quantità spaventosa di bustini e bronzetti di Daumier, ogni tanto si riconosce un capolavoro già incontrato altrove, o con un suo posto nella memoria citazionistica. Un illustre (ma frugale e invernale) «Bonjour M. Gauguin», in pellegrina e baschetto campestre, piuttosto afflitto a una stanga rustica: non gongolante come il suo soddisfatto *confrère*, il «Bonjour M. Courbet» a Montpellier, sotto il cielo di Provenza e con un ospite provenzale uguale a Garibaldi. Su queste pareti, invece, di qua c'è un buon seminatore minaccioso di Van Gogh su un campo nero davanti a un lontano paesaggio industriale. (Buonanotte, vecchio M. Millet?...). E di là, quello sgargiante «Dr. Pozzi» che si incontra di solito in tutte le mostre di Sargent con la sua clamorosa vestagliona rossa-su-rosso da casa, la febbrile espressività rinascimentale, le delicate dita da ginecologo, e la notizia che fu presto assassinato da un paziente. Anche una bellissima Sarah Bernhardt ancora giovanile (di Alfred Stevens) e una graziosissima Bordighera di Monet che il degrado ligure attuale ci rende romantica e patetica.

La parte espositiva, al tempo della visita, era consacrata a Walt Disney. L'architettura della rassicurazione, dai cartoni animati domestici ai progetti e disegni per i parchi tematici. L'arte della tranquillizzazione collettiva per tutta la famiglia negli aggregati di topi e paperi contemporanei di massa. L'infantilizzazione sistematica omologata quale placebo per la comunità globale in mutande e ciabatte e berrettini girati sopra occhioni attoniti e vuoti e boccone semiaperte in attesa del junk food. Nelle mortificazioni gregarie e concrete dell'urbanizzazione trafficata, delle spossanti carriere emergenti, delle facezie consolatorie obbligate per gli schiavi della gleba telematica.

«Facci sognare subito», dunque. Ma «i sogni son desideri» con tutti gli accorgimenti della tecnica. E della psicotecnica, applicata al design e all'immagine: dissimulando i congegni elettronici che 'supportano' le rappresentazioni disneyane dei fantasmi. La Main Street familiare *di una volta*, tra fischi e sirene di vecchi treni; ma sulla 'piazzetta centrale' si concentrano gli studi sociologici e di mercato, circa gli interessi o disinteressi del consumatore di massa per le vie laterali ai vari incroci. Soprattutto nel commercio e nella vetrinistica, oltre che nell'immobiliare: dopo due o tre passi il consumatore non si spinge lateralmente, questo lo vediamo anche nelle città italiane, con i turisti. Mentre i castelli di fiaba (tipo Ludwig) vanno omogeneizzati soprattutto per i francesi e i giapponesi: perché le dimore fatate, nonché soggiorni di lusso, possono magari nascondere minacce sadiche con mostri e draghi appiattati nelle cantine e nell'inconscio. Invece i razzi e le astronavi verso il futuro o la luna devono soprattutto palesare il *buono* nella tecnologia.

Dove le fiabe *diventano vere*, i Fratelli Grimm si incroceranno con l'Avvenire Spaziale, tra elefantini e Cenerentole; e Ludwig con i futuristi russi, per i bambini alla Davy Crockett. Fra case degli spiriti, villaggi rustici, giungle incantate, filtri di streghe, torte di mele, tucani automatici. Però, dietro e sotto, sempre, City Hall, Town Square, Penny Arcade, Ice Cream Parlor. Soprattutto nella progettazione dei chioschi di vendita. Ispirazioni tradizionali dalle illustrazioni di Norman Rockwell e dalle canzonette dei 'barbershop quartets'. Ma anche una genuina fissazione fondamentale di Walt Disney per gli automi e le figure robotiche e le ferrovie-giocattolo: manie già famosamente lodate da Henry Ford e da Salvador Dalí.

Ceci me rappelle cela... Già vent'anni fa una analoga mostra portò dalla Baviera al Victoria & Albert Museum i documenti dell'intensissima progettualità artistica e tecnica dietro le fantasmagorie più concrete di Ludwig II, il vero antesignano di Disney. Per edificare quei famosi castelli di fiaba un secolo addietro, e per attrezzarli fino alle maniglie dei termosifoni con accessori altrettanto fiabeschi, l'attività di quei designer monacensi dovette raggiungere vertici spasmodici di specializzazione e differenziazione – dal bizantino al trobadorico al turchesco, dalla Città Proibita e dalla Dubarry alla fata Confetto e al Walhalla – senza paragoni praticabili in un'Europa che non si stava tirando davvero indietro da alcun eclettismo combinatorio e sincretistico.

Ecco allora tutta una pubblica amministrazione integerrima – in uno Stato ove la burocrazia e la tecnica funzionarono sempre benissimo, ma dove i lavori pubblici riguardavano per lo più ponti e strade, ferrovie e ministeri – passare con una rapidità e una disinvoltura ineccepibili dalle committenze già borghesi dei sovrani precedenti (contenti ormai del castellotto neogotico-turrito di tipo brianzolo) a dar forma e arredo ai trips di un monarca che vive full time la Dimensione Fantastica.

Quei disegni e progetti, dovuti ad architetti di Corte e a tecnici ministeriali, con la collaborazione degli scenografi dell'Opera, erano meraviglie di invenzione ed esecuzione, e anche di precisione. Alzati e sezioni e dettagli in scala di bucintori veneziani e savane orientali pensili, troni del Pavone e pannelli di Trianon grandi e piccoli, con sgabelli di coralli intrecciati, portapomate tutti smalti e ceselli, slitte lampionate e piumate, vasi per arancere inghirlandate in gallerie degli specchi, grotte navigabili e illuminabili con un campionario di tinte naturali e artificiali, rubinetti e ringhiere e candelabri e tagliacarte e manici di brocche e cordoni da tende e fermagli per i cordoni e cofanetti per gioielli wagneriani e letti con baldacchino-lampadario retto da angeloni trombettieri in un trionfo di struzzi (o a guglie gotiche fittissime con scaltri ammicchi a Viollet-le-Duc) in pergolati dipinti con cerbiatti e scoiattoli e altri animaletti della foresta...

Ma dappertutto, le misure precise: dietro il Venusberg e la Capanna del Bandito e la Contrada del Cigno e la Cascata di Nettuno (trasformabile in teatro di verzura più vasto di Epidauro), tutte le travature, le tubature, le prese, i giunti, i montacarichi, le rotaie, le passatoie, le cadute d'acqua; e tra piuma e piuma, cristallo e cristallo, delfino e zarina, tra mensole e pendole e lapislazuli ed agate, m 14,95 × 8,05, cm 12,15 × 14,45. E presso ogni dettaglio, le indicazioni e correzioni specifiche e ossessive del sovrano competente...

Ma ora, una volta trasposta la Baviera fatata in California, e poi la Hollywood mitica in Florida, e tutti i mondi magici nuovamente in Europa, coi Grimm sulla Senna, la sofisticata progettualità dei più celebri e illustri architetti contemporanei dovrà trasferire la *décadence* eclettica del Sunset Boulevard in un redditizio Reame Incantato dove il Palazzo Ducale veneziano si innalzi multipiano e 'in stile' quale mega-hotel con vista sul villaggio polinesiano e sul pianeta cyborg, un ristorante-colonnato del Bernini che abbraccerà con polpette e bibite milioni di piccoli pellegrini da favola... In una Città Ideale con San Marco e San Basilio accanto al Davide e al Tivoli, Luxor e il Pantheon e il Taj Mahal fra le piramidi Maya e le nostalgie pedonali per le antiche cittadine rurali non ancora strangolate dal traffico...

X

Ma gli immensi magazzini generali del passato so-
cio-culturale pubblico e mondano di Los Angeles
si accumulano in preda a rifacimenti continui nel
County Museum: un insieme di insiemi in enormi
edifici disparati e sformati, come cantine sociali e
mulini del primo Novecento. Disfatti e rifatti: già
ospitando le collezioni più importanti in attesa di
sede o trasloco, ora anche piattaforme di rock po-
meridiano per gli anziani del vicinato. Benevolen-
za civica, con gelaterie e installazioni di artisti 'New
Age' per tutta la famiglia, dopolavori 'Nirvana' e
'Magic Bistro' con musiche uso Brian Eno e figure
e colori tipo Ernst e Dalí, tutto gratuito e soft. Vastissimi ascensori per le masse. Ma non molti salgono ai piani.

Rimangono piuttosto giù nei cortili, fra le musi-
chette e le bibite. Come per rappresentare concretamente, fra vecchietti e ragazzini venuti magari a
piedi, non tanto le discussioni critiche e politiche e
mediatiche circa la gestione dei patrimoni culturali in torri d'avorio o in parchi a tema: piuttosto, ecco nella quotidianità pratica un «sito di coinvolgimenti collettivi» per la comunità basica civile. Già
tenuta insieme (ai tempi di Frank Capra e Thornton Wilder, ripete la canzone), oltre che dalle varie
chiese e dall'unico cinema locale, anche dai negozietti familiari sulla Main Street (ora ricostruiti nei
theme parks della Disney Corporation), e dalla
banca locale, dal giornalino locale, dall'assicurato-

re confidenziale, oggi anelli in catene commerciali con direzioni centrali lontanissime. Mentre l'ospedale si riduce a una struttura burocratica sempre più anonima, e mentre i centri sociali all'italiana si proporrebbero subito come organismi vandalici contro la società medesima.

Non più solo tempio di culto, negli Stati Uniti, proprio il museo tende a risultare il 'centro' della società locale: raccogliendo i lasciti in memoria degli affezionati genitori, degli indimenticabili consorti, dei fondatori di corporations grandi e piccole. Mentre in Italia sopravvive piuttosto il teatro dove i cari estinti canticchiavano «La donna è mobile» e «Va' pensiero». E ormai dovunque si vengono sviluppando i tormentoni istituzionali e finanziari fra i 'santuari' che dovrebbero conservare i Donizetti o Beccafumi ereditari con le animazioni e le ultime provocazioni, e le mini-Disneyland per passeggini e telefonini di coinvolgimento. Ma allora, ancora, sarà più *santuario* o *torre d'avorio* un Louvre o un Metropolitan in mezzo al movimento e al traffico, o il Getty Center con ingresso popolare gratuito da prenotarsi con settimane d'anticipo in cima al suo cocuzzolo remotissimo da ogni *downtown*? Un Bloomingdale's con liste d'attesa, o un Montecassino immerso fra negozi e macchine? E il venerabile MOMA dalle pareti così pallide non apparirà adesso un vecchiume o un relitto del Moderno, *superato* come tutti gli allestimenti che 'fanno' anni o annetti Cinquanta? Tipo quel riordino di Capodimonte così chiaro-chiaro nel dopoguerra del sovrintendente Bruno Molajoli, col Simone Martini in una sua cappella vetrata su cui per anni le piogge di fango africano mai spazzato – gradatamente – obliterarono l'ingresso alla luce del Golfo celebrata da Di Giacomo e Totò? (Mentre – sono testimonianze storiche – i 'custodi' schiacciavano arrabbiati le cicche sotto le scarpe nelle sale; e quando una donatrice di ritratti e paesaggi ai Musei Nazionali osservò a una insegnante che le sue scolaresche dopo aver giocato a palla fra i dipinti del Seicento ora facevano pipì contro i comò del Settecento, fu assai redarguita: «e se gli scappa? devono sapersi esprimere liberamente senza le vostre inibizioni!»).

Ma per mantenere e presentare adesso il Passato Artistico, sarebbero eventualmente applicabili a tutte le Belle Arti gli stessi criteri e parametri gestionali e interpretativi correntemente praticati per il patrimonio musicale e teatrale, anche malgrado i «buuu» degli esperti e dell'utenza? Le 'provocazioni' per svecchiare Shakespeare e Wagner, e mettere Mozart e Verdi ed Eschilo al corrente con le coordinate del nostro tempo, cioè il disagio a pagamento, la trasgressione che non tollera dissacrazioni, la violenza che esige reverenza? Tutte le opere di tutte le epoche – tranne la nostra – ficcate a forza in tremendi lager nazisti con crudeli SS; in manicomi e carceri con detenuti e degenti in pigiami zozzi intorno al lettuccio di morte per l'incubo-flashback di prammatica; in degradi e sfasci di fabbriche disastrate, officine trucibalde, cazzo-cazzo-cazzo di teppisti e vandali, nudità e sadomaso per ottenere titoli e articoli impietosi e scomodi, vaffanculo di spacciatori e stupratori extracomunitari e tossicodipendenti con l'Aids e l'ecstasy, sottopassaggi e sfasciacarrozze per i Classici, poltrone a rotelle e pattini a rotelle per i Romantici, handicappati e disabili e televisori punk e funk e junk per il verismo, in circhi-metafora della condizione umana rave e reggae e rap, automobili e motociclette e motorini con acconciature anni Trenta e Cinquanta e sadomaso cybergrunge soprattutto per le Marie Stuarde e Lucrezie Borge e Battaglie di Legnano e Barbieri di Siviglia e Maestri Cantori di Norimberga e Madame Butterfly e Turandot e Aide... MAI per i lavori di autori viventi e presenti, che non tollererebbero nemmeno arrangiamenti e condensati con baby-diplomandi che si fanno coccole e caccole in blue-jeans griffati e gilerini fighetti; né i gustosi gags da collegio vittoriano in camicione da notte; né le 'contaminazioni' di generi 'nomadi' negli Eventi che mescolano opera e gregoriano e canzone e rock etnico e Berio e Brook e Boulez coi tre tenori e le top model e il Santo Padre e le nuove automobili e gli album di beneficenza hip-hop per le cause e gli impegni e le fatalità e i festival e i profughi e i popoli...

... Oppure anche gli allestimenti museali contemporanei per Raffaello e Botticelli e Taddeo di Bartolo e Odilon Redon devono rispecchiare-esprimere il disagio-degrado della condizione umana d'oggidì come quelli di Wagner e Monteverdi e Rossini a teatro e nei festival, e come le installazioni più creative alle Biennali e ai Guggenheim?

Altra musica, insomma, rispetto alle solite dispute «da museo» sulla luce naturale con le finestre aperte sui viali o i lucernari schermati o i faretti sofisticati delle premiate ditte, le sale o salette bianche o rosse o verdi con o senza la stoffa o il cemento o il metallo o il tufo per quadri o non qua-

dri con o senza le cornici e i custodi e gli antifurto
e i vetri o non vetri?...

Ma specialmente in questo County Museum così
'local' di Los Angeles si chiarisce piuttosto netta-
mente il «great divide» decisivo nell'arte contemporanea. Siamo infatti nel deposito centrale dei le-
gati e lasciti anche fiscali di una grossa collettività
facoltosa soprattutto cinematografica e mediatica.
Ci troviamo nella casa-madre del Retaggio e delle
Memorie finanziarie e artistiche più recenti.

E prima del 1970 circa, l'arte si concepiva palese-
mente destinata alle case ricche: per saloni e salotti di rappresentanza con divani e tappeti e lampade e maggiordomi e drinks.

Poi subentrano le immense installazioni destinate
ai più vasti spazi pubblici: folle di passeggini con
bambini urlanti, carrozzelle con infermi impazienti su e giù per gli scivoli, scolaresche sedute per
terra fra montagne di zainetti, gruppi con cicerones-
se e sgabelli, concerti di telefonini, centinaia di bottiglie di plastica e vivo «sense of community» (come
una volta in chiesa, ripetono ancora nel 'casino').

Allora, qui più che altrove interesserà soprattutto
leggere sui cartellini i nomi dei donatori. Molti ricchi ebrei: parecchi Loew e Cohn con varianti
grafiche. E diversi fondi mecenateschi hanno regalato patrimoni e tesori, come un tempo a Parigi.
Certe signore Bing Arnold si trovano spesso, nelle
più varie sezioni; e una grande allegoria sacra del
Rosso Fiorentino è dono dei coniugi Kalmus, della
Technicolor. Ma a parte i Correggio e Allori e Della Robbia che provengono da nomi storici come
Kress e Hearst, i più facoltosi e generosi filantropi
parrebbero gli Ahmanson, che hanno anche fondato e nominato un nuovo teatro di classici e musi-

cals nel grande Music Center downtown. Opere strabilianti: due Guido Reni, il languido «Bacco e Arianna» coi due titubanti protagonisti e il madornale «Ritratto del cardinale Ubaldini», molto simile al cardinale Spada di Roma ma con porpora più accesa e cangiante, pizzi e merletti più movimentati, barba nera più mefistofelica. Comprati in Inghilterra. E una «Resurrezione di Lazzaro» potentissima nel suo macabro di Rembrandt, una «Maddalena» con candela di La Tour, una «Andromeda» androgina e 'prazzesca' di Van Dyck, un «Ragazzo che fa bolle di sapone» fra i migliori di Chardin...

Però molti doni figurano modestamente anonimi: grandi importanti Motherwell e Rothko e Still, anche dei Picasso notevoli... E soprattutto, qui si fanno piccole scoperte circa il gusto e le case nella Hollywood 'storica'.

A parte i resti della celebre collezione di Edward G. Robinson, ceduta in tarda età a diversi colleghi e finita anche al Norton Simon, di sala in sala si trovano curiosità culturali come a Roma non sarebbero evidentemente frequenti, nelle medesime epoche e negli ambienti analoghi. Ecco ad esempio gli avanguardisti russi e gli espressionisti tedeschi appartenuti ai 'divi' degli anni Trenta e Quaranta, registi e attori giudicati magari mestieranti di poca cultura, allora: un Picasso di Thomas Mitchell (*Ombre rosse*...), un Modigliani di William Wyler, un Kirchner di Billy Wilder, un Pechstein di Sternberg, dei Gončarova di Cukor, un Meidner di Clifford Odets, un Gauguin e una sedia Rietveld di Merle Oberon, uno Schwitters di Jennifer Jones, un finissimo Fantin-Latour (un «Venusberg») di Charles Boyer... e un Renoir di Renoir. Anche due piccoli Moore di Burt Lancaster.

E i Cézanne più originali e più belli? Di Hal Wallis, produttore di Bette Davis e John Wayne, di *Casablanca* e *Boeing-boeing*. Mentre un magnifico «Tè in giardino» di Matisse è qui in memoria del fondatore della Metro-Goldwyn-Mayer. Ma chi saranno i Gard De Sylva, donatori delle spettacolari «Sorelle Bellelli» di Degas e di uno straordinario Braque cubista sintetico? E i coniugi Balch, che regalano un ritratto d'uomo di Petrus Christus, vero 'anello' fra Memling e Van Eyck e Antonello da Messina? (E comunque le sedie «De Stijl» non si acquistavano certo per investimento e speculazione, ai tempi di *Via col vento*...). No, effettivamente, passeggiando a Roma per la Galleria Nazionale d'Arte Moderna non si trovano opere e curiosità simili. Par di rammentare soprattutto qualche Bacon, fra i cento e cento Morlotti e Vacchi di Carlo Ponti nella villa di Marino.

Tutto in vastissimi ambienti cenerini e pallidi, riposanti e tranquillanti ma un po' bui, con aria lievemente ospedaliera, specialmente quando dalle orrende putrelle metalliche fuori si passa a certe tristi teste bronzee del più cupo Matisse. Ma ce n'è per tutti, in questo abbondante dopolavoro alla buona: arte americana popolare e signorile, borghese nazionale e internazionale e pioniera fra Sette e Ottocento, New England e Middle West, 'quilts' in vari stili e ritratti di Sargent e Mary Cassatt. Mobili Chippendale, servizi di Tiffany, mosaici minuti romani con San Pietro, abiti di Poiret, an-

geli napoletani, Buddha birmani, foto di Stieglitz e Moholy-Nagy, incisioni di Dürer e Rembrandt, rarità in visita dai musei ebraici di Gerusalemme, vecchia America nostalgica e rustica nelle illustrazioni di Winslow Homer per grandi e piccini...
Bellissima roba asiatica, inoltre: tutti doni di collezionisti e mecenati evidentemente raffinatissimi, osservando la qualità nelle scelte delle opere fra le diverse dinastie cinesi, le varie religioni indiane, le migliori scuole pittoriche giapponesi. E i marmi greci, i bronzi egizi, gli alabastri assiri, gli acquarelli islamici, le sete e le porcellane e gli acquarelli tibetani e coreani, e i Rajput e i Moghul. E nei cortili, sempre gelati e complessini per chi sogna la Città Proibita o il Louvre, come per chi deve fare le ferie economiche in città.

Kunstkammer più centro sociale? Dopo i cortili rock coi vecchietti e i ragazzini che ballano, si passa o ripassa fra Madonne celestiali e altre spettrali, Fra Bartolommeo e Baldung Grien, Hubert Robert, Goltzius e De Kooning e Delacroix, Whistler e Schwitters, Hockney e Kiefer, rococò francesi galanti, baronetti inglesi decadenti, visionari simbolisti, fotografi d'aspra denuncia o di minimalismo alterato, vedutisti nordici al Sud... Sempre con pareti smorte e cliniche, per i medaglieri mirabolanti come per le distese dei Rodin noiosissimi. Ma cosa compravano. E cosa donavano: perfino le più dispendiose oreficerie e ceramiche, Urbino e Murano, Limoges e Bernard Palissy. E una grande collezione Hearst di vetri antichi preziosissimi.
Ma soprattutto, di quel «citizen Kane», affascinano le sale romane. Il Medioevo francese smantella-

to fa da background con sfondi e quinte di chiostri romanici e chiese gotiche. Come da leggenda. Ed ecco la folla delle sculture impressionanti: sono finalmente qui i celebrati marmi e vasi giganteschi scavati alla Villa Adriana o a Velletri da Gavin Hamilton, commentati da Winckelmann, restaurati da Cavaceppi, pubblicati da Piranesi, passati nelle collezioni Lansdowne e Bridgewater e Hope in Inghilterra. Ma qualche Artemide o Atena dei Castelli e qualche Eracle tiberino o tiburtino erano già documentati presso il cardinal Mazarino a Parigi. (Parrebbero, al confronto, quasi tutti finti i marmi antichi acquistati da Gustavo III di Svezia a Roma, alla fine del Settecento, tramite Piranesi figlio e sotto gli auspici di Pio VI: soprattutto il celebre Endimione dormiente di Stoccolma ha una epidermide liscia e fresca da Canova appena raschiato. Sembrano molto più autentiche le antichità romane ed etrusche comprate parecchio tempo dopo dalla Ny Carlsberg Glyptotek di Copenaghen, ma paragonabili a quelle di Ludwig I di Baviera col Fauno Barberini e i ritratti imperiali all'analoga Glyptothek di Monaco).

Qui a L.A. la sistemazione vecchiotta e sobria non può evocare i Wittelsbach o la birra danese, né tanto meno il cardinale Albani. Siamo tra le memorie del Victoria & Albert dell'altro ieri e le foto commemorative del Kaiser-Friedrich ai tempi del Bode. Però si avverte ancora un superstite spiffero dell'ultima «grande aura» romana, prima di franare definitivamente nella meschineria scatenata dell'immaginario piccolo-borghese delirante: «i mattoidi al concorso per il monumento a Vittorio Emanuele II». Fantasmi del grande stile neoclassico fantastico, richiamati da queste teste e braccia e gambe e torsi e gesti rifatti magari in botteghe abilissime nel ricreare dita e ciocche prassiteliche, nel competere coi nasi e piedi e gomiti di Lisippo. Accanto all'atelier dei Valadier: dalle zuppiere e caffettiere e tabernacoli e centri-tavola in metalli preziosi e marmi variegati e pietre dure per Papa Braschi e i Borghese e gli Odescalchi e il cardinale di York (centottanta orafi e artigiani specializzati in via del Babuino...) alle facciate di chiese e teatri e palazzi, alle ville Torlonia e Poniatowski, alla Piazza del Popolo coi giardini del Pincio...

E Stendhal: «quel disgraziato del Valadier», invece di sostenere l'arco di Tito in rovina con un *arcboutant* di mattoni ben distinto dal monumento, si è permesso di tagliare dei blocchi nuovi di travertino per sostituire le pietre antiche, e le ha fatte buttar via. (Cioè: non conosceva ancora le regole fissate da Cesare Brandi per l'Istituto Centrale del Restauro).

E sempre Stendhal: che bella visita, a Luciano Bonaparte, fratello di quel Grande e principe di Canino, dove ha trovato dei vasi che ha venduto per almeno dodicimila franchi, ma in paese si parla di due milioni. (In realtà, oltre cinquemila vasi, più attici che etruschi, a Vulci, scavati malissimo da oltre cento sterratori pecioni e venduti in tutta Europa con scandalo culturale internazionale).

Ne scaverà ancora di più il marchese Campana, negli anni seguenti, a Ostia e Veio e Cerveteri; e come direttore del Monte di Pietà pontificio passa all'acquisto dei fondi-oro allora fuori moda e a buon mercato. Incominciando dalla collezione del cardinal Fesch (zio di quel Grande), e passando dalle grandi famiglie romane alle fiorentine. E in qualità di esperto stima i valori: sia per i prezzi da pagare (come collezionista) agli Sciarra e ai Grazioli e ai Ricasoli, sia (in quanto direttore e debitore della Cassa dei depositi) per garantire con le opere stesse il giro di prestiti per acquistarne di nuove. Dunque, presto, novecentomila scudi di ammanchi, gravissimo scandalo nella Roma di Pio IX proprio alla vigilia del 1859, e condanna del marchese a vent'anni di galera malgrado le ottime relazioni della famiglia. E un nuovo imbarazzo quando emerge che dalla galera continuava i suoi affari con la più alta aristocrazia romana attraverso il medico pontificio, il dottor Petacci.

Parecchia roba viene venduta dal Vaticano all'Ermitage e al Victoria & Albert e a Ludwig di Baviera; ma il grosso della collezione (circa dodicimila pezzi) è acquistato da Napoleone III, nel 1861. E quindi il peggio: l'imperatore ha deciso di istituire un Musée Napoléon III tipo quello vittoriano di Kensington, affidato al clan dell'intelligente Madame Cornu, sua sorella di latte. Ma il Louvre s'infuria, sostenuto dalla principessa Mathilde, nipote del Grande e forte del suo salotto intellettuale frequentato dai più bei nomi del XIX secolo fino a Proust. Così, dopo la disfatta di Sedan, ecco la vendetta del Louvre: contro il parere dei vecchi Ingres e Delacroix («non si devono frazionare le collezioni!», ma gli fu risposto «questa non lo è, è un'accozzaglia»), i quadri vengono dispersi per un'ottantina di musei provinciali, senza documentazione né schede. Ci volle un secolo per ripescarli, trattare le permute localistiche, riunirli di nuovo insieme: ora ad Avignone, al Petit Palais, con dedica di Michel Laclotte a Berenson e Longhi, e sentite grazie a Zeri sul catalogo. Più di trecento pezzi; e i quattro celebrati «cassoni Campana» con versioni fra le più eccen-

triche e bizzarre delle storie di Pasifae, Teseo e il
Minotauro, Arianna a Nasso...

Ai piani di sopra del L.A. County Museum, si stendono le corsie delle trovate scolastiche recenti; con
le spiritose negli istituti, le idee per gioco, le battute gregarie sulla pubblicità e la televisione: le
'provocazioni' a livello di gente comune, le impie-
tosità e scomodità per tutti. Sabbia, sassi, lattine
con didascalie. Cactus di vetro, bambinacce di resina, porcellerie di plastica, file di orinatoi rossi nuovi in riga come omaggio a Duchamp, tronchi di co-
no in vari materiali industriali, tronchi d'albero
piegati innaturalmente (come applicando le tecniche di Thonet ai parchi delle sequoie). Oggetti e
prodotti del genere «soprammobile sorprendente
per un regalo diverso»; e per lo più molesti. Nei re-
parti d'arredamento di Neiman Marcus o Gump
(di San Francisco) i vasi 'd'arte' e i posacenere
'firmati' sono generalmente più belli.
Qui, riescono divertenti soprattutto un «Back Seat
Dodge '38» di Edward Kienholz (del '64) con una
porcona sconciamente divaricata su un porcaio di
'monnezza', in pura aura di «Vergogna! Zozzoni!
Siamo a questi punti!». Accanto ai «Piaceri virtuali» di Vito Acconci: una maschera da scherma da
cui esce un cazzo di plastica, fra il rispetto didatti-
co degli insegnanti che spiegano «è un cazzo di
plastica» alle scolaresche intente a prendere appunti perché dovranno preparare un 'paper'.

XI

Tutt'altra musica e altra gente al MOCA, il Museum of Contemporary Art che è *veramente* downtown, basso e squadrato in pietra rossiccia ai piedi dei grattacieli di uffici e sopra i loro garages. Qui è soprattutto importante la Cafeteria Patinette, per i dirigenti trendy e gli impiegati 'with it'. Un posto dove esser visti, e vedere. Accesso dalla strada, fondale culturale, sandwich 'creativi' che sono tipico *museum food*, becchime per galline con pretesa, da addentare e inghiottire spalancando le fauci al massimo con ricaduta di vegetali tritati e mollliche e frustoli. Mentre nell'attiguo bookshop studenti bruttini e docenti lepidi con facce da 'hackers' fanno seriamente la fila per comprarsi la maglietta con su «MAKE ME». Dentro, dalle vetrate, si scorgono allestimenti: ingrandimenti di caratteri tipografici da vocabolario con irriverenze concettuali tipo «SEX» e «FUCK».
Questo è il building recente dell'architetto Arata Isozaki, con enormi spazi bianchi su pavimenti chiari di legno biondo da loft rigoroso per immacolate foto in bianco e nero di donne e uomini e bimbi e malati neri e bianchi in passepartout candido e cornici 'ebony', mentre il vecchio immenso hangar del «Temporary Contemporary» già arrangiato da Frank Gehry (i primi arrivi della collezione Panza di Biumo...) evoca le epoche degli spettacoli nelle fabbriche abbandonate, nelle stazioni bombardate, nelle filande e officine e rimesse tal-

mente bruciate e crollate da riuscire stupende nei confronti degli attori e dei testi di cui non contava l'autore. (Era però divertente quando si arrabbiavano, perché durante il «coinvolgimento del pubblico» li si toccava qua e là). Ora, in continui riassestamenti, ospitano preferibilmente opere di formato colossale, come nelle chiese più megalomani e negli edifici pubblici dell'Ottocento pompier. Insieme alle doverosità istituzionali del canone mercantile e curatoriale contemporaneo. Qui i senior citizens e i ragazzini di strada si incontrano soprattutto nei fotoservizi di denuncia e di moda.

Dopo la Cafeteria Patinette, in sistemazioni effimere o permanenti, si trovano Giacometti, Klein, Fautrier, Miró, Gorky, Rothko, Tobey, Sam Francis, Lee Krasner vedova di Pollock. (E chissà se Berenson avrebbe chiesto anche al maestro del *dripping* che effetto fa vivere con un genio in famiglia, come domandò a Roberto Longhi consorte d'Anna Banti). Ma poi naturalmente ecco lì in fila l'intero campionario dei pop dell'obbligo, preferibilmente in dimensioni ampie e amplissime. E il sincero commento inevitabile: ora che tutti gli aeroporti si somigliano, siamo a Sydney o ad Amsterdam?

Poi, via con le carrozzerie sfasciate in mezzo alle sale, con le foto di auto e spiagge e palme e bagnanti e bandiere nazionali e cittadini mostruosi in ogni parete. Tutto impegnato e certificato e garantito: i neon accesi, i sassi per terra, i cubi, i cubetti, i vetri rotti, i quadratini di specchio con cornicette d'alluminio, i legni trovati, i rettangoli monocromi in ogni colore del campionario di vernici industriali, i mongoloidi e le Donne Cannone 'da baraccone' (di una volta) fotografati 'alla Cottolengo' dalla malevola Arbus, i titoli dei musicals di

Broadway e dei prodotti da supermarket, le scatole di detersivi, la pubblicità tale e quale, il logo delle aziende riprodotto identico.

Libri chiusi e aperti. Scaffali di vecchie chincaglierie e ferramenta. Manichini e bambole. Assemblaggi di fumetti horror e trash. Video con docce e lavaggi. Testate di giornali in caratteri gotici tradizionali. Casettine della fata o della strega, in ceramica. Griffes di abbigliamenti di massa. Mucchi e mucchietti di detriti e rottami e stracci intitolati «Senza titolo» e accompagnati da didascalie didattiche: «Attinge alla storia afro-americana... Attinge alle culture psichedeliche... Attinge alle concezioni cabalistiche ebraiche... Tocca temi impietosi quali il razzismo, la sessualità, la violenza... Tocca temi scomodi quali la religione e la pubblicità e il sesso... Rivolge tutta l'attenzione al quotidiano e all'ovvio... Mostra interesse per le nuove tecnologie... Fotografa solo oggetti usati di uso domestico...». (Come nel nostro passato più o meno prossimo: «Dipinge solo beati e martiri... Mostra la sua intensa devozione a Santa Rita e a Padre Pio... Si ispira esclusivamente alle gesta dei Savoia... Rimase affascinato in giovane età dal traffico delle piccole cilindrate e degli scooter... Non fa altro che celebrare la Civiltà delle Macchine e il Cinturato Pirelli... Attinge alla cultura del Cane a Sei Zampe... Fotografa solo foto storiche di Maria Callas e Wanda Osiris, ma potrebbe fare un'eccezione unicamente per Cloe Elmo e Nilla Pizzi...»).
Veramente un background gratificante e impegnato per il lunch dell'impiegato chic.

XII

Il pendant settentrionale di questo MOCA sarebbe lo SFMOMA, che malgrado una sigla simile allo SMEGMA (nelle parodie facete ai tempi di James Bond) è il MOMA di San Francisco, edificato dall'ottimo architetto ticinese Mario Botta in quella zona piatta «South of Market» abbandonata dalle aziende nel dopoguerra e poi vivaio di mirabili e celebri locali gay-trucidi nello stato nascente degli anni Cinquanta e Sessanta. Quando la città sembrava ancora Costantinopoli perché tutta a villette fantasiose e zuccherose sul mare, senza grattacieli; e ci si poteva esprimere solo con originalità, nel sesso 'sopra le righe' come nelle diverse 'arti varie', perché non c'erano esempi materiali o fantastici sui quali modellare i comportamenti e le attrezzature dei *clones*. E quanti miti e fantasmi metropolitani si dipartirono allora muovendo dalle pratiche leggendarie di qui. Un moto di pendolo opposto ai tempi quando F.L. Wright diceva «l'America è un piano inclinato dove tutto rotola verso la California», e Oscar Wilde ripeteva «tutti quelli che scompaiono in Europa, prima o poi riappaiono a San Francisco».

Ora, in questa ex-waste land intensamente ricostruita dalla Municipalità e dalla business community, all'ombra di un grande isolato edificio Art Déco «Colonial-Pacifico» più alto e romantico, la forte e leggiadra costruzione accovacciata di Botta ci appare come una tipica stazione fascista dei nostri anni Trenta e Quaranta, da Ferrara a Latina, nei familiari mattoncini romanizzanti di caldo laterizio. Però, spaccata in due da una torre cilindrica infossata al centro, a fasce orizzontali bianche e nere come nel miglior romanico pisano e lucchese. Una fantasia 'op' riposata e simmetrica: introiettando serenamente Adolf Loos, la Wiener Werkstätte, le stanze e i bagni dell'Imperial Hotel. Bande nere e bianche di marmo lucido, o nere lucide e grigie scabre, anche sui pavimenti a classiche righe eleganti e nelle belle scale parioline da cinema d'epoca. Ascensori e parquet di legni chiari dall'aspetto prezioso: materiali e disegni proprio da Loos, da Olbrich, da Hoffmann, da sartoria Knize, santuario della cravatta bianca e nera. Perfino un tocco di showroom Knoll. Viste interne spezzate, come tagli scenografici. Nella cupoletta borrominiana, finestre panoramiche, affacci a cannocchiale, passerelle e ringhiere metalliche. Ma sotto, murales sempliciotti di Sol LeWitt: linee curve o dritte a matita blu, su pannelli elementari e componibili. Anche qui il fast food per gli impiegati smorfiosi è fondamentale, con ingresso su strada.

E anche qui le collezioni e le mostre paiono in continuo mutamento e movimento: come programmi di cinema e teatri, o gli arredi delle signore impazienti. Vanno e vengono grosse antologie di teatrini poetici e costellazioni private di Joseph Cornell, gruppi di fotografie storiche di Paul Strand, compagnie di giro di multipli portatili di Duchamp, porzioni delle collezioni Djerassi o Berggruen di opere su carta di Klee «che riflettono le sue considerazioni sulla vita umana». Fra Bacon, Arp, Miró, vari surrealisti, buoni messicani, «modernisti di New York». Una bella Manhattan

254

di Mondrian. Bellissimi Beckmann e Kirchner. I soliti abbondanti Rodin. Braque e Picasso, così così. Ma anche qui si distinguono gli oculati donatori ebrei: specialmente Michael e Sarah Stein, fratello e cognata di Gertrude. Cognomi proustiani come Haas; e fior di Matisse e Derain che i parigini non compravano allora (solo i tedeschi e i russi e gli americani e gli svizzeri?), fra tanti bei piccoli post-impressionisti nei lasciti, e predilezioni per le signore con cappello 'fauve' non finite nelle collezioni Whitney, Rockefeller, Harriman, Barnes, Cone, Bührle... Ma significativamente, neanche un Renoir tipo Park Avenue.

Da una luce quieta si passa ai lucernari abbaglianti, per gli espressionisti astratti nei momenti ancora prossimi al surrealismo – Pollock, Guston, Gorky – tra infanzie aspre e incubi spesso psicoanalitici. Una magnifica collezione Anderson dei migliori Pop. Calder, Nevelson, ben rappresentati. E una curiosa sensazione: i grandi Clyfford Still (questa è la sua raccolta più importante), impaginati in tanto nitore, non appaiono più impressionanti come nei monumentali e tenebrosi saloni Beaux-Arts della vecchia sede al Civic Center, presso l'Opera. O forse eravamo più giovani; e le 'installazioni' attigue non consistevano in facce deprimenti e nudi insulsi di noiosissimi videoartisti. C'erano piuttosto degli enormi materassi ad acqua dove si zompava in gruppo sotto luci psichedeliche e getti di profumi dai tubi 'a tema'.

Qui, invece, adesso, le strisce nere e bionde anche di legno nell'arredo sono squisite, ma poi i minimalisti monocromi pallidi quasi invisibili appaiono insignificanti e insipidi. Meno creativi di quelle belle righe bicolori. E le foto dei classici premiati

255

col Pulitzer o dei dilettanti contemporanei predili-
gono esageratamente le guerre e le disgrazie, anche sfruttandole o divertendosi con rendite di posizione moralistiche, ideologiche, etniche. Peggio
dei Ribera con tutti quei loro brutti martiri per il
solito facile ricatto al nostro scocciato Buon Cuore.
Nelle rassegne dei grafici più stilisti non è poi chia-
ro se i pacchetti dei prodotti alimentari e chimici e
medici sono esposti per un eventuale charme del
loro design o come relitti metropolitani ispiratori
dell'estetica pop della merce. Con le nostalgie me-
ste dei sessantenni per i loro anni Sessanta...

Altro che Partenoni espositivi, quindi, per un genius loci del Greenwich Village o della Bay Area.
Nelle salette dell'arte locale, tutto il gran melting
pot dei narcisismi e delle differenze – con messicani, italiani, orientali, highways e canyons, gang e
smog, moto e droghe e gingilli e spiagge e foreste
in paesaggi fiabeschi, naturali e urbani – offre qui,
come a Los Angeles e altrove e ovunque, il solito
diligente campionario omogeneizzato delle trasgressioni canoniche e delle provocazioni clonate
standard come i graffiti sui treni locali in tutta la
provincia italiana. Fra gli iperrealismi del disagio
dell'obbligo e la televisione e la pubblicità e i pupazzi e i Manga e i Menga e i detriti e i rifiuti e le
insegne dei fast food e gli articoli da supermarket,
i soprammobili infantili, i diari scolastici, i filmini
zozzetti, le pagine cancellate e distrutte, i libri verniciati e illeggibili. Mai invece una provocazione
dissacrante contro i videoartisti velleitari, i cantanti e gli 'album' beniamini del pubblico, le gonne e
mutande di massa esaltate dalle croniste impegna-

te fuori dal coro ma dentro tutti i media, le 'top' del prêt-à-porter 'mitico' perché *alla portata di tutti.* Mai uno spray da ferrovia sopra un modellino da défilé trasgressivo. Mai un'irriverenza per le icone 'cult' delle piccole fans.

Appare dunque praticamente sensazionale una retrospettiva di Keith Haring, anche se un termine così tecnico e storico può apparire sconcertante per un artista vissuto brevemente appena ieri (1958-1990), in un'epoca già valutata fra le più scadenti. E invece, in un magnifico allestimento molto inventivo e vispo, da quel piccolo mondo tutto Warhol-Allen-Armani-Versace-«Vanity Fair» viene fuori una personalità stilisticamente dotata e applicata, decisa e precisa nei segni e colori più forti. Anche se imprigionata in fondo a una creatura flebile e labile, vittima disarmata dei sovvertimenti e metamorfosi dell'ex-neo-radical chic imbambolato fra Holden e Zelig e la Elvis-Society e il The Boss Café. Una creaturina incasellata nella serie «vite rapidamente bruciate», perché bruciava davvero il tempo, e lavorava in fretta, e produceva enormemente, in un'epoca di sessualità e creatività parossistiche e hard rock: come se «creativo» avesse un senso profondo soprattutto quando la «peste» (grande 'bonus' per classici come Boccaccio, Defoe, Manzoni, Camus, e per pittori e registi espressionisti o 'pompiers') incombe duramente sulla Vita come sull'Arte...

Una rapidità folle. Assemblages con tutto. Cazzi con schizzi e spruzzi ossessivi, anche «nel cervello». Senza un bel fisico: il look e i modi dei frati 'battuti', degli eterni perdenti e sconfitti. Ma una sicurezza energica e perentoria nella mente e nelle dita, in un mondo di video e disco e rock e polaroid ancora allo stato nascente, non per cloni e zombi utenti passivi. (Anzi: «Clones go home» sui primi muri).

Segni forti: maya, selvaggi, cartoonistici... Ma i graffiti nella metropolitana sono preceduti da infiniti quaderni con calligrafia scolastica scrupolosa. E poi si applicano con diligente artigianato da Arts & Crafts a stoffe, vasi, mobiletti, costumi, immensi murales, filmini di animazione e montaggio accelerati e rallentati e ritoccati, ninnoli e manufatti e prodotti 'd'ambiente' per devoti delle controculture, ricavati dal turbine dei disegni e poi smerciati in un proprio Pop Shop. Come per tanti trasgressivi impavidi (Mary McCarthy ridacchiava: quegli omosessuali timidi capaci di immolarsi per un ideale, come ce n'è tanti nelle redazioni di Londra...), parecchie buone azioni per le buone cause di prammatica; e soprattutto in favore dei bambini. Un certo 'cult' anche per le ascelle maschili. E davanti a questi lunghi nasi e cazzi pinocchieschi, che spesso si arrossano: ma l'avrà saputo che molti anni fa Wieland Wagner li aveva messi identici (come dei Moore falloidi) a imporporarsi in fondo al gran duetto amoroso di Tristano e Isotta, perfino alla Scala? (E a quel secondo atto, le madame milanesi: ma che roba l'è?).

Mass media sfrenati. Poi, la presenza della morte. E alcuni capolavori adulti. Un «Roveto ardente», un «Brazil» elegantissimo. E un altare, finito due settimane prima di morire e destinato alla Grace Cathedral, il duomo episcopale e gotico 'anni Venti' in cima al Nob Hill dei grandi alberghi: dove mi pareva di ricordare (in un film tipo Hitchcock) un rapimento d'arcivescovo dall'altare, da parte di una banda peciona, durante una messa solenne molto *bien*. (E mi par proprio che quando viene finalmente liberato, l'arcivescovo stia gustando una minestrina. E chiede ai gangster: «May I finish my soup?»).

Ecco, in una cappella di «AIDS Memorial» all'entrata, dopo una riproduzione allucinante della Porta del Paradiso di Ghiberti e fra i quilts commemorativi delle tante vittime, questo altare in bronzo laminato d'oro bianco: una «Vita di Gesù Cristo» quasi da Trecento, con cuori al posto dei cazzi nei graffiti, come in quelle agendine dove non si cancella il nome dei morti ma gli si mette accanto un cuoricino. Però qui attualmente i non molti fedeli paiono piuttosto intenti a togliersi le scarpe come nelle moschee, e percorrere salmodiando un labirinto di moquette nella navata centrale: riprodotto (enigmatico e iniziatico) da un pavimento della cattedrale di Chartres. Quindi, contemporaneamente e felicemente medioevale e New Age. Sopra il fonte battesimale figura prominente il motto francescano: «God loves everybody – even the very very wicked – without exception or reservation». E sull'uscita: «Thank you for coming. Go with God!». (E i buoni sodomiti sanfranciscani e losangeleni, a pennarello: «Prima Sodoma e Gomorra, poi Ercolano e Pompei, adesso è toccato ad Assisi... What next?»).

Ma nella luce allucinatoria e veramente vertiginosa (da *Vertigo* di Hitchcock) dei grandi parchi visionari e irreali verso il Golden Gate, ci si avvia come nelle aure vaneggianti del passato magico – siamo sempre a Patmos, Ascona, Praga, Taos... – alle monumentali dilatazioni 'in scala' dei palazzi-musei parigini come il Galliéra o il Jacquemart-André, contro giganteschi alberi sfrangiati e smaglianti. Ecco l'antico Presidio militare col Camino del Mar spagnolo e la Marina moresca e il Golden Gate Bridge lanciato abbarbagliante sull'Oceano che viene a sbattersi sulle rocce delle foche, le famiglie contorte dei cipressi neri che «fanno Carmel», i folli colossei 'pompiers' delle Esposizioni Universali nella Belle Époque. E questi immensi colonnati metafisici e panoramici del Palazzo della Legion d'Onore: «volutamente assai signorili», ieri con uno spaesato Pensatore di Rodin, oggi con un'assurda piramidina da Louvre. (Ma San Francisco è così: più onirica di De Chirico).

Dentro, a parte i troppi Rodin, il gusto batte ancora sul Settecento francese, con saloni e salotti smontati e ricomposti, mobili importanti, grandi Watteau ma pure grandi Longhi. Anche però dei Rembrandt e Rubens (su pareti di un violetto spento), due o tre Greco fra cui un San Francesco dei suoi migliori: qui tenuto ovviamente in considerazione, quale patrono della città. Una coppia di La Tour: un «Vegliardo» e una «Vegliarda» teatrali e nordici che appaiono talvolta agli inizi delle esposizioni retrospettive. Gran bei Claude Lorrain; e dei Salvator Rosa, dei Mattia Preti, un ottimo Watteau. Ma nonostante le tradizioni più antiche e illustri che a Los Angeles, meno roba importante. Raeburn e altri inglesi non impegnativi con buon mobilio assortito, su azzurrini neoclassici da bon ton torinese cool. Un color sabbia tiepida per lo stile Impero e i 'pompiers'; sabbiolina più fredda per gli impressionisti e il resto. Un grandioso Segantini con vacche, e un'immensa cornice pacchiana dorata. (Rivenduto per una somma colossale, ma si spiega: magnifica opera, di enormi dimensioni, e poi con quella cornice, appare come il quadro più importante dell'Ottocento, in questo salone. E con quella stessa luce traslucida da Engadina qui fuori, oltre tutto). Anche un Medardo Rosso patetico: mammina e figlioletto. E i francesi soliti: ma più modesti del gran Segantini. E le collezioni donate dalle ereditiere e dalle vedove che nei ritratti appaiono tradizionali e formidabili, molto più aristocratiche vittoriane che a Los Angeles: però regalavano vetri e porcellane di media qualità, e antichità greche e romane assortite e minute.

E come 'chicche' temporanee? Qui una sontuosa rassegna di ori traci itineranti dalla Bulgaria. Là un'abbondantissima retrospettiva di Stanley Spencer, un pittore inglese compassionevole e spiritato morto nel 1959: «artista ufficiale di guerra», onorato alla Tate Gallery con Graham Sutherland e Paul Nash, affollatissimo e brulicante di dettagli reali e surreali, ma soprattutto colpito dalle tematiche e dalle estetiche meno liete degli anni Trenta. Guerre, laburismo, religione, giardinetti suburbani, brutte infanzie, esperienze generalmente da lasciar perdere. Sesso ostetrico con casalinghe asimmetriche, sotto l'incubo dei due Freud, Sigmund e il pittore Lucien. Si finisce con dei Cristi aggiornati ai *Quattro Quartetti* di Eliot, fra cimiteri ovviamente lugubri e spiagge altrettanto funebri. Insulare.

Il vasto e cavernoso Museo de Young tra i fantastici giardini botanici rielabora invece il passato americano e le care memorie storiche dell'altro ieri che si allontana nel tempo televisivo virtuale. Una pastorale di ritratti e paesaggi e trompe-l'œil e papiers peints che evocano gli Stati Uniti atlantici di una volta, fra artisti espatriati che si rifanno magari a Sickert o a Degas, naïfs deboli, scultori in apprendistato a Parigi, minuscoli Mary Cassatt molto intimi. E grandi Sargent di rappresentanza, donati dai Rockefeller. Ma non mancano Thomas Hart Benton e Grant Wood, le barche sul Missouri d'una volta, le petunie palpitanti di Georgia O'Keeffe. Le sale procedono con suddivisioni precise per 'generi' ed epoche: nature morte, arti decorative, sculture e folk art del primo, medio, tardo Ottocento...

Poi, il Middle West come invenzione pittorica prima che cinematografica: ah, come eravamo – cari connazionali – nella quotidianità semplice e rozza ma tanto epica della gente comune fondamentalmente buona. Fiere di cavalli, eroi regionali anche oggetto di ballate e canzoni, mietitori fino alla cintola nelle messi in pose eroiche, battesimi anche per immersione di adulti, funerali specialmente di caduti e reduci, cacce all'uomo per restaurare la legalità violata. L'artista di riferimento si rivela qui John Stewart Curry.

Ma tutti i musei americani badano didascalicamente ai più diversi utenti: lì i ritratti di Ingres, o i mobili degli Shaker, e allora là una sala da pranzo Giorgio III o la Corte del faraone Amenofi, e se si espongono i giardini dei mandarini cinesi e i libri d'ore delle regine medioevali, allora ci vogliono almeno i memorabilia del rock'n'roll e le geometrie islamiche o la collezione del Dottor Gachet. Raccolte di arti africane e americane e oceaniche, sempre con spiegazioni in base al Potere: Foucault all'Equatore. Collezioni di tappeti kilim. Una mostra di vetri romani e bizantini fantasiosi dai musei di Gerusalemme. Una rassegna di giovani filippini super-pop e super-rock. Una sequela di mobili voluminosi e scuri della decadenza cinese. E un immenso museo di arti asiatiche, con molta splendida roba soprattutto cinese e tibetana e coreana, in via di ristrutturazione con Gae Aulenti.

All'educazione artistica degli immigrati più recenti nelle comunità o non-comunità instabili – fra momenti di melting pot e rivendicazioni di radici etniche intrattabili con l'*altro* – vuol provvedere (non lontano dall'elegante SFMOMA) il vastissimo centro culturale e popolare Yerba Buena in un immenso nuovo quartiere artificiale creato dagli architetti e dai giardinieri. «Sognare in cemento», ma anche con erba ben curata, sentieri, alberi, terrazze, sculture, bandiere, ombrelloni, cascate, panchine, intorno alla fontana di Martin Luther King e all'auditorium con ristoranti alla memoria del sindaco Moscone assassinato perché pro-gay.
Dentro, installazioni e decostruzioni di incidenti e disastri fra zombies. Arte sviluppata nei centri per minorati e handicappati, sponsorizzati da banche e sartorie. Disegni creativi dei malati di mente per allargare la mentalità dei bambini. Stanze buie con vecchi oggetti da soffitta illuminati per terra. Esecuzioni di flamenco filippino e di musica da camera americana contemporanea. Campionature della creatività fumettistica asiatica sudorientale e globalizzante. Raccolte di fondali fotografici antichi da-

gli studi indiani e messicani più artistici: belve nella giungla, danze di scheletri con tequila e madonne, Europe gotiche immaginarie, impressionismi orientali con giardini di bambù vaporosi, veroni veronesi romanticissimi, tempeste di neve a larghissime falde su Malesie e Malacche fantastiche.

Forse – dopo tutto – il miglior museo nuovo rimane ancora il Kimbell di Louis Kahn a Fort Worth, coi suoi muretti sobri e le sue voltine 'alluminate' (come per un lume di alluminio indiretto) sui bellissimi Caravaggio e Cavallino e Domenichino e Chardin, eccetera. E poca gente, poco 'casino' davanti alle opere. Fra i «conservatori illuminati», resta esemplare l'incantevole *ne varietur* della Frick Collection a New York, senza bambini né cibi né bibite né iniziative tra i visitatori e i dipinti. E piccole mostre naturalmente «molto appartate» e «molto mirate»: paesaggi impressionisti su tematiche affini da raccolte poco accessibili, disegni e acquarelli di romantici e neoclassici tedeschi da collezioni estinte, e mai far viaggiare le tavole... E in Europa? Un tempo, i prediletti certamente furono la Dulwich Picture Gallery di John Soane (ma come la staranno restaurando?), e il museino d'arte e illusione moderna a Mönchengladbach, di Hans Hollein (ma forse bisognerebbe rivisitarlo?).
Sarà presto anche facile prevedere che dopo la voga dei musei verdi-rossi-blu ritornerà una moda bianca come negli empori tipo ambulatori dell'abbigliamento tutto nero uso bidelli e becchini; e nei ristoranti minimalisti alogeni che riprendono quella cementite in «buccia d'arancia» così moderna negli anni Cinquanta.

INDICE DEI NOMI NOTEVOLI

268

277

PICCOLA BIBLIOTECA ADELPHI

Stampato nel gennaio 2000
dalla Techno Media Reference s.r.l. - Milano

Piccola Biblioteca Adelphi
Periodico mensile: N. 441/2000
Registr. Trib. di Milano N. 180 per l'anno 1973
Direttore responsabile: Roberto Calasso